新时代高等教育思想政治理论课辅导丛书　　李　梁　主编

新编中国近现代史纲要学习与辅导

丰　箫　主编

上海大学出版社
·上海·

图书在版编目(CIP)数据

新编中国近现代史纲要学习与辅导/丰箫主编. —上海：上海大学出版社,2019.5（2023.3重印）
（新时代高等教育思想政治理论课辅导丛书/李梁主编）
ISBN 978-7-5671-3546-8

Ⅰ.①新… Ⅱ.①丰… Ⅲ.①中国历史-近现代-高等学校-教学参考资料 Ⅳ.①K25

中国版本图书馆CIP数据核字（2019）第086371号

责任编辑　陈　叶　石伟丽
封面设计　缪炎栩
技术编辑　金　鑫　钱宇坤

新时代高等教育思想政治理论课辅导丛书
李　梁　主编
新编中国近现代史纲要学习与辅导
丰　箫　主编
上海大学出版社出版发行
（上海市上大路99号　邮政编码200444）
（http://www.shupress.cn　发行热线021-66135112）
出版人　戴骏豪

*

南京展望文化发展有限公司排版
江苏句容市排印厂印刷　各地新华书店经销
开本787mm×960mm　1/16　印张15　字数269千
2019年5月第1版　2023年3月第6次印刷
ISBN 978-7-5671-3546-8/K·198　定价32.00元

目录
CONTENTS

上编　从鸦片战争到五四运动前夜(1840—1919)

综　述　风云变幻的八十年 ································· 3
　　学习提示 ································· 3
　　试题训练 ································· 3
　　参考答案 ································· 7
　　延伸阅读 ································· 9

第一章　反对外国侵略的斗争 ································· 14
　　学习提示 ································· 14
　　试题训练 ································· 14
　　参考答案 ································· 20
　　延伸阅读 ································· 22

第二章　对国家出路的早期探索 ································· 31
　　学习提示 ································· 31
　　试题训练 ································· 31
　　参考答案 ································· 37
　　延伸阅读 ································· 39

第三章　辛亥革命与君主专制制度的终结 ············ 47

　　学习提示 ··· 47
　　试题训练 ··· 47
　　参考答案 ··· 53
　　延伸阅读 ··· 55

中编　从五四运动到新中国成立
（1919—1949）

综　述　翻天覆地的三十年 ······················· 65

　　学习提示 ··· 65
　　试题训练 ··· 65
　　参考答案 ··· 70
　　延伸阅读 ··· 72

第四章　开天辟地的大事变 ······················· 82

　　学习提示 ··· 82
　　试题训练 ··· 82
　　参考答案 ··· 87
　　延伸阅读 ··· 91

第五章　中国革命的新道路 ······················· 97

　　学习提示 ··· 97
　　试题训练 ··· 97
　　参考答案 ·· 102
　　延伸阅读 ·· 105

第六章 中华民族的抗日战争 112

学习提示 112
试题训练 112
参考答案 118
延伸阅读 120

第七章 为新中国而奋斗 130

学习提示 130
习题训练 130
参考答案 135
延伸阅读 138

下编 从新中国成立到社会主义现代化建设新时期(1949—2018)

综 述 辉煌的历史进程 147

内容提要 147
习题练习 147
参考答案 153
延伸阅读 155

第八章 社会主义基本制度在中国的确立 164

学习提示 164
试题训练 164
参考答案 171
延伸阅读 173

第九章 社会主义建设在探索中曲折发展 …………………… 182

学习提示 ………………………………………………………… 182
试题训练 ………………………………………………………… 182
参考答案 ………………………………………………………… 189
延伸阅读 ………………………………………………………… 191

第十章 中国特色社会主义的开创与持续发展 ………………… 201

学习提示 ………………………………………………………… 201
习题练习 ………………………………………………………… 201
参考答案 ………………………………………………………… 208
延伸阅读 ………………………………………………………… 211

第十一章 中国特色社会主义进入新时代 ……………………… 216

学习提要 ………………………………………………………… 216
习题训练 ………………………………………………………… 216
参考答案 ………………………………………………………… 221
延伸阅读 ………………………………………………………… 223

后 记 ……………………………………………………………… 231

上编　从鸦片战争到五四运动前夜(1840—1919)

综述
风云变幻的八十年

学习提示

上编综述的内容分为三部分,概述鸦片战争前中国社会内部所处的发展状态和外部世界的深刻变化、鸦片战争后中国社会性质和阶级关系的变化、鸦片战争后中国社会的主要矛盾和近代以来中华民族面临的历史任务。通过上编综述的学习,要求学生认识近代中国社会性质发生深刻变化的历史背景和主要原因、近代中国半殖民地半封建社会的基本国情和主要矛盾,深刻理解近代中国进行反帝反封建的社会革命是实现中华民族伟大复兴的必要前提。

试题训练

(一) 单项选择题

1. 从公元前5世纪战国时代到1840年鸦片战争,中国的社会性质是(　　)。
   A. 奴隶社会　　　　　　　　B. 封建社会
   C. 半殖民地半封建社会　　　D. 资本主义社会

2. 中国封建社会产生过诸多"盛世",其中出现在清朝的是(　　)。
   A. 文景之治　　B. 贞观之治　　C. 开元之治　　D. 康雍乾盛世

3. 标志着世界历史开始进入资本主义时代的是(　　)。
   A. 英国资产阶级革命　　　　B. 美国资产阶级革命
   C. 法国资产阶级革命　　　　D. 俄国资产阶级革命

4. 西方列强向世界急剧扩张、殖民主义世界体系开始形成是在（　　）。
   A. 西方冒险家开始环球航行后　　B. 英国资产阶级革命爆发后
   C. 欧美列强实现工业革命后　　　D. 资本主义进入帝国主义阶段后

5. 19世纪初，通过大肆向中国走私鸦片牟取暴利的是（　　）。
   A. 美国　　　B. 俄国　　　C. 法国　　　D. 英国

6. 中国近代史的起点是（　　）。
   A. 第一次鸦片战争　　　　B. 第二次鸦片战争
   C. 中日甲午战争　　　　　D. 八国联军侵华战争

7. 中国近代史上的第一个不平等条约是（　　）。
   A. 中法《黄埔条约》　　　B. 中英《南京条约》
   C. 中美《望厦条约》　　　D. 中英《虎门条约》

8. 第一次鸦片战争后，清政府被迫与法国签订的不平等条约是（　　）。
   A.《南京条约》　B.《虎门条约》　C.《黄埔条约》　D.《望厦条约》

9. 第一次鸦片战争后，清政府被迫与美国签订的不平等条约是（　　）。
   A.《南京条约》　B.《黄埔条约》　C.《北京条约》　D.《望厦条约》

10. 第一次鸦片战争后，中国逐步演变为（　　）。
    A. 封建主义性质的国家　　　B. 殖民地性质的国家
    C. 资本主义性质的国家　　　D. 半殖民地半封建性质的国家

11. 理解中国近代一切社会问题和革命问题的最基本依据是认识（　　）。
    A. 中国半殖民地半封建的性质
    B. 中国近代化的历史过程
    C. 中国近代民族民主革命的性质
    D. 中国近代社会经济结构的变化过程

12. 近代中国社会人数最多的被剥削阶级是（　　）。
    A. 农民阶级　　　　　　　B. 工人阶级
    C. 城市小资产阶级　　　　D. 民族资产阶级

13. 在近代中国，最具革命性的阶级是（　　）。
    A. 农民阶级　　　　　　　B. 城市小资产阶级
    C. 工人阶级　　　　　　　D. 民族资产阶级

14. 在近代中国，民族资产阶级在政治上的两面性是（　　）。
    A. 斗争性和进步性　　　　B. 买办性和反动性
    C. 革命性和妥协性　　　　D. 保守性和软弱性

15. 近代中国错综复杂的社会矛盾中，最主要的矛盾是（　　）。

A. 无产阶级和资产阶级的矛盾　　B. 封建主义和人民大众的矛盾
C. 农民阶级和地主阶级的矛盾　　D. 帝国主义和中华民族的矛盾

16. 近代中国人民进行斗争的出发点主要是(　　)。
A. 反对帝国主义的侵略　　B. 挽救中华民族的危亡
C. 推翻封建主义的统治　　D. 建立人民民主的政权

17. 在近代中国,实现国家富强和人民富裕的前提条件是(　　)。
A. 反对帝国主义的侵略　　B. 推翻封建主义的统治
C. 争得民族独立和人民解放　　D. 建立资本主义制度

18. 近代中国的历史表明,要争得民族独立和人民解放必须首先进行(　　)。
A. 反对帝国主义侵略的斗争　　B. 反对封建主义压迫的斗争
C. 反帝反封建的民主革命　　D. 反对资产阶级的社会主义革命

(二) 多项选择题

1. 1840年前,中国封建社会的基本特征是(　　)。
A. 经济上以封建地主土地所有制占主导地位
B. 政治上实行高度中央集权的君主专制制度
C. 文化上以儒家思想为核心
D. 社会结构上实行封建宗法等级制度

2. 在第一次鸦片战争前已经确立资本主义制度的国家有(　　)。
A. 英国　　　B. 法国　　　C. 美国　　　D. 日本

3. 第一次鸦片战争后,外国列强迫使清政府签订的不平等条约有(　　)。
A. 中法《黄埔条约》　　B. 中英《虎门条约》
C. 中美《望厦条约》　　D. 中英《南京条约》

4. 第一次鸦片战争后,清政府被迫与英国签订的不平等条约有(　　)。
A.《南京条约》　B.《虎门条约》　C.《黄埔条约》　D.《望厦条约》

5. 第一次鸦片战争后,清政府被迫分别与法国、美国签订的不平等条约是(　　)。
A.《南京条约》　B.《虎门条约》　C.《黄埔条约》　D.《望厦条约》

6. 第一次鸦片战争以后,中国社会发生的两个根本性变化是(　　)。
A. 独立的中国逐步变成半殖民地的中国
B. 独立的中国逐步变成殖民地的中国
C. 封建的中国逐步变成半封建的中国
D. 封建的中国逐步变成资本主义的中国

7. 随着中国从封建社会逐步演变为半殖民地半封建社会,新产生的阶级是( )。
   A. 农民阶级　　B. 地主阶级　　C. 工人阶级　　D. 资产阶级
8. 近代中国,资产阶级按来源分为( )。
   A. 工业资产阶级　　　　　　B. 商业地主阶级
   C. 官僚买办资产阶级　　　　D. 民族资产阶级
9. 在近代中国,民族资产阶级与外国资本主义和本国封建主义的关系是( )。
   A. 有矛盾　　B. 有斗争　　C. 有依赖　　D. 有妥协
10. 近代中国的革命对象是( )。
    A. 帝国主义　　B. 封建主义　　C. 民族主义　　D. 官僚资本主义
11. 在近代中国错综复杂的社会矛盾中,占支配地位的主要矛盾是( )。
    A. 帝国主义和中华民族的矛盾　　B. 无产阶级和资产阶级的矛盾
    C. 封建主义和人民大众的矛盾　　D. 农民阶级和地主阶级的矛盾
12. 近代以来,中华民族面临的两大历史任务是( )。
    A. 争得民族独立和人民解放　　B. 反对帝国主义
    C. 实现国家富强和人民富裕　　D. 反对封建主义
13. 近代以来,一些爱国人士提出过的救国主张包括( )。
    A. 工业救国　　B. 教育救国　　C. 农业救国　　D. 科学救国
14. 1840年后,中华民族要争得民族独立、人民解放就必须进行( )。
    A. 反对资产阶级的无产阶级革命　　B. 反对帝国主义的民族革命
    C. 反对地主阶级的农民革命　　　　D. 反对封建主义的民主革命

(三) 辨析题

1. 鸦片战争前后的中国社会性质是相同的。
2. 对中国近代社会发展变化起着决定性作用的是帝国主义与中华民族的矛盾和斗争。
3. 鸦片战争后,中华民族面临的两大历史任务是反帝反封建。
4. 在近代中国,要争得民族独立和人民解放必须首先进行社会改良。

(四) 简答题

1. 中国封建社会的主要结构和变化特征。
2. 中国半殖民地半封建社会的主要矛盾及其关系。

3. 近代以来,中华民族必须首先争得民族独立、人民解放的原因。

(五) 论述题

1. 鸦片战争是中国近代史的起点。
2. 中国半殖民地半封建社会的基本特征。

参 考 答 案

(一) 单项选择题

1. B 2. D 3. A 4. C 5. D 6. A 7. B 8. C 9. D 10. D 11. A 12. A 13. C
14. C 15. D 16. B 17. C 18. C

(二) 多项选择题

1. ABCD 2. ABC 3. ABCD 4. AB 5. CD 6. AC 7. CD 8. CD 9. ABCD
10. ABD 11. AC 12. AC 13. ABD 14. BD

(三) 辨析题

1. 错误。鸦片战争前后的中国社会性质是不同的。鸦片战争前中国社会的性质是封建社会。鸦片战争以后,随着外国资本-帝国主义的入侵,中国社会发生了两个根本性的变化:其一,独立的中国逐步变成半殖民地的中国;其二,封建的中国逐步变成半封建的中国。

2. 错误。近代中国半殖民地半封建社会的矛盾呈现出错综复杂的状况,其中占支配地位的主要矛盾,是帝国主义和中华民族的矛盾、封建主义和人民大众的矛盾。这两对主要矛盾及其斗争贯穿整个中国半殖民地半封建社会的始终,并对中国近代社会的发展变化起着决定性的作用。

3. 错误。近代中国面临的两大历史任务是争取民族独立和人民解放、实现国家富强和人民富裕。这两大任务是互相区别又互相紧密联系的,争取民族独立和人民解放,就必须首先进行反帝反封建的民主革命,它是实现国家富强和人民富裕的前提条件;而实现国家富强和人民富裕,是争取民族独立和人民解放的根本目的。

4. 错误。要争得民族独立和人民解放,必须首先进行反帝反封建的民主革命。因为帝国主义列强决不会自动放弃在中国攫取的特权,封建主义势力也决不肯自动放弃自己控制的政权,以改良的方式是不可能改变帝国主义和封建主义联合统治中国的半殖民地半封建社会制度的。只有通过革命争得民族独立、人民解放以后，中国人民才有可能集中力量进行现代化建设，逐步改变贫穷落后的面貌，实现国家的富强和人民的富裕。

（四）简答题

1. 在中国封建社会的经济中，封建地主土地所有制经济占主导地位。以个体家庭为单位并与家庭手工业牢固结合的小农经济是中国封建社会的基本生产结构，自给自足的自然经济始终占主要地位。中国封建社会政治的基本特征是实行高度中央集权的封建君主专制制度。中国封建社会的文化思想体系以儒家思想为核心。中国封建社会的社会结构的特点是族权和政权相结合的封建宗法等级制度。中国封建社会的经济、政治、文化和社会结构，一方面巩固和维系了中国封建社会的稳定和延续，另一方面也使其前进缓慢甚至迟滞，并造成不可克服的周期性的政治经济危机。

2. 中国半殖民地半封建社会的主要矛盾，是帝国主义和中华民族的矛盾、封建主义和人民大众的矛盾。当资本-帝国主义向中国发动侵略战争时，中国内部各阶级能够暂时地团结起来举行民族战争去反对外国侵略。这时，民族矛盾特别尖锐，阶级矛盾暂时降到次要和服从的地位。当资本-帝国主义与中国的反动统治阶级结成同盟，用战争以外的形式共同压迫中国人民，中国人民往往采取国内战争的形式进行斗争，斗争矛头主要直接地指向中国的封建政权，这时阶级矛盾就上升为主要矛盾，民族矛盾退居次要地位。当国内战争从根本上威胁资本-帝国主义与中国封建地主阶级的统治时，外国侵略者甚至直接出兵镇压中国人民，与中国的封建统治者完全公开站在一条线上。

3. 因为不经过反帝反封建的斗争，争得民族独立、人民解放：第一，就不可能推翻帝国主义对中国的反动统治，改变它们控制中国经济财政命脉，利用特权向中国大量倾销商品和输出资本，压迫中国民族工商业发展的局面；第二，就不可能废除封建地主土地所有制和专制政治制度，解放农村生产力，改善农民的生活，扩大民族工商业的国内市场；第三，就不可能达到国家的统一、民族的团结和社会的稳定，从而集中力量进行经济、文化、教育等各方面的现代化建设，以实现国家的繁荣富强和人民的富裕幸福。

（五）论述题

1. 鸦片战争和《南京条约》等一系列不平等条约的签订，为外国资本主义打开了入侵中国的大门，对近代中国社会产生了深刻的影响。鸦片战争前，中国是一个领土完整、主权独立的封建国家；鸦片战争后，中国的领土、领海、关税、司法等主权的完整遭到破坏，受到外国侵略者的干涉和控制。中国从一个独立的国家逐渐沦入半殖民地的地位。鸦片战争前，中国是一个经济上自给自足的封建国家。鸦片战争后，一方面中国封建自然经济逐渐解体，逐渐成为资本主义世界的商品市场和原料供给地；另一方面，外国资本主义的入侵又在客观上促进了中国城乡商品经济的发展，刺激了中国民族资本主义的产生。中国从一个完全的封建社会转变为半封建的社会。帝国主义和中华民族的矛盾、封建主义与人民大众的矛盾成为中国社会的主要矛盾。随着社会性质和社会主要矛盾的变化，中国逐渐开始了反帝反封建的资产阶级民主革命。正因为如此，鸦片战争就成为中国近代史的起点。

2. 第一，资本-帝国主义侵略势力不但逐步操纵了中国的财政和经济命脉，而且逐步控制了中国的政治，日益成为支配中国的决定性力量。第二，中国的封建势力日益衰败并同外国侵略势力勾结，成为资本-帝国主义压迫、奴役中国人民的社会基础和统治支柱。第三，中国自然经济的基础虽然遭到破坏，但是封建剥削制度的根基依然在广大地区内保持着，成为中国走向现代化和民主化的严重障碍。第四，中国新兴的民族资本主义经济虽然已经产生，并在政治、文化生活中起了一定的作用，但是在帝国主义和封建主义的压迫下，它的发展很缓慢，力量很软弱，而且与外国资本-帝国主义和本国封建主义都有或多或少的联系。第五，由于近代中国处于资本-帝国主义列强的争夺和间接统治之下，近代中国各地区经济、政治和文化的发展极不平衡。后来，帝国主义国家还分别支持不同的政治势力以分裂中国，使中国处于不统一状态。第六，在资本-帝国主义和封建主义的双重压迫下（后来还加上官僚资本主义的压迫），中国的广大人民尤其是农民日益贫困化以至大批地破产，过着饥寒交迫和毫无政治权利的生活。

延 伸 阅 读

（一）

……"中国"一词，早在三千多年以前的商周时期就已屡屡使用，但古代的中国与今天的中国，内涵是不同的。它所反映的时代和地域，最早在传说时代居住于黄河中游的尧、舜及其部落控制的区域；接着是夏朝、商朝和周朝的中心区域。以后，尽管中原王朝不断更迭，疆域不断扩大，中国一词的内涵也有所扩大，但始终以中原地区为主。……

中国一词，作为我们整个国家的名称，从辛亥革命以后才开始使用。在此以前，历代王朝，从夏、商、周到清代，其国号都以朝代名称命名。如"大唐"……"大清"等。

在古代，"中国"不是一个国家的概念，它只是一个地域的概念。这个地域并不是国家的全部领域，而仅仅是这个领域的中心部分。如《诗经·毛传》称："中国，京师也。"也就是说，中国在商、周时代是商王或周王所在的"王畿"，即首都的代称。《诗·大雅·民劳》称："惠此中国，以绥四方。"也就是说，"中国"是与"四方"相对而言的，是抚绥控驭"四方"的。……四方包括了周王分封的诸侯国和受周王管辖的各边疆少数民族。

......

在古代,整个国家的概念是以"天下""四海""海内"等词来称呼的。这几个词是与"中国"一词同时存在和使用的。

......

在古代人的观念中,"天下",既包括中原地区,也包括四边的少数民族地区,"天下"才是我们今天所说的中国。直到辛亥革命以后,成立了中华民国,提出五族共和,"中国"一词才成为具有现代国家意义的正式名称。所以,我们不能把历史上的中国与中原画等号,也不能把它与历代中原王朝画等号。历史上的中国,在地域上应包括中国各民族的地区,在政权上应包括各民族建立的中原与地方政权。

——张岂之:《中国历史十五讲》(第二版),北京大学出版社2015年版,第89—91页

(二)

当我们回顾古老的中国文明发展的历史的时候,有若干地理因素特别值得注意。首先,我们祖先创造的华夏文化,是在远离希腊、罗马、埃及与巴比伦等古代文明的黄河流域发展起来的。华夏先民活动的范围,又处于相对独立、相对隔绝的地理环境中,难以与世界其他地区的早期先进文明进行双向的文化信息交流和相互影响。其次,黄河平原与黄土高原的气候与土壤等生态条件,特别适宜于单一的农耕经济的发展,这种经济生活的自给自足性,使安土重迁的华夏民族往往不像古老的商业航海民族与游牧民族那样,把走向遥远的外部世界视为谋生的必由之路。

打开世界地图,人们可以看到,使黄河中下游的华夏人居住区以北,是浩瀚的戈壁沙漠、干旱草原与人类难以生存的西伯利亚森林与寒原。在这个文化圈的东部,一望无际的东海是比沙漠更严峻无情的天然屏障。当华夏族后来发展到长江流域和珠江流域以后,迤南丛林的烟瘴之地、金沙江、怒江和横断山脉的险峻地势,以及作为世界屋脊的青藏高原,横亘在古代中国文明与印度文明之间。数千年来,这两个古老文明之间难以进行接触和交流。梁启超曾生动地设想,假如没有喜马拉雅山把南北两地隔开,中国和印度的历史将会完全重写。

......

当然,华夏文化圈也不完全是一个封闭的世界。狭长的河西走廊连接着一条漫长而充满险阻的丝绸之路。从而使古代中国与中亚文明之间保持着断断续续的联系。现代的中国人伫立在玉门关的废墟旁,固然可以抒发一番怀古的幽情:西汉的张骞、李广利,唐代的玄奘,十四世纪威尼斯的马可波罗,都曾在这不

显眼的古道上留下过他们的足迹。这些中外闻名的旅行家的名字,几乎要间隔数百年才出现一次。他们的旅行故事又是如此惊心动魄。这本身就足以表明,古代中国与外部世界交往的机会受到地理环境何等严重的限制。……

这里,让我们把环绕地中海沿岸的诸古代文明与华夏文明的地理作一点比较,是颇能说明问题的。

地中海北岸的希腊罗马文化,南岸的尼罗河文化,以及离地中海东岸不远的巴比伦文化,这三个古老文明都可以通过海路交通而密切地联系在一起。雅典的戏剧大师阿里斯多芬,曾用"我们是一群环围着池塘的青蛙"这句话来形容爱琴海四周的诸城邦在文化上的相互呼应。这一生动的比喻却使人们联想起:希腊、罗马、埃及与巴比伦,又恰似围绕在地中海这个更大的池塘的四周的蛙群,它们发出此起彼伏的鸣叫声,组成一种奇特的文化交响。这些异源文明之间的信息交流是十分密切的。例如,古希腊最早的哲学家泰利斯、毕达哥拉斯都曾光顾过埃及,并对金字塔和埃及的异国风情作过记录。古希腊历史学家希罗多德对巴比伦帝国的政治与文化了解得如此具体而详尽,以至他竟能在自己的著作中列举出巴比伦各省每年向中央王朝交纳的税收总额。

……

上述的文化比较,可以给人们这样一个启示,即华夏文化,是在没有广泛吸收其他古代异质文化信息和文化营养的特殊历史条件下,以独创的方式萌发并成熟起来的。虽然,东汉以后,由于佛教的传入,中外文化交流出现了一些新的机会,但那时中国传统文化的基本格调和内部规范早已基本定型和成熟了。

农耕自然经济的自给自足性,地理环境的相对封闭性和内向性,以及其他各种因素的配合,导致传统中国文化形态具有早熟性的特点,这种文化早熟性,对传统文化本身的发展趋势、华夏民族的文化心理以及以后的士大夫阶级的价值观念体系与思维方法等等,无疑具有深刻的影响。

——萧功秦:《儒家文化的困境——中国近代士大夫与西方挑战》,四川人民出版社1986年版,第4—9页

(三)

1792年,大英帝国国王乔治三世以给乾隆祝寿为名,向中国派出了马戛尔尼勋爵率领的庞大使团。英国政府给使团下达的任务是:一是通过与清王朝最高当局的谈判,获得以往各国用计谋或武力都未能获得的商务利益与外交权利,二是利用访华的机会,探测中国的虚实,广泛搜集中国的有关情报,为下一步行动提供依据。英国政府为了达到使华的目的,对使团的组成进行了极其充分的

准备。经费给予充分保障,组成人员、乘坐的舰船和携带的武器、礼品都经过有目的的精心挑选,特别是正副特使人选,更是慎之又慎。特使马戛尔尼长期从事外交活动,他曾在印度担任要职,后来又出任英国驻俄彼得堡公使,还被任命为孟加拉总督,但拒不就职;副职斯当东也有在印度办理殖民地外交的丰富经验。由于马戛尔尼使团来华的借口是为乾隆补祝八十大寿,所以清政府对英使来华也特别重视。乾隆命令沿海各省做好接待工作,并破例允许使团从天津进入。为了能在热河避暑山庄接见英国使团,乾隆特意取消了每年例行的围猎,招待使团的饮食规格很高,并预先规定了使团回国时特赏给可供一年食用的粮食。

1792年(乾隆五十七年)9月25日,马戛尔尼使团800多人从英国朴次茅斯军港乘海军军舰"狮子"号启航,带着价值13 000余镑、代表当时世界先进科学技术的大批礼物,经过10个月的航行,于次年7月25日到达天津大沽港,直隶总督梁肯堂专程赶到天津接待。使团在天津稍事休息,即前往北京,到京住了一个月左右,使团主要成员便赴热河避暑山庄谒见乾隆皇帝。在北京,中英双方就使团觐见乾隆皇帝的礼仪问题发生了激烈的争吵。清朝自视"天朝上国",其他外国都是蛮夷之邦,接待官员要求使团行磕头礼,使团认为这是对他们的侮辱,拒不接受。使团到达热河后,争执还未解决。乾隆极为不快,立即改变接待的规格。最后,双方达成一个折中的方案:英使马戛尔尼以见英王之礼觐见乾隆,以单膝下跪,但免去吻手的礼节。乾隆五十八年(1793)八月初十日,乾隆在万树园以庄重肃穆的典礼接见了英国使团。马戛尔尼呈递了英王的书信,乾隆赐宴并向英王和使团正副使节赠送了礼物。使团参加了八月十三日乾隆生日庆典后,返回北京。

清政府认为英国代表团来华仅仅是为了进贡和祝寿。而马戛尔尼则认为:表面上的应酬结束,应该谈自己来华的真正使命了,于是在返回北京后,便向清政府提出了一系列要求:一、请中国允许英国商船在珠(舟)山、宁波、天津等处登岸,经营商业;二、请中国按照从前俄罗斯商人在中国通商之例,允许英国商人在北京设一洋行,买卖货物;三、请于珠山附近划一未设防之小岛,归英国商人使用,以便存放一切货物,且可居住商人;四、请于广州附近拨给一同样小地方,让英国商人居住且自由来往;五、凡英国商货,自澳门运至广州,请优免关税或减税;六、英国船货按照中国所定税率交税,不得额外加征,请将所定税率公布,以便遵行。另外,使团还希望能在北京设立常驻外交使节。英国使团提出这些要求后,急切地等待清政府派人与他们谈判,而乾隆在避暑山庄针对代表团提出的要求,给英王写了复信,即《赐英咭唎国王敕书》,拒绝了英国使团提出的全部要求。九月初三日,马戛尔尼使团被迫离开北京,从广州乘船回国。

综述

马戛尔尼使团来华,是中英关系史上政府间第一次接触的重大政治事件。长期的闭关锁国使中国当时的统治者对外部世界的进步与西方的科学文明一概不知,而为自己处于"盛世"沾沾自喜。中西文化背景与政治观念的不同,使清朝君臣们认为"中央帝国"与异邦的关系只能是宗主国与藩属的关系,异邦只能岁岁来朝、俯首称臣。他们认为英国是仰慕中华文明才遣使远涉重洋为皇上祝寿的,因此将马戛尔尼使团视为来自英格兰的朝贡者,使团运载礼品的车船都被插上"英吉利贡使"字样,而且要求英国特使向乾隆皇帝行磕头礼。在欧洲人眼里,马戛尔尼使华的遭遇暴露了清廷对外部世界惊人的无知。

马戛尔尼使团希望通过与清政府谈判,打开中国门户、开拓中国市场的使命没有顺利完成,但搜集中国情报的任务却意外地圆满完成。使团成员对来回沿途的航道、军事要塞、民情风俗,都经过精确测量,作了详细记录,并通过与清朝大小官员的接触,了解到清王朝危机四伏、走向衰落的各种情况,为英国的鸦片贸易、武装入侵提供了翔实的决策依据。

学术界争论已久的马戛尔尼是否下跪的问题并不单纯是一场礼仪之争,而是两种文明的撞击,具有深刻的象征意义。"先进社会和传统社会相遇,我从未听说过有比马戛尔尼出使中国时第一个爆发工业革命的国家和最杰出的文明国家之间高傲的相遇更有说服力的例子。"

——摘编自[法]阿兰·佩雷菲特著,王国卿、毛凤支、谷炘等译:《停滞的帝国——两个世界的撞击》前言,生活·读书·新知三联书店 1993 年版;吴吉远等:《中国小通史:清朝》,中国青年出版社 1995 年版,第 208—214 页

第一章 反对外国侵略的斗争

学习提示

本章有三节内容,主要阐述了近代中国历史发展的两条基本脉络,即资本-帝国主义对中国的侵略以及中国人民的反侵略斗争。通过本章的学习,要求学生了解资本-帝国主义侵略给中国人民所带来的深重苦难,以及造成近代中国社会落后贫困的根本原因,认识近代中国反侵略斗争的意义,继承、发扬以爱国主义为核心的民族精神,深刻理解殖民主义的"双重使命"问题。

试题训练

(一)单项选择题

1. 从 1840 年到 1919 年的 80 年间,中国人民的历次反侵略战争,都是以中国失败、被迫签订丧权辱国的条约而告终,从中国内部分析,其根本原因是(　　)。
   A. 军事战略错误　　　　　　B. 社会制度腐败
   C. 经济技术的落后　　　　　D. 思想观念保守

2. 西方列强对中国的侵略,首先和主要的是(　　)。
   A. 政治控制　　　　　　　　B. 军事侵略
   C. 经济掠夺　　　　　　　　D. 文化渗透

3. 第二次鸦片战争中,掠夺中国领土最多的侵略者是(　　)。
   A. 美国　　　B. 英国　　　C. 俄国　　　D. 法国

4. 将中国领土台湾割让给日本的不平等条约是（   ）。
   A.《南京条约》   B.《北京条约》   C.《马关条约》   D.《瑷珲条约》

5. 资本-帝国主义列强在中国设立的最早的租界是在（   ）。
   A. 广州   B. 南京   C. 上海   D. 重庆

6. 帝国主义列强获得在中国领土驻兵的特权是通过（   ）。
   A.《南京条约》   B.《北京条约》   C.《马关条约》   D.《辛丑条约》

7. 第二次鸦片战争时，洗劫和烧毁圆明园的是（   ）。
   A. 日本侵略军   B. 俄国侵略军   C. 英法联军   D. 八国联军

8. 外国列强通过公使驻京直接向中国政府发号施令是在（   ）。
   A. 第一次鸦片战争《南京条约》签订后
   B. 甲午战争《马关条约》签订后
   C. 第二次鸦片战争《天津条约》签订后
   D. 中法战争《中法和约》签订后

9. 外国侵略者控制中国政治的重要手段之一是（   ）。
   A. 让中国赔款   B. 把持中国海关
   C. 制造舆论   D. 进行宗教宣传

10. 外国资本在中国设立的银行，是其对中国进行资本输出的枢纽。外国资本在中国开设的第一家银行是（   ）。
    A. 英国汇丰银行   B. 英国丽如银行
    C. 德国德华银行   D. 美国花旗银行

11. 基督教在中国设立的最大出版机构广学会发行的报刊是（   ）。
    A.《中国丛报》   B.《北华捷报》   C.《字林西报》   D.《万国公报》

12. 中国近代史上人民群众第一次大规模的反侵略武装斗争是（   ）。
    A. 三元里人民的抗英斗争   B. 太平天国的抗击洋枪队斗争
    C. 台湾高山族人民的抗美斗争 D. 义和团的抗击八国联军斗争

13. 指挥清军在中越边境前线大败法军，取得镇南关大捷的是（   ）。
    A. 冯子材   B. 邓廷桢   C. 林则徐   D. 李鸿章

14. 在近代，"中国不败而败"的战争是指（   ）。
    A. 中日甲午战争   B. 鸦片战争
    C. 中法战争   D. 第二次鸦片战争

15. 帝国主义列强掀起瓜分中国的狂潮是在（   ）。
    A. 中日甲午战争爆发后   B. 第一次鸦片战争爆发后
    C. 八国联军战争爆发后   D. 第二次鸦片战争爆发后

16. 中国在甲午战争战败后,列强掀起了瓜分中国狂潮,这集中表现在( )。
 A. 设立完全由外国人直接控制和统治的租界
 B. 竞相租借港湾和划分势力范围
 C. 外国资本在中国近代工业中争夺垄断地位
 D. 从侵略中国周边邻国发展到蚕食中国边疆地区

17. 近代以来,帝国主义列强不能瓜分和灭亡中国的最根本原因是( )。
 A. 帝国主义列强之间的矛盾和妥协
 B. 洋务派开展的"自强""求富"运动
 C. 民族资产阶级发动的民主革命
 D. 中华民族进行的不屈不挠的反侵略斗争

18. 从1840年至1919年,中国在历次反侵略战争中失败的根本原因是( )。
 A. 社会制度的腐败　　　　　B. 军事技术的落后
 C. 西方列强的强大　　　　　D. 经济力量的薄弱

19. 被称为近代中国"睁眼看世界"第一人的是( )。
 A. 林则徐　　　B. 魏源　　　C. 龚自珍　　　D. 郑观应

20. 1839年组织编写《四洲志》,向中国人介绍西方情况的是( )。
 A. 林则徐　　　B. 魏源　　　C. 马建忠　　　D. 郑观应

21. 魏源在《海国图志》中提出的重要思想是( )。
 A. 师夷长技以制夷　　　　　B. 中学为体、西学为用
 C. 救亡图存和振兴中华　　　D. 物竞天择、适者生存

22. 1843年,魏源编成《海国图志》。他在书中写道:"是书何以作?曰:为以夷攻夷而作,为以夷款夷而作,为师夷长技以制夷而作。"魏源所说的夷之"长技"主要是指西方的( )。
 A. 宗教和思想文化　　　　　B. 教育和人才培养
 C. 军事和科学技术　　　　　D. 民主和政治制度

23. 甲午战争后,宣传"物竞天择""适者生存"社会进化论思想的是( )。
 A. 严复翻译的《天演论》　　B. 郑观应撰写的《盛世危言》
 C. 冯桂芬撰写的《校邠庐抗议》　D. 魏源编撰的《海国图志》

24. 造成近代中国社会贫困落后和一切灾难祸害总根源的是( )。
 A. 帝国主义　　　　　　　　B. 封建主义
 C. 官僚资本主义　　　　　　D. 民族资本主义

25. 近代中国,一些爱国人士提出了工业救国、教育救国、科学救国等主张,并为此进行了不懈努力,但这些主张并不能从根本上为濒临危亡的中国指明正

确的出路,这是因为他们没有认识到(　　)。
   A. 争取民族独立和人民解放是实现民族复兴的前提
   B. 中国已经被卷入世界资本主义经济体系和世界市场中
   C. 中国是一个经济政治发展不平衡的国家
   D. 资本主义制度已经过时
26. 1840年鸦片战争以后,让中国"睡狮"在西方列强的隆隆炮声中逐渐苏醒,让中国人民的民族意识开始普遍觉醒的重大事件是(　　)。
   A. 日本全面侵华战争　　　　　B. 中日甲午战争
   C. 八国联军侵华战争　　　　　D. 中法战争
27. 在1894年发出"振兴中华"这一时代最强音的是(　　)。
   A. 梁启超　　　B. 孙中山　　　C. 康有为　　　D. 郑观应

(二) 多项选择题

1. 近代中国列强控制中国经济的方式有(　　)。
   A. 在中国设立出版机构宣传西学　　B. 在中国设立银行
   C. 控制中国的关税和盐税　　　　　D. 控制中国的交通运输业
2. 在第一次鸦片战争期间,为抗击英国的侵略而以身殉国的爱国将领包括(　　)。
   A. 关天培　　　B. 陈化成　　　C. 海龄　　　D. 邓世昌
3. 1842年《南京条约》中规定开放的通商口岸包括(　　)。
   A. 广州　　　B. 南京　　　C. 上海　　　D. 宁波
4. 中英《南京条约》签订后,美、法相继逼迫清政府签订的不平等条约有(　　)。
   A.《虎门条约》　　　　　　　B.《望厦条约》
   C.《黄埔条约》　　　　　　　D.《天津条约》
5. 在《海国图志》中,魏源提出的思想有(　　)。
   A. "师夷长技以制夷"的思想
   B. 主张学习外国先进的军事和科学技术
   C. 大力发展民族工商业
   D. 同西方国家进行"商战"
6. 在下列关于林则徐、魏源等的评述中,正确的是(　　)。
   A. 都是地主阶级开明知识分子
   B. 其思想都带有鲜明的时代特点

C. 都主张放眼世界，探索救国之路
D. 都未能完全冲破封建思想的牢笼

7. 近代以来，外国列强攻入北京的侵华战争有（　　）。
A. 第二次鸦片战争　　　　　　B. 中日甲午战争
C. 中法战争　　　　　　　　　D. 八国联军侵华战争

8. 英国和法国在第二次鸦片战争期间迫使清政府签订的不平等条约有（　　）。
A.《天津条约》　　　　　　　B.《北京条约》
C.《瑷珲条约》　　　　　　　D.《辛丑条约》

9. 第二次鸦片战争以后（　　）。
A. 中国成立了总理各国事务衙门
B. 加速了西方侵略者与中国封建统治者的勾结
C. 中国已经被卷入了资本主义世界市场
D. 自然经济在中国已不占主体地位

10. 1895年清朝在甲午战争中战败，这场战争对中国的影响主要有（　　）。
A. 台湾被日本侵占
B. 中国人开始有了普遍的民族意识觉醒
C. 帝国主义列强掀起瓜分中国的狂潮
D. 中国海关的行政权落入外国人手中

11. 中日《马关条约》签订后，参与干涉还辽的国家有（　　）。
A. 德国　　　B. 俄国　　　C. 英国　　　D. 法国

12. 资本-帝国主义列强统治近代中国在政治上采取的主要手段是（　　）。
A. 控制中国的内政、外交　　　B. 镇压中国人民的反抗
C. 扶植、收买代理人　　　　　D. 建立全面控制中国的殖民机构

13. 资本-帝国主义列强对近代中国进行经济侵略的方式包括（　　）。
A. 强迫中国支付巨额的战争赔款　　B. 控制中国的通商口岸
C. 剥夺中国的关税自主权　　　　　D. 实行商品倾销和资本输出

14. 到19世纪90年代，外国商人在中国通商口岸开设的规模较大的洋行有（　　）。
A. 英国的怡和洋行　　　　　　B. 英国的太古洋行
C. 英国的沙逊洋行　　　　　　D. 美国的旗昌洋行

15. 近代以来，在中国开办银行或设立分行的国家，除英国外还有（　　）。
A. 日本　　　B. 德国　　　C. 俄国　　　D. 美国

16. 资本-帝国主义列强对中国进行文化渗透的目的是(　　)。
    A. 宣扬殖民主义奴化思想
    B. 麻醉中国人民的精神
    C. 摧毁中国人的民族自尊心和自信心
    D. 传播西方文明

17. 英法联军统帅瓦德西说:"无论欧、美、日本各国,皆无此脑力与兵力,可以统治此天下生灵四分之一。""故瓜分一事,实为下策。"这表明帝国主义列强(　　)。
    A. 瓜分中国的计划破产
    B. 无奈地放弃灭亡中国的计划
    C. 需要调整侵华政策
    D. 认识到中国人民具有不屈不挠的斗志

18. 19世纪70年代以后,主张学习西方科学技术,还要吸纳西方政治、经济学说的有(　　)。
    A. 王韬　　　　B. 薛福成　　　　C. 马建忠　　　　D. 郑观应

19. 郑观应在《盛世危言》中提出的主张有(　　)。
    A. 大力发展民族工商业　　　　B. 同西方国家进行"商战"
    C. 设立议院　　　　　　　　　D. 实行"君民共主"制度

(三)辨析题

1. 没有林则徐领导的禁烟运动,英国也会寻找其他借口发动侵华战争。
2. 近代中国社会贫穷落后的根源是中国资本主义未能得到充分发展。
3. 帝国主义列强之间的矛盾决定了瓜分中国图谋的破产。
4. 林则徐提出了"师夷长技以制夷"的主张。

(四)简答题

1. 帝国主义列强没有能够实现瓜分中国图谋的原因。
2. 中国近代历次反侵略战争失败的主要原因。

(五)论述题

1. 资本-帝国主义的入侵给近代中国造成的历史影响。
2. 近代中国进行的反侵略战争的重要意义。

参 考 答 案

（一）单项选择题

1. B 2. B 3. C 4. C 5. C 6. D 7. C 8. C 9. B 10. B 11. D 12. A 13. A
14. C 15. A 16. B 17. D 18. A 19. A 20. A 21. A 22. C 23. A 24. A 25. A
26. B 27. B

（二）多项选择题

1. BCD 2. ABC 3. ACD 4. BC 5. AB 6. ABCD 7. AD 8. AB 9. ABC
10. ABC 11. ABD 12. ABC 13. ABCD 14. ABCD 15. ABCD 16. ABC 17. ABCD
18. ABCD 19. ABCD

（三）辨析题

1. 正确。因为对外侵略是一切帝国主义的本质特征,掠夺是一切资产阶级的生存原则。在西方资本主义发展时期,中国清政府实行闭关自守政策,西方资产阶级为了寻找更为广阔的殖民地市场,必然要寻找各种借口发动侵略战争,以便打开掠夺中国的大门。战争是帝国主义政策的继续。

2. 错误。因为近代中国社会贫穷落后的根源是帝国主义和封建主义的统治和压迫。帝国主义和封建主义的相互勾结,残酷地镇压人民的反抗斗争,完全剥夺了中国人民的民主自由权利,严重阻碍了中国社会的进步;帝国主义和封建主义的压迫,阻碍了中国民族资本主义的发展,使中国未能走上独立发展资本主义的道路;帝国主义和封建主义的残酷压迫和剥削也窒息了人民发展生产的可能性。

3. 错误。帝国主义列强之间的矛盾和互相制约,只是瓜分中国图谋破产的一个重要原因。帝国主义列强不能灭亡和瓜分中国,最根本的原因,是中华民族进行的不屈不挠的反侵略斗争。在义和团反帝爱国运动时期,中国人民以其不畏强暴、敢与敌人血战到底的英雄气概,打击和教训了帝国主义者,使它们不敢为所欲为地瓜分中国。所以,正是包括义和团在内的中华民族为反抗侵略所进行的前赴后继、视死如归的战斗,才从根本上粉碎了帝国主义列强瓜分和灭亡中国的图谋。

4. 错误。魏源在1843年1月编成《海国图志》,提出了"师夷长技以制夷"的思想,主张学习外国先进的军事和科学技术,以期富国强兵,抵御外国侵略,开创了中国近代向西方学习的新风。

(四) 简答题

1. 首先,一个重要原因是帝国主义列强之间的矛盾和互相制约。列强经过反复争吵、协商,最后认定,还是暂缓瓜分中国,而采取保全清政府为其共同的统治工具,实行"以华治华",对自己更为有利。"三国干涉还辽"即是很好的明证和注解。其次,帝国主义列强不能灭亡和瓜分中国,最根本的原因,是中华民族进行的不屈不挠的反侵略斗争。在义和团反帝爱国运动时期,中国人民以其不畏强暴、敢与敌人血战到底的英雄气概,打击和教训了帝国主义者,使它们不敢为所欲为地瓜分中国。所以,正是包括义和团在内的中华民族为反抗侵略所进行的前赴后继、视死如归的战斗,才从根本上粉碎了帝国主义列强瓜分和灭亡中国的图谋。

2. 第一,社会制度的腐败。近代中国社会政治制度的腐败和清政府的腐朽无能,是反侵略战争失败的一个重要原因。第二,经济技术的落后。经济和科学技术的落后,国家综合实力低,是近代中国反侵略战争失败的另一重要原因。

(五) 论述题

1. ① 军事侵略。资本-帝国主义列强对中国的侵略,首先和主要的是进行军事侵略,迫使中国政府签订不平等条约。发动侵略战争,屠杀中国人民;侵占中国领土,划分势力范围;勒索赔款,抢劫财富。② 政治控制。为了统治中国,资本-帝国主义列强在政治上采取的主要方式,是控制中国政府,操纵中国的内政、外交,把中国当权者变成自己的代理人和驯服工具。资本-帝国主义列强通过军事侵略和不平等条约,控制中国的内政、外交,享有领事裁判权,把持中国海关,镇压中国人民的反抗,扶植、收买代理人。③ 经济掠夺。外国列强控制中国通商口岸,剥夺中国关税自主权、对华倾销商品和资本输出,并逐渐操纵中国经济命脉。④ 文化渗透。外国列强利用宗教进行侵略活动,鼓吹侵略有功论、"种族优劣论",为侵华制造舆论。所以,资本-帝国主义对中国的侵略和本国封建势力对人民的压迫,是近代中国落后、贫困的根本原因。

虽然,列强在侵华的时候也充当了历史的不自觉的工具,把西方资本主义的机器技术带入中国,刺激了中国资本主义的发生。但是,其主观上并不希望中国成为独立自主富强的近代化国家,因此总是千方百计地压制中国民族资本主义的发展,阻挠和破坏中国社会的进步。历史证明,只有推翻帝国主义和封建主义在中国的统治,中国才有可能走上独立富强的道路。

2. 中国近代史就是一部资本主义列强侵略中国与中国人民反侵略、争取民族解放的斗争史。

第一,近代中国人民的反侵略战争,沉重打击了帝国主义的侵华野心,粉碎了他们瓜分中国和把中国变成完全殖民地的图谋。帝国主义列强一次次对中国发动侵略战争,但每一次侵略都遭到中国人民的反抗。中国人民的英勇斗争,表现了中国人民不屈不挠的爱国主义斗争精神。外国侵略者虽然可以强迫清政府签订一个又一个不平等条约,但是却始终无法把中国变成他们的完全的殖民地。尤其是甲午战争以后,在瓜分危机的严重关头,中国各阶层人民救亡图存的努力探索和奋起抗争,使侵略者看到了中国人民中所隐含的不甘屈服的伟大力量,不得不放弃了瓜分中国的政策。

第二,近代中国人民的反侵略战争,教育了中国人民,激励中国人民奋起直追,大大提高了中国人民的民族觉醒意识。帝国主义的侵略给中华民族带来了巨大灾难,但没有哪一次巨大的历史灾难不是以历史的进步作为补偿的。列强发动的侵华战争以及中国人民反侵略战争的失败,从反面教育了中国人民,极大地促进了中国人的思考、探索和奋起直追。

延 伸 阅 读

(一)

澳门东印度公司的大班听了郭实腊第一次到沿海侦察的报告后,大受"鼓舞",请郭实腊再一次出发作较详细的侦察,决定指派该公司的高级职员林赛(化名胡夏米)偕同他一起去"作一次试验性的商业航行"。他们于一八三二年二月二十七日乘坐该公司的"阿美士德"号船从澳门出发,船长李士是"一位能干的水手和测量员,他急切地想要绘制出中国各个港口的精确航海图",另外还专门带了一名制图员。

他们沿途经过厦门、台湾、福州、宁波、上海,然后继续北上经朝鲜、日本折返澳门,一路上探测航道,测绘海域图,并对各个港口的防务、商业等进行刺探;发现当时清政府的防务松懈,经济技术都很落后。

六月间,郭实腊等到达上海后,不顾清政府的禁令,用了十九天时间在上海搜集了大量的军事、经济情报。他当时《日记》中的一页写道:

[一八三二年]六月三十日　上海

我们巡视了[吴淞口]炮台的左侧,察看了这个国家的防务内部组织。炮台是一座极为巨大的结构。他们尽了最大的努力作了布置,可以最蹩脚的军队也能攻破它,因为他们不懂得炮台工事的技术,全部依赖于壁垒和围墙的厚度。……火药的质量低劣,炮的保养和使用都极坏,点火口太宽,制造得不合比例,我确信有些炮对炮手们要比对他们所瞄准的敌方更加危及性命。由于中国长时期享有和平,所有他们的军事工作已经陷于腐烂。……我们还巡视了兵营,……我们看到弓挂在墙上,但没有发现箭,据他们说,箭存放在对岸。他们的武器极不一致,有些兵士有大刀,其余的有火绳枪,少数有矛,等等。他们所属的分队用大字写在他们的外套上。……

大部分军官都是没有受过教育的,是从部队里升上去的。……他们的工资很低,收入极少,他们的地位一点也不值得美慕。许多将官都是满人,享有极高的工资。同有些文官一样,只要中国的这种和平局面继续下去,他们的官职不过是一个闲差使。

郭实腊等人到吴淞口炮台刺探情报,遇有军人出来拦阻时,就拿出预先印好的基督教传教小册子散发,借口说是来传教的,以此掩人耳目而侦察防务。他对清政府在上海的防务详细调查后得出结论:"如果我们是以敌人的身份到这里来,整个中国的抵抗不会超过半小时。"郭实腊、林赛等通过这次沿海航行向东印度公司和英国政府作了详细汇报。郭实腊说,"所有这一切我们都已充分调查清楚,并向商人和传教士作了报告,要他们对这有利可图的地方引起重视。"这次侦察航行用了长达七个月时间,于同年九月五日返回澳门。

郭实腊一回到澳门,许多鸦片商人都争着请他带路到中国沿海去推销鸦片,待遇当然是十分优厚。郭实腊在澳门才住了一个月,就又乘坐英国商人的船于同年十月十二日第三次出发到中国沿海进行罪恶活动。这次他北上一直窜到东北奉天地区沿海一带,直到次年四月二十九日才折返澳门。一八三四年,郭实腊又受雇于英国著名的大鸦片商查顿洋行,再次乘坐查顿的船在中国沿海活动。后来他受雇于香港英国殖民政府担任翻译,直接为英国侵略者服务。

——顾长声:《传教士与近代中国》,上海人民出版社1981年版,第30—32页

(二)

自从关于英国人在中国采取军事行动的第一个消息传来以后,英国政府报纸和一部分美国报刊就不断地诬蔑中国人——不分青红皂白地非难中国人违背条约的义务、侮辱英国国旗、羞辱旅居中国的外国人,等等。可是,除了划艇"亚罗号"事件以外,它们举不出一项确凿的罪名,举不出一件事实来证实这一切诬蔑。而且就连这个事件的实情也被议会中的花言巧语歪曲得面目全非,以致使那些认真地想弄清这个问题真相的人大惑不解。

"亚罗号"划艇是一只不很大的中国船,船员都是中国人,但是船为几个英国人所雇用。这只船曾经一时获得悬挂英国国旗航行的执照,可是在现在用作借口的"侮辱事件"发生以前,这张执照已经满期了。据说,这只船曾被用来偷运私盐,而且船员中有几个歹徒——中国的海盗和走私贩子,当局早就因为他们是怙恶不悛的罪犯而想予以逮捕。当这只船不挂任何旗帜下帆停泊在广州时,水师听说这些罪犯藏匿船中,便逮捕了他们;我们的港口警察要是知道附近某一只本国船或外国船上藏有水贼和走私贩子,也一定会这样做的。可是因为这次逮捕

妨碍了货主的商务,船长就向英国领事控告。这位领事是个就职不久的年轻人,据说是一个性情暴躁的人。当时他亲自跑到船上,同只是履行自己的公职的水师大吵大闹,结果一无所得。于是他急忙返回领事馆,用命令式的口吻向两广总督提出书面要求:放回被捕者并道歉,同时致书香港的约翰·包令爵士和海军上将西马縻各厘,硬说什么他和英国国旗遭到了不可容忍的侮辱,并且相当明显地暗示说,期待已久的向广州举行示威的良机来到了。

叶总督有礼貌地、心平气和地答复了激动的年轻英国领事的蛮横要求。他说明捕人的理由,并对因此而引起的误会表示遗憾;同时他断然否认有任何侮辱英国国旗的意图,他答应放回水手,因为尽管逮捕这些人是合法的,他却不愿意以这样严重的误会作为逮捕他们的代价。但是这一切没有使领事巴夏礼先生感到满意,他要求正式道歉,并以隆重礼节送回被捕者,否则叶总督应对一切后果负责。接着海军上将西马縻各厘率领英国舰队抵达,旋即开始了另一套公函往来:海军上将态度专横,大肆恫吓,中国官吏则心平气和、冷静沉着、彬彬有礼。海军上将西马縻各厘要求在广州城内当面会商。叶总督说,这违反先例,而且乔治·文翰爵士曾答应不再提出这种要求。如果有必要这样做,他愿意按照常例在城外会面,或者采取其他不违反中国习惯与相沿已久的礼节的方式来满足海军上将的愿望。但是这一切都不能使英国在东方的这位好战的代表称心如意。

这场极端不义的战争就是根据上面简单叙述的理由而进行的——现在向英国人民提出的官方报告完全证实了这种叙述。广州城的无辜居民和安居乐业的商人惨遭屠杀,他们的住宅被炮火夷为平地,人权横遭侵犯,这一切都是在"中国人的挑衅行为危及英国人的生命和财产"这种荒唐的借口下发生的!英国政府和英国人民——至少那些愿意弄清这个问题的人们——都知道这些非难是多么虚伪和空洞。有些人企图回避对主要问题的追究,硬要大家相信,似乎在划艇"亚罗号"事件以前发生的一系列侮辱行为本身已足以构成宣战的理由。可是这些不分青红皂白的说法是毫无根据的。中国人针对着英国人提出的每一件控诉,至少可以提出九十九件控诉。

可是英国报纸对于旅居中国的外国人在英国庇护下每天所干的破坏条约的可恶行为是多么沉默啊!非法的鸦片贸易年年靠摧残人命和败坏道德来充实英国国库的事情,我们一点也听不到。外国人经常贿赂下级官吏而使中国政府失去在商品进出口方面的合法收入的事情,我们一点也听不到。对那些被卖到秘鲁沿岸去充当连牛马都不如的奴隶以及在古巴被卖为奴的受骗的契约华工横施暴行"以至杀害"的情形,我们一点也听不到。外国人常常无耻地欺凌性情柔弱的中国人的情形以及这些外国人在各通商口岸干出的伤风败俗的事情,我们一点也听不到。我们所以听不到有关这一切以及其他许多的事情,首先是因为在中国以外的大多数人很少关心这个国家的社会和道德状况;其次是因为精明和谨慎的原则而不去涉及那些不能带来钱财的问题。因此,眼光不超出常去购买茶叶的杂货店的英国人,就完全可以把政府和报纸塞给公众的一切胡说吞咽下去。

同时,本来已趋于平息的、在鸦片战争时期燃起的仇英火种,在中国爆发成了愤怒的烈火,一切关于和平和友好的声明都未必能扑灭这股烈火。

——《英人在华的残暴行动》,《纽约每日论坛报》1857年4月10日,略有改动

(三)

在近代我们怎么能够把祖国从半殖民地半封建社会的危难之中拯救出来呢?怎么才能实中华民族的伟大复兴呢?怎么能够使得经济文化落后的中国变成一个现代化的国家呢?

这就涉及到一个革命和改革的问题。现在有那么一种说法:我们不是要搞现代化吗?但是在我们近代历史上贯穿中间的好像突出的是一个革命啊,就是近代的民族民主革命啊,那是不是走入了误区了呢?实际上也就是说我们过去那么多先烈抛头颅洒热血,那些牺牲是不是多余的呢?是不是不需要经过革命,我们只要像洋务运动那样的清末新政一样,搞点工厂,搞点什么,我们中国现在就能够实现现代化呢?我想当然不能得出这样的结论,从道理上来说,恐怕整个人类社会一直处在一个不停顿的变革中。新的事物不断来代替旧的事物,这是谁都阻挡不住的,这是一个历史发展的必然趋势,但这种变革确实存在着两种形式:一种就是在原有的社会秩序底下进行一些渐进的改革;另外一种,就是在短时间之内改变整个原有的社会秩序,然后在这个基础上来推进各项改革。前者我们一般叫改革,有时又叫它改良,后者就是革命。当然从广义上讲,小平同志说改革也是一种革命,那是从新事物代替旧事物的角度来讲的。

这两种方式哪一种好一点呢?或者说应该着重用哪一种方式呢?我想,它不是简单的利用原有某一种原理、理论就可以解决的,不是那样的。一切都要根据当时当地的具体历史条件来决定。一般地说,改革是人类社会前进的一个经常方式。而革命呢,是一种补充的方式。当然,在改革过程里边,也有的时候有些革命的实行是改变原来社会秩序里面的某一个部分来推动历史前进,它跟根本改变是不同的。这样,我们是不是可以这么看:一般而言,在一种新的社会制度建立起来以后,通常都需要经过一个漫长的相对稳定的渐进发展过程。如果客观条件不成熟,它不会立刻发生这种革命性的,改变原有社会秩序的革命。只

有当整个社会秩序随着社会经济的发展积累到一定程度,原有的社会秩序已经不能适应新的情况甚至成为它的障碍,这种时候才会发生革命。而当革命成功,建立新的社会秩序以后,又会逐渐开始比较温和的渐进式改革。

　　人类的历史大致就是如此。所以我在演讲提纲里面写了那么一段,就是说拿中国的情况来讲,在近代中国,当国家的命运还没有掌握在人民手里的时候,在统治者拒绝一切根本的社会变革的情况下,进行大规模现代化建设只能是一句空话。如果事情真能用和平的办法解决,如果这条路还有一点希望能够走得通,那怎么会有那么多人抛头颅、洒热血,做出巨大的自我牺牲来奋起革命? 中国人只是在国家民族的生死存亡悬于一发的不得已情况下,才会万众一心地起来拼命。千百万人奋不顾身地投身革命,这绝不是任何人想这样做就能这样做的,而是由深刻的社会原因所造成的。中国近代的革命就是在我们的民族到了最危险的,已经处于被灭亡的边缘的时候,大家希望政府能够起来领导人民抵抗外来的侵略,在内部进行根本的改革,而且为之付出了一次又一次的努力但最后都落空了的情况下,才迫使人们最后下决心,拿起武器来进行革命。

　　大家都知道,孙中山先生在1894年成立兴中会的前夜,还赶到天津去见李鸿章,他提出的主张,还是一个很温和的改革的主张,但是李鸿章连见都不见他。所以他自己讲,本来认为李鸿章也许是一个比较识时务的大吏,他能够接受他的意见,那当然比流血牺牲要好,但到这个时候,他所抱的希望完全破灭,最后他就走上革命的道路。在辛亥革命期间,那么多人抛头颅、洒热血来投身到革命,为什么? 如果说国家政府还有一点希望,他们会那么做吗?

　　大家可能都熟悉,我们在解放前读中学的时候,都读到过那个黄花岗七十二烈士里面的林觉民,他就是在这次起义中间牺牲的。在此之前,他写了一封信给他的妻子陈意映,跟她诀别。他说:"现在写这封信的时候,我还是世界上的一个人,等到你读这封信的时候,我已经成为阴间的一个鬼。"他还说:"我写这封信,一面写,我的眼泪就跟着笔墨一起流下来,我几次写不下去了,我想不写了,但是我又担心,生怕我不写这个信,你会觉得我为什么不顾你就去死了呢? 所以我忍着眼泪,开始把这个告诉你,自从我们认识、结婚以后,总是希望天下有情人竟成眷属,但现在这个状况,叫做天地腥云、满地狼犬,称心如意几家能够? 我非常爱你,我愿意跟你一生,陪着你度过我们的一生。但是我们生在今天的中国,天灾可以死,盗贼可以死,外国侵略可以死,贪官污吏的虐待也可以死,今天的中国啊,何时何地都可以死。我是真愿意跟你两个相守,守到一生,但就现在我们的国家来讲,不当死,不愿死,而且不当死不愿离,也不当离的人,数都数不清。我能够忍心看到这个状况吗? 正是我挚爱你的这一个念头,使我下决心去再次为了这个而去死。"大家可以看一看,当时投身革命的那些人,他们为什么那么做?他并不是出于什么一时的冲动,更不是什么出于一种偏激的极端的情绪,不是的,是真正经过深思熟虑才下了决心的。所以孙中山说过这么一句话:革命是万不得已的事情,而且不能一直走下去。

这是讲那一代的人。再拿毛泽东同志来讲。大家都知道,当时毛泽东同志是在编《湘江评论》。在五四以后的《湘江评论》的发刊词里,他那个时候主张的是"呼声革命","呼声革命"就是无血革命,就是没有流血的革命。否则的话,就是以暴易暴。他反对那种"炸弹革命",反对那种流血革命。他的民众大联合,是要联合起来向政府发出共同的呼声,要它进行改革。所以民众的大联合等等本身还是带有很温和的色彩的。那么为什么他最后选择了革命的道路呢?他给蔡和森的一封信里面这样讲,他说:"我看俄国式的革命,是无可如何的山穷水尽诸路皆不通了的一个变计,并不是有更好的方法弃而不用,单要采这个恐怖的方法。"所以,他说革命是山穷水尽别的路都走不通以后采取的办法。

现在有的人说你看大革命国共合作,为什么以后要搞土地革命啊?你们为什么要搞那些呢?这样讲的人他就忘掉了一个最根本的事实,国共合作是怎么破裂的?当时国民党下狠心大屠杀,据中共六大的报告是杀了31万人。在1964年的六七月间,毛主席有两次接见外宾的时候,说了那么两段话。一段话说,那个时候——大革命初期的时候,我们也没有准备打仗。我是一个知识分子,小学也没有学过军事,我怎么知道打仗呢?国民党搞白色恐怖,把工会都打掉了,把5万共产党员杀了一大批,抓了一大批,我们才拿起枪来上山打游击。还有一段话说,他要打我我就打,这个方法就是从反动派那里学来的,蒋介石要打我我就打他,他可以打我,难道我就不能打他?现在很多人尤其是不熟悉不了解那一段历史的人,大概去跟他说:"那时合作下去多好啊,为什么要走上那么一条武装斗争的造成十年内战的道路呢?是不是消耗了我们的国力,妨碍了我们的现代化呢?"人家是已经拿了武器杀上来了,杀了你30多万人了,中国共产党人的鲜血流了太多了!在这种情况下,蒋介石就是要重新恢复和建立起一个旧的社会秩序。此时,你是束手待毙呢,还是拿起武器来反抗?我想,这个道理是很明显的。

战后,共产党尽了很大的努力希望能够得到和平。大家都知道《周恩来选集》谈了国共谈判后的三个阶段,前两个阶段我们是真心实意希望能够和平,我们实际上做了非常大的让步。比如南方的很多根据地我们都放弃撤掉,比如行政院要对立法院负责这一套并不是我们共产党的新民主主义的主张,某种程度上都还是接近于旧民主主义的,但要是真能实现的话,这比过去蒋介石的独裁政治来,是前进了一步。另外我们还保证要求地方的自治等等。我们真心实意希望能够和平,但蒋介石他认为可以用三个月到六个月消灭共产党。他用那种大军压境的方式对共产党进行追剿,那你说我们能不反抗吗?所以,1949年中央特地出了一本叫《战争的责任是属于谁的?》的小册子在报上刊登,用以说清这个问题,说清怎么会发生这个战争?这个责任在谁?

可见革命确实是在不得已的情况下采取的一种手段。革命当然要付出巨大的代价,但是我们也要看到,革命在短时间之内对阻碍社会前进的旧事物所起的扫荡作用是平时多少年也无法相比,而且要彻底得多的,这为以后社会经济的迅速发展开辟了广阔的道路。

关于这个问题,我们如果把眼光放得更宽一点,看看世界的历史,也可以看到这一点。大家都熟悉美国的独立,法国的大革命,这不都是流血的革命吗?但是正因为通过这样的流血的革命以及在革命过程中对旧的社会秩序进行了比较彻底的扫荡,也可以说以不妥协的姿态来进行了扫荡,才会有以后西方资本主义国家的发展。大家看那个《乱世佳人》,在这场战争里边,亚特兰大是一片火海,死了多少人啊。但是正因为经过南北战争,把南方的奴隶制彻底扫除,使得美国形成了统一的国内市场,并且把当时先进的生产方式推进到全国,那对美国的前进起了什么作用?!有没有人看了以后说:"你看,这还有人道?死了那么多人啊,那房子烧成一片火海。"没有人那么责备,因为人们知道这场战争给美国带来了什么,要是没有那一次一次的战争,就没有后来的成果。所以对有的事情,不要总是好像停在一个当时的机制里面的某一个现象上加以过分的渲染,而应该放眼,从更广阔的历史发展里边来看待它。

拿世界范围来讲,譬如说,在德国,在意大利,都经过了几次国际之间的战争,而日本的明治维新也经过了跟德川幕府的战争。但整体来说,它们没有根本改变旧制度。所以在这些地方,尤其在历史转折关头,没有像美国、法国那样经过对旧秩序的比较彻底的扫荡,因此那些旧事物就残留得较多,而它对以后产生的负面影响也就较大。为什么恰恰是德国、日本、意大利后来会发展成为军国主义国家跟法西斯?我想都跟这个原因有关。所以,革命在一个短时间之内,会造成损失,甚至要付出不小的代价,但是在历史的转折关头时,也只有革命才能扫荡旧的秩序,建立起一个新秩序。我想这个道理是明显的。当然,这里也可以说回到我们前面所说的那个道理:革命不是任何人凭主观想要搞个革命,千百万人就会跟着一起来拼命,不惜抛头颅、洒热血,不会有这样的事情。它是客观历史发展的一个必然,它是那么一个过程,没有那个条件,你要弄,任何人也弄不起来,但是当革命取得胜利,对旧的社会秩序进行摧毁性的扫荡,把新的社会制度建立起来后,我们又要经过一个漫长的、在一个相对稳定的环境里面进行的一步一步的改革。这就好像我们要摧毁一个旧的建筑，那很容易。我们在新闻里常常看到各地要拆除某些旧房子甚至水泵，用什么定向爆破一炸，几十米的建筑哗一下子就塌了，它可以在短期内完成。但是把那个铲除以后，你要在这个地方重新建起一个新的更加威武的高楼大厦的时候，它可不是短期内能完成得了的。那你就不能用炸旧楼的办法，你只能是一块砖一块砖通过自己一点一点的迅速前进那样来建设，没有别的路可以走。这两者是完全不同的。

在新中国已经成立并且开展大规模建设以后，再搬用以往革命时期的那些想法和做法（譬如说"以阶级斗争为纲"），那是完全错误的。这种错误的出现，我们也可以理解。因为大家知道，革命的时候人们总是会非常强烈地要追求一种完美的理想社会的实现。这种情绪，说实在话，有时是到了一种狂热的程度。当革命胜利以后，人们又往往容易形成习惯。因为前面的胜利就是那么大刀阔斧来的，以为我们用同样的方法，也能够很快取得同样的成果。但是这就忽略了，或者说根本没有认识到这样的想法是不符合已经改变的客观实际。新的客观实际不能采用过去那样的方法。这可能是一个很重要的教训。

毛泽东同志曾经写过一篇文章，文章里讲得很好。他说我们在春夏之间、秋冬之间，需要换衣服。但人们常常在这个时候没有注意，没有换衣服，那就容易得病。这个比喻很好。从革命的时期转到我们建设的时期，就像春夏之间，秋冬之间，周围的客观情况已经变化了，你自己的主观，我们的一切做法都要适应，但这个时候，如果没有适应而还是采用原来的办法，就会造成很严重的后果。当然我这样讲，反过来又要说到，我们不能拿过去的办法用到今天，但是我们也不能拿今天的做法搬到过去，就认为过去的革命是不需要的，甚至还认为它是对建设主要起了破坏作用。好像不发生革命，中国的现代化建设倒还会更早到来，这同样也不是实事求是，也不符合客观实际。

所以，再回到我们在一开始所讲的话。就是十六大报告里边讲的，中华民族是面对着两大历史任务，一个是求得民族的独立和人民的解放，一个是实现国家的繁荣富强和人民的共同富裕，前者是为后者扫清障碍创造必要的前提。路就是要一步一步走，那是那个阶段的历史任务，现在是现在的历史任务，不能把过去的事情拿到今天来做，同样也不能把今天的事情、今天的做法，拿到过去，认为过去也能够那样来做。

——金冲及：《中国近代的革命和改革》，《新华文摘》2004年第8期，第52—54页

（四）

有人曾说："鸦片战争一声炮响，给中国带来了近代文明"，也有人说："殖民

主义在世界范围推动了现代化进程",还有人甚至说:"没有西方的殖民侵略,东方将永远沉沦"。这些人往往还以马克思论述英国在印度的殖民统治"充当了历史的不自觉的工具"和殖民主义具有"双重使命"的提法,作为自己的理论根据。

那么如何用理论与历史统一的方法去看待这个历史问题?怎样正确理解马克思关于殖民主义具有"双重使命"的论断呢?

首先让我们回顾一下殖民主义的历史。15世纪,西方冒险家远渡重洋的环球旅行和随之而来的征服、掠夺,揭开了近代殖民扩张的序幕,宣告了殖民主义的产生。在资本原始积累时期,殖民主义者主要是通过海盗式的土地、财物掠夺、欺诈性的贸易和奴隶贩卖等方式,从美洲、非洲、亚洲、大洋洲的许多国家和地区攫取巨额财富。而在西方实现工业革命以后,由于资产阶级要求更广阔的国外市场和原料供应地,推动了西方列强向世界急剧扩张,殖民主义世界体系开始形成。在资本主义制度确立之后,殖民主义者运用各种手段对一些国家和地区进行了军事、政治、经济、文化等方面的侵略,使它们在不同程度上沦为列强的殖民地和半殖民地,成为其垄断的商品倾销市场、原料供应基地和投资场所。而在19世纪末西方资本主义国家进入帝国主义阶段以后,资本输出成为殖民剥削的重要形式,瓜分世界的狂潮出现,殖民主义进一步发展成为一个由少数帝国主义强国主宰世界的更完整的体系。可见,殖民主义的历史就是一部资本-帝国主义侵略和掠夺压迫包括印度和中国在内的广大殖民地、半殖民地国家的"血与火的历史"。

我们再来读读马克思的几段话,领会其精神和内涵。马克思在《不列颠在印度的统治》一文中谈到殖民主义充当了"历史的不自觉的工具"。他说:"的确,英国在印度斯坦造成社会革命完全是受极卑鄙的利益所驱使,而且谋取这些利益的方式也很愚蠢。……它造成这个革命毕竟是充当了历史的不自觉的工具"。马克思在《不列颠在印度统治的未来结果》一文中则谈到了殖民主义的"双重使命"。他说:"英国在印度要完成双重的使命:一个是破坏的使命,即消灭旧的亚洲式的社会;另一个是重建的使命,即在亚洲为西方式的社会奠定物质基础。"马克思在这篇文章中还指出:"英国资产阶级将被迫在印度实行的一切,既不会使人民群众得到解放,也不会根本改善他们的社会状况,因为这两者不仅仅决定于生产力的发展,而且还决定于生产力是否归人民所有。但是,有一点他们是一定能够做到的,这就是为这两者创造物质前提。难道资产阶级做过更多的事情吗?难道它不使个人和整个民族遭受流血与污秽、蒙受苦难与屈辱就实现过什么进步吗?"

——王晓秋:《资本-帝国主义的侵略究竟给中国带来了什么》,《思想理论教育导刊》2006年第10期,第36—39页

第二章
对国家出路的早期探索

学 习 提 示

本章有三节内容,主要叙述随着中国民族危机和社会危机日益加深,农民阶级、地主阶级洋务派、资产阶级维新派从各自的阶级立场出发,先后提出自己的主张和方案。太平天国农民战争、部分清朝统治者实行的洋务运动以及资产阶级的戊戌维新,都是近代不同阶级及其代表人物对国家出路的探索。通过本章的学习,要求学生能够科学分析上述探索运动的历史作用与局限性,认识这些探索最终都不能为实现中国的独立和富强找到出路的根本原因。

试 题 训 练

(一) 单项选择题

1. 太平天国农民起义爆发的时间是(　　)。
   A. 鸦片战争前　　　　　　　　B. 鸦片战争后
   C. 第二次鸦片战争后　　　　　D. 甲午中日战争后
2. 太平天国金田起义发生在(　　)。
   A. 广西　　　　B. 广东　　　　C. 湖南　　　　D. 江苏
3. 太平天国正式建立与清政府对峙的政权是在(　　)。
   A. 金田起义后　　　　　　　　B. 洪秀全自称"天王"后
   C. 永安建制后　　　　　　　　D. 定都天京后

4. 太平天国由盛而衰的转折点是(　　)。
　　A. 永安建制　　　　　　　　　B. 北伐失利
　　C. 天京事变　　　　　　　　　D. 洪秀全病逝

5. 太平天国在《天朝田亩制度》中提出的社会改革方案是(　　)。
　　A. 以解决土地问题为中心　　　B. 以发展资本主义为中心
　　C. 以反对封建的等级制度为中心　D. 以废除儒学的纲常伦理为中心

6. 太平天国后期,提出《资政新篇》这一具有资本主义色彩改革方案的是(　　)。
　　A. 洪秀全　　　B. 杨秀清　　　C. 洪仁玕　　　D. 石达开

7. "天京事变"的发生,说明了(　　)。
　　A. 农民阶级的领袖缺乏革命的进取心
　　B. 农民政权内部的斗争不可避免
　　C. 农民阶级绝对不是一个先进的阶级
　　D. 小农经济的分散性决定了农民阶级不能形成坚强的领导核心

8. 太平天国运动失败的根本原因是(　　)。
　　A. 旧式农民战争的局限性　　　B. 拜上帝教不符合中国国情
　　C. 在军事策略上屡犯错误　　　D. 对封建王朝打击空前沉重

9. 中国旧式农民战争的最高峰是(　　)。
　　A. 义和团运动　　　　　　　　B. 三元里人民抗英斗争
　　C. 太平天国起义　　　　　　　D. 反教会斗争

10. 太平天国之所以是中国农民战争的最高峰,最主要是因为(　　)。
　　A. 其规模和延续时间均属空前　B. 建立了与清政府对峙的政权
　　C. 制定了比较完整的革命纲领　D. 对封建王朝的打击空前沉重

11. 最早对兴办洋务的指导思想作出比较完整表述的人是(　　)。
　　A. 冯桂芬　　　B. 马建忠　　　C. 王韬　　　D. 郑观应

12. 19世纪60年代后,封建统治阶级中的洋务派开展洋务运动的指导思想是(　　)。
　　A. 中学为体,西学为用　　　　B. 师夷长技以制夷
　　C. 物竞天择,适者生存　　　　D. 变法维新,救亡图存

13. 19世纪60年代到90年代,清朝统治阶级内部的洋务派兴办近代企业,建立新式海陆军,创办新式学堂,派遣留学生,洋务派兴办洋务派新政的主要目的是(　　)。
　　A. 迎合帝国主义　　　　　　　B. 维护封建统治
　　C. 对抗顽固派　　　　　　　　D. 发展资本主义

14. 洋务运动时期,洋务派首先兴办的洋务事业是( )。
    A. 军用工业   B. 民用企业
    C. 新式军队   D. 新式学堂

15. 洋务派当时创办的国内最大的兵工厂是( )。
    A. 上海江南制造总局   B. 福州船政局
    C. 天津机器局   D. 湖北枪炮厂

16. 洋务运动时期,被称为清政府海军主力的是( )。
    A. 福建水师   B. 广东水师
    C. 南洋水师   D. 北洋水师

17. 洋务运动时期创办的新式学堂不包括( )。
    A. 法政学堂   B. 翻译学堂   C. 工艺学堂   D. 军事学堂

18. 洋务运动破产的标志是( )。
    A. 福建水师的覆没   B. 北洋水师全军覆灭
    C. "经远""定远""致远"号被摧毁   D.《辛丑条约》的签订

19. 洋务运动之所以没有达到"求强,求富"的目的,是因为( )。
    A. 沿用了传统的生产管理方式   B. 局限于引进西方先进科技
    C. 外国资本的束缚   D. 没有相对稳定的"和平环境"

20. 在下列关于洋务运动的论述中,不正确的是( )。
    A. 洋务运动是一场封建统治者的自救运动
    B. 洋务运动客观上促进了中国资本主义的发展
    C. 洋务运动是一场资产阶级性质的政治改革运动
    D. 洋务运动失败是必然的

21. 谭嗣同在戊戌维新时期撰写的宣传变法维新主张的著作是( )。
    A.《新学伪经考》   B.《变法通议》
    C.《日本变政考》   D.《仁学》

22. 在甲午战争后,通过翻译《天演论》为戊戌维新运动提供理论根据的是( )。
    A. 严复   B. 康有为   C. 梁启超   D. 谭嗣同

23. 甲午战争后,维新运动迅速兴起,针对洋务派提出的"中体西用"的方针,维新派指出,"体"与"用"是不可分的。中学有中学的"体"与"用",西学有西学的"体"与"用",把中学之"体"与西学之"用"凑在一起,就如同让"牛体"产生"马用"一样荒谬。维新派与洋务派分歧的实质是( )。
    A. 要不要社会革命
    B. 要不要以革命手段推翻清王朝

C. 要不要在中国兴办近代企业
D. 要不要学习西方的政治制度与思想文化

24. 戊戌维新时期,维新派在天津创办的影响较大的报刊是（　　）。
   A.《时务报》　　　B.《国闻报》　　　C.《湘报》　　　D.《万国公报》

25. 康有为把西方资本主义的政治学说同传统的儒家思想结合,宣传维新变法的道理。这反映出的根本问题是（　　）。
   A. 中国的封建顽固势力相当强大　　B. 中国民族资产阶级具有软弱性
   C. 中国的封建传统思想根深蒂固　　D. 中国民族资产阶级日趋成熟

26. 戊戌六君子中,悲壮地说出"有心杀贼,无力回天,死得其所,快哉快哉！"的是（　　）。
   A. 林旭　　　B. 康广仁　　　C. 谭嗣同　　　D. 杨锐

27. 在近代中国资产阶级思想与封建主义思想的第一次正面交锋是（　　）。
   A. 维新派与守旧派的论战　　B. 洋务派与顽固派的论战
   C. 改良派与革命派的论战　　D. 革命派与洋务派的论战

28. 维新变法运动开始的标志是（　　）。
   A. 维新派与守旧派的论战　　B. 公车上书
   C. "中体西用"思想的提出　　D. "明定国是"谕旨的颁布

29. 中国民族资产阶级登上政治舞台的第一次表演是（　　）。
   A. 戊戌维新运动　　B. 洋务运动
   C. 辛亥革命　　　　D. 太平天国革命

30. 由于民族危机越来越严重,在维新派的推动和策划下,1898年6月11日,光绪皇帝颁布了"明定国是"谕旨,宣布开始变法,并在此后的103天中,接连发布了一系列推行新政的政令,史称"戊戌变法",又称"百日维新"。戊戌维新运动是一场资产阶级性质的改良运动,这是因为变法的政令（　　）。
   A. 触及封建制度根本
   B. 采纳了维新派提出的开国会等政治主张
   C. 一定程度上反映了资产阶级的政治和经济诉求
   D. 带有彻底性和不妥协性

（二）多项选择题

1. 导致太平天国运动爆发的原因有（　　）。
   A. 封建统治者的腐朽　　B. 外国资本主义的侵略
   C. 白银外流、赋税沉重　　D. 鸦片战争后阶级矛盾的激化

2. 太平军从广西一直打到江苏,经过的省份包括(　　)。
   A. 湖南　　　　　B. 湖北　　　　　C. 福建　　　　　D. 安徽

3. 太平天国起义在定都天京后先后颁布的主要纲领是(　　)。
   A.《天朝田亩制度》　　　　　B.《资政新篇》
   C.《校邠庐抗议》　　　　　　D.《明定国是》

4. 太平天国失败的原因主要在于(　　)。
   A. 农民阶级不是新生产力的代表者　　B. 没有科学的指导思想
   C. 对侵略者本质认识不清　　　　　　D. 领导集团内部的腐败

5. 太平天国运动对中国社会发展所起的积极作用是(　　)。
   A. 直接推动了中国近代化的进程
   B. 客观上促进了清政府的变化和改革
   C. 沉重地打击了封建统治者
   D. 打击了西方殖民势力

6. 与以往的农民战争相比,太平天国运动新的特点表现在(　　)。
   A. 运动规模空前巨大
   B. 反封建同时反侵略
   C.《天朝田亩制度》表达了对土地的渴望
   D.《资政新篇》的资本主义色彩

7. 洋务派在清朝地方官吏中的主要代表人物有(　　)。
   A. 奕䜣　　　　　B. 李鸿章　　　　C. 左宗棠　　　　D. 张之洞

8. 从19世纪60年代到90年代,洋务运动的主要内容是(　　)。
   A. 兴办近代军用工业　　　　B. 兴办民用企业
   C. 建立新式海陆军　　　　　D. 创办新式学堂

9. 第二次鸦片战争后,清朝统治集团内部一部分人震惊于列强的"船坚炮利",主张学习西方以求"自强",洋务运动由此兴起。洋务运动的一个重要内容就是创办新式学堂,主要有(　　)。
   A. 翻译学堂　　　B. 工艺学堂　　　C. 军事学堂　　　D. 法政学堂

10. 洋务派创办的军用工业企业有(　　)。
    A. 上海江南制造总局　　　　B. 金陵机器局
    C. 福州船政局　　　　　　　D. 天津机器局

11. 19世纪下半叶,以"自强""求富"为目标的洋务运动历时30多年,最终失败的重要原因是(　　)。
    A. 指导思想的封建性　　　　B. 对列强具有依赖性

C. 民主阶级的荒谬性　　　　　　D. 民族资产阶级的腐朽性

12. 维新变法运动的代表人物有（　　）。
    A. 康有为　　　B. 梁启超　　　C. 谭嗣同　　　D. 严复
13. 资产阶级维新派创办的报纸有（　　）。
    A.《民报》　　B.《时务报》　　C.《国闻报》　　D.《湘报》
14. 资产阶级维新派宣传维新变法的著作有（　　）。
    A.《新学伪经考》　　　　　　B.《孔子改制考》
    C.《仁学》　　　　　　　　　D.《变法通议》
15. 19世纪90年代，资产阶级维新派与封建守旧派激烈论战的主要问题是（　　）。
    A. 要不要变法　　　　　　　　B. 要不要实行民主共和
    C. 要不要废科举和兴西学　　　D. 要不要实行君主立宪
16. 戊戌维新运动在中国近代史上的重大历史意义，主要体现在戊戌维新运动是（　　）。
    A. 一场反帝反封建的革命运动
    B. 一次爱国救亡运动
    C. 一场资产阶级性质的政治改革运动
    D. 一场思想启蒙运动
17. 1898年的"百日维新"如昙花一现，只经历103天就夭折了。谭嗣同在慷慨就义前仰天长叹："有心杀贼，无力回天。"维新派"无力回天"的原因主要是（　　）。
    A. 他们提倡全面学习"西学"，彻底否定"中学"
    B. 他们遭到了以慈禧太后为首的强大的守旧势力的反击和镇压
    C. 他们不敢触动封建主义的经济基础
    D. 他们惧怕人民群众，把改革的全部希望寄托在一个没有实权的皇帝身上

（三）辨析题

1. 《天朝田亩制度》是中国近代历史上第一个比较系统的发展资本主义的方案。
2. 《资政新篇》是最能体现太平天国农民战争社会理想的纲领性文件。
3. 义和团运动是中国旧式农民战争的最高峰。
4. 在近代中国，资产阶级与封建主义在思想上的首次正面交锋是改良派与革命派的论战。
5. 因为戊戌维新运动迅速失败了，因而在中国近代史上不具有重大意义。

（四）简答题

1. 太平天国的历史意义和失败教训。
2. 洋务运动失败的原因和教训。
3. 戊戌维新运动时期维新派与守旧派论战的主要问题及其意义。

（五）论述题

1. 全面评价洋务运动。
2. "百日维新"的主要内容及其评价。
3. 戊戌维新运动的失败原因和历史教训。

参 考 答 案

（一）单项选择题

1. B 2. A 3. D 4. C 5. A 6. C 7. D 8. A 9. C 10. C 11. A 12. A 13. B
14. A 15. A 16. D 17. A 18. B 19. B 20. C 21. D 22. A 23. D 24. B 25. C
26. C 27. A 28. D 29. A 30. C

（二）多项选择题

1. ABCD 2. ABD 3. AB 4. ABCD 5. BCD 6. BCD 7. BCD 8. ABCD 9. ABC
10. ABCD 11. AB 12. ABCD 13. BCD 14. ABCD 15. ACD 16. BCD 17. BCD

（三）辨析题

1. 错误。太平天国定都天京后提出的《天朝田亩制度》，是一个以解决土地问题为中心的比较完整的社会改革方案。太平天国后期由洪仁玕提出的《资政新篇》，是中国近代历史上第一个比较系统的发展资本主义的方案，它反映了太平天国领导人在后期试图通过发展资本主义来寻求出路的一种新努力。

2. 错误。《天朝田亩制度》是最能体现太平天国社会理想和这次农民起义特色的纲领性文件。《天朝田亩制度》的主张，从根本上否定了封建社会的基础即封建地主的土地所有制，体现了广大农民要求平均分配土地的强烈愿望。而《资政新篇》是太平天国后期颁布的社会发展方案。

3. 错误。太平天国起义是中国旧式农民战争的最高峰。它把千百年来农民对拥有土地的渴望在《天朝田亩制度》中比较完整地表达了出来。《资政新篇》则是中国近代历史上第一个比较系统的发展资本主义的方案,这反映了太平天国某些领导人在后期试图通过发展资本主义来寻求出路的一种新努力。因此,太平天国起义具有了不同于以往农民战争的新的历史特点。

4. 错误。在近代中国,资产阶级与封建主义在思想上的首次正面交锋是资产阶级维新派与封建守旧派的论战。论战主要围绕三个问题展开:要不要变法;要不要兴民权、设议院,实行君主立宪;要不要废八股、改科举和兴西学。通过论战,西方资产阶级社会政治学说得到进一步的传播,戊戌变法运动的帷幕随之拉开。

5. 错误。资产阶级维新派领导发动的戊戌维新运动虽然迅速失败了,但这场运动在中国近代史上仍然有着重大的历史意义:第一,戊戌维新运动是一次爱国救亡运动。第二,戊戌维新运动是一场资产阶级性质的政治改良运动。第三,戊戌维新运动更是一场思想启蒙运动。

(四) 简答题

1. (1) 历史意义:太平天国起义沉重打击了封建统治阶级,强烈撼动了清政府的统治根基;它是中国旧式农民战争的最高峰;它冲击了孔子和儒家经典的正统权威;它有力地打击了外国侵略势力;它和其他亚洲国家的民族解放运动汇合在一起,冲击了西方殖民主义者在亚洲的统治。(2) 历史教训:在半殖民地半封建的中国,农民具有伟大的革命潜力;但它自身不能担负起领导反帝反封建斗争取得胜利的重任;单纯的农民战争不可能完成争取民族独立和人民解放的历史任务。

2. 首先,洋务运动具有封建性。洋务运动的指导思想是"中学为体,西学为用",即在封建主义思想的指导下,企图以吸取西方近代生产技术为手段,来达到维护和巩固中国封建统治的目的,这就决定了它必然失败的命运。其次,洋务运动对西方列强具有依赖性。而西方列强则从政治、经济等各方面加紧对中国的侵略和控制,它们并不希望中国真正富强起来。再次,洋务企业具有腐朽性。洋务派所创办的新式企业虽然具有一定的资本主义性质,但其管理基本上仍是封建衙门式的。

3. 维新派与守旧派之间的论战主要围绕着以下三个问题展开的:第一,要不要变法。第二,要不要兴民权、设议院,实行君主立宪。第三,要不要废八股、改科举和兴西学。维新派与守旧派的这场论战,实质上是资产阶级思想与封建主义思想在中国的第一次正面交锋。论战所涉及的领域十分广泛,进一步开阔了新型知识分子的眼界,解放了人们长期受到束缚的思想。通过论战,西方资产阶级社会政治学说在中国得到进一步的传播,戊戌变法运动的帷幕随之拉开。

(五) 论述题

1. (1) 洋务运动:从19世纪60年代至90年代,在中央以奕䜣为代表,在地方以曾国藩、李鸿章、左宗棠、张之洞等清朝洋务派官僚掀起一场以"中学为体,西学为用"为宗旨,"师夷长技以自强"维护封建统治的自救运动。(2) 洋务派以"自强""求富"为旗号,采用西方先进生产技术,兴办了一批近代军用工业和民用企业。(3) 洋务派创办京师同文馆、福州船政学堂等一些新式学堂,培养翻译人才、军事人才和科技人才,又选派几批留学生出国深造。(4) 洋务运动没有使中国走上富强的道路,中日甲午战争的失败宣告了洋务运动的破产。洋务运动失败的原因主要是,洋务运动具有封建性;对列强具有依赖性;洋务企业的管理具有腐朽性。(5)洋务运动在客观上促进了中国早期工业和民族资本主义的发展;成为中国近代教育的开端;传播了新知识,开阔了人们的眼界;引起了社会风气和价值观念的变化。

2. 其主要内容有以下几个方面。政治方面:改革行政机构,裁撤闲散、重叠机构;裁汰冗员,澄清吏治,提倡廉政等。经济方面:保护、奖励农工商业和交通采矿业,中央设立农工商总局与铁路矿务总局,各省设立商务局;提倡开办实业,奖励发明创造;改革财政,编制国家预决算等。军事方面:裁减旧式绿营兵,改练新式陆军;采用西洋兵制,练洋操,习洋枪等。文化教育方面:创设京师大学堂,各省书院改为高等学堂,在各地设立中、小学堂;提倡西学,废除八股;设立译书局,翻译外国书籍;派人出国留学;准许自由组织学会等。

"百日维新"期间颁布的各项政令是接受了维新派的建议而制定的,旨在开放一定程度的言论、出版、结社自由,使资产阶级享受一定程度的政治权利,促进资本主义工商业的发展,因此,戊戌维新是一场资产阶级性质的改良运动。但是,在光绪皇帝发布的新政诏令中,并没有采纳维新派多次提出的开国会等政治主张。这些政令和措施并未触及封建制度的根本,所要推行的是一种十分温和的不彻底的改革方案。

3. (1)戊戌维新运动的失败,主要是由于维新派自身的局限和以慈禧太后为首的强大的守旧势力的反对。维新派本身的局限性突出地表现在以下三个方面:首先,不敢否定封建主义。他们在政治上不敢根本否定封建君主制度;在经济上,他们虽然要求发展民族资本主义,却未触及封建主义的经济基础——封建土地所有制;在思想上,他们虽然提倡学习西学,却仍要打着孔子的旗号,借古代圣贤之名"托古改制"。其次,对帝国主义抱有幻想。他们虽然大声疾呼救亡图存,却又幻想西方列强能帮助自己变法维新。最后,惧怕人民群众。维新派的活动基本上局限于官僚士大夫和知识分子的小圈子。他们不但脱离人民群众,而且惧怕甚至仇视人民群众。因此,运动未能得到人民群众的支持。

(2)戊戌维新的失败,不但暴露了中国民族资产阶级的软弱性,同时也说明在半殖民地半封建的旧中国,企图通过统治者走自上而下的改良的道路,是根本行不通的。要想争取国家的独立、民主、富强,必须用革命的手段,推翻帝国主义、封建主义联合统治的半殖民地半封建的社会制度。

延 伸 阅 读

(一)

自从一八四〇年鸦片战争失败那时起,先进的中国人,经过千辛万苦,向西方国家寻找真理。洪秀全、康有为、严复和孙中山,代表了在中国共产党出世以前向西方寻找真理的一派人物。那时,求进步的中国人,只要是西方的新道理,什么书也看。向日本、英国、美国、法国、德国派遣留学生之多,达到了惊人的程度。国内废科举,兴学校,好像雨后春笋,努力学习西方。我自己在青年时期,学的也是这些东西。这些是西方资产阶级民主主义的文化,即所谓新学,包括那时的社会学说和自然科学,和中国封建主义的文化即所谓旧学是对立的。学了这些新学的人们,在很长的时期内产生了一种信心,认为这些很可以救中国,除了旧学派,新学派自己表示怀疑的很少。要救国,只有维新,要维新,只有学外国。那时的外国只有西方资本主义国家是进步的,它们成功地建设了资产阶级的现代国家。日本人向西方学习有成效,中国人也想向日本人学。在那时的中国人看来,俄国是落后的,很少人想学俄国。这就是十九世纪四十年代至二十世纪初期中国人学习外国的情形。

　　帝国主义的侵略打破了中国人学西方的迷梦。很奇怪,为什么先生老是侵略学生呢?中国人向西方学得很不少,但是行不通,理想总是不能实现。多次奋斗,包括辛亥革命那样全国规模的运动,都失败了。国家的情况一天一天坏,环境迫使人们活不下去。怀疑产生了,增长了,发展了。第一次世界大战震动了全世界。俄国人举行了十月革命,创立了世界上第一个社会主义国家。过去蕴藏在地下为外国人所看不见的伟大的俄国无产阶级和劳动人民的革命精力,在列宁、斯大林领导之下,像火山一样地突然爆发出来了,中国人和全人类对俄国人都另眼相看了。这时,也只是在这时,中国人从思想到生活,才出现了一个崭新的时期。中国人找到了马克思列宁主义这个放之四海而皆准的普遍真理,中国的面目就起了变化了。

　　——毛泽东:《论人民民主专政》(1949年6月30日),《毛泽东选集》(第四卷),人民出版社1991年版,第1469—1470页

(二)

　　五四运动爆发前,在中国逐渐沦为半殖民地半封建社会的进程中,为了实现民族独立和国家富强,不同的阶级力量曾对中国的出路进行了各种探索,提出了不同的救国方案。这些探索给我们提供的历史启示至少有如下几点:

　　……

　　启示之二:近代中国农民阶级自发的反帝反封建斗争,有其进步性与合理性,就主流和本质而言,应该加以肯定和赞扬。但农民阶级的局限性,决定了这些斗争不可能取得最后的胜利。

　　自鸦片战争以后,在帝国主义和封建势力的勾结下,近代中国逐渐沦为半殖

民地半封建社会,而中国的社会矛盾由原来封建势力和人民大众的矛盾变为帝国主义和中华民族的矛盾与封建主义和人民大众的矛盾,这两对矛盾,贯穿整个中国半殖民地半封建社会的始终。社会矛盾的变化表明在近代中国帝国主义和封建势力是阻碍民族独立和国家富强的根源,反帝反封建也成为探索中国出路的两大目标和重要任务。

为实现民族独立和国家富强,中国的农民阶级开展了自发的反帝反封建斗争,其中典型的就是太平天国起义和义和团运动。太平天国起义是中国历史上农民起义的最高峰,也是中国封建社会农民战争最雄伟、壮丽的画卷。它对腐朽的封建王朝发起了长达14年之久的猛烈冲击,加速了封建制度的崩溃。它颁布了《天朝田亩制度》和《资政新篇》,体现了推翻封建专制和发展资本主义的强烈愿望,太平天国起义具有了不同于以往农民战争的新的历史特点。此外,太平天国起义者还拒绝承认不平等条约,严禁鸦片贸易,有力地打击了外国侵略势力。太平天国起义鼓舞和推动了当时的亚洲民族解放运动。在19世纪中叶的亚洲民族解放运动中,太平天国起义是其中时间最长、规模最大、影响最深的一次。它和其他亚洲国家的民族解放运动汇合在一起,形成了亚洲民族解放运动的高潮,冲击了西方殖民主义者在亚洲的统治。

义和团反帝爱国运动也沉重打击了帝国主义侵略者,体现了中华民族不畏强暴、前赴后继、视死如归的斗争精神,为后来的反帝反封建运动提供了强大的精神动力。

然而,近年有人无视农民阶级探索中国出路的巨大努力和善良愿望,夸大农民阶级的局限性,对农民阶级以及农民领袖大加贬抑,甚至完全否定太平天国起义和义和团运动,相反对于封建统治集团内部的某些代表人物则一味颂扬和赞誉。如认为太平天国起义毫无进步的历史意义,只是反动与倒退;义和团运动只是盲目排外,完全抹杀了义和团在粉碎帝国主义瓜分中国图谋中所起的重大作用,这是无论如何也说不通的。

由于中国农民阶级的自身局限,无论是太平天国起义还是义和团运动都有不少甚至很严重的弱点,如由于农民阶级无法克服小生产者所固有的阶级局限性,太平天国起义因而无法从根本上提出完整的、正确的政治纲领和社会改革方案;无法制止和克服领导集团自身腐败现象的滋长;也无法长期保持领导集团的团结,这大大削弱了太平军的向心力和战斗力。在指导思想方面,太平天国起义是以宗教来发动、组织群众的,但是,拜上帝教教义毕竟不是科学的思想理论,它不仅不能正确指导斗争,反而给农民起义带来一定的危害。在义和团运动中,由于当时中国人民对帝国主义的认识还停留在感性认识的阶段,义和团运动无可避免地存在着笼统排外主义的错误;由于认识不到帝国主义联合中国封建阶级以压迫中国人民的实质,义和团曾经蒙受封建统治者的欺骗;由于小生产者的局限性,义和团运动中还存在着许多迷信乃至落后的思想倾向。对农民阶级和农民战争的局限性,既要有清醒的认识,又不能以偏概全,一味加以贬抑。

总之,从主流和本质来看,农民阶级的自发的反帝反封建斗争,具有显而易见的进步性与合理性,是值得肯定和赞誉的。但由于农民阶级自身的局限性,最终导致了太平天国起义和义和团运动等反帝反封建斗争的失败。太平天国起义和义和团运动的失败表明:在中国出路的早期探索中,由于缺乏先进的阶级力量和正确的理论指导,农民阶级无法承担推翻帝国主义和封建势力反动统治的使命,中国出路的探索需要新的先进阶级力量和政党的领导。

启示之三:洋务运动虽然引进了资本主义的生产方式,为近代化开启了道路,但本质上却是地主阶级的自救运动,不可能担负起发展资本主义的使命,也不可能真正使中国实现近代化。

19世纪后半期,为了挽救清政府的统治危机,封建统治阶级中的部分成员打出"自强""求富"的旗号,发动"洋务运动",开始兴办工矿企业,修筑铁路,开办学堂,兴办新式海陆军,派遣留学生,在客观上对中国的早期工业和民族资本主义的发展起了某些促进作用。但是,洋务运动的主流,并不是要使中国朝着独立的资本主义方向发展。洋务运动历时30多年,虽然办起了一批企业,建立了海军,但却没有使中国富强起来。甲午战争一役,洋务派经营多年的北洋海军全军覆没,标志着以"自强""求富"为目标的洋务运动的失败。

近年来,有人对洋务运动给予过高的评价,错误地认为洋务运动所代表的近代化符合中国实际,甚至可以挽救中国。显然,这种看法是片面的。从本质上而言,洋务运动是地主阶级内部的自救运动,洋务运动具有封建性和腐朽性。洋务运动的指导思想是"中学为体,西学为用",即在封建主义思想的指导下,在维持封建的上层建筑、经济基础的条件下发展一些近代工业,为维持清朝的封建统治服务。也就是说,洋务派企图以吸取西方近代生产技术为手段,来达到维护和巩固中国封建统治的目的,这就决定了它必然失败的命运。因为新的生产力是同封建主义的生产关系及其上层建筑不相容的,是不可能在封建主义的外壳中发展起来的。他们既要发展近代工业,却又采取垄断经营、侵吞商股等手段压制民族资本;既想培养洋务人才,又不愿改变封建科举制度。洋务派所创办的新式企业虽然具有一定的资本主义性质,但其管理却仍是封建衙门式的。

此外洋务运动具有依附性,企图依赖外国来达到"自强""求富"的目的,事实证明这是根本行不通的。

洋务运动的失败表明,尽管地主阶级内部的自救运动有些微的成效,但是从本质和实际进程来看,洋务运动不可能承担起发展资本主义的使命,也不可能真正使中国实现近代化。

启示之四：在中国近代历史上,虽然有像孙中山这样的先行者将建立西方式的资产阶级共和国当作中国的又一出路,并为之进行了不懈的奋斗,但历史证明,这条道路还是走不通,只有后来找到的社会主义道路才能救中国。戊戌维新运动与辛亥革命的失败深刻地印证和说明了这一点。

从19世纪末到20世纪初,在民族危机和社会矛盾日益尖锐的历史条件下,一支新的政治力量——资产阶级开始了新的探索。他们提出了不同的资产阶级救国方案,可是先后都失败了。

甲午战争失败后,在新的民族危机下,以康有为、梁启超、谭嗣同、严复等为主要代表人物的资产阶级维新派,在光绪帝的支持下开展了百日维新,力图对封建专制统治进行一些带有资本主义性质的改革。可惜改革最终只是昙花一现。戊戌维新运动是一场资产阶级性质的政治改革运动。维新派主张用君主立宪制取代君主专制制度,但是由于维新派在政治上不敢根本否定封建君主制度,对帝国主义抱有幻想、害怕人民群众,从而最终导致了失败。戊戌维新作为中国民族资产阶级登上政治舞台的第一次表演,其失败不仅暴露了这个阶级的软弱性,同时也说明在半殖民地半封建的旧中国,企图通过统治者走自上而下的改良的道路,是根本行不通的。

——马敏、付海晏：《对近代中国出路的早期探索的启示》,《思想理论教育导刊》2006年第10期,第31—35页

（三）

一、关于太平天国性质的讨论

太平天国是中国进入近代以后爆发的一次伟大的农民战争,也是中国历史上一次带有新的时代特点、规模最为巨大的农民战争。太平天国农民战争推动历史进步的作用是明显的。1949年以后,我国学术界对太平天国历史的研究不断掀起高潮,同时对太平天国的评价也有拔高的现象,尤其在"文化大革命"中,这种拔高现象更为明显,这样在太平天国历史的研究中就出现了违背历史事实的现象。"文化大革命"结束以后,历史学界拨乱反正,逐渐纠正了太平天国研究中不正确地拔高太平天国的不良学风。同时,太平天国的研究,也逐渐走向退潮。这本来也是学术发展的正常现象。

20世纪80年代末,出现了极力贬低太平天国的情况。北京大学哲学系著

名教授冯友兰出版《中国哲学史新编》第六卷,把太平天国贬为"神权政治",认为这种"神权政治"是历史的反动和倒退;认为太平天国如果成功,中国将会退到中世纪的黑暗时代,曾国藩率领湘军打败了太平天国,避免了中国倒退到"神权政治"的黑暗时代,是挽救了中国的命运。中国社会科学院近代史研究所朱东安研究员曾著文商榷。近年来,否定太平天国地位和历史作用的声音又有升高。2000年百花文艺出版社出版的复旦大学中文系教授潘旭澜著《太平杂说》,2001年史式发表的《让太平天国恢复本来面目》,这一书一文是一个标志。潘旭澜指斥洪秀全是"暴君"、"邪教主",认为……洪秀全"为了当天王而造反,他的邪说和暴政,造成了一场旷日持久的大劫难,就应当恰如其分地称之为邪教主和暴君。"史式则拿当今评价"邪教"的标准与太平天国相比附,认为"太平天国正是不折不扣的邪教"。这是拿现实政治中某些现象与历史上类似的现象相比附的结果,而这种比附是不恰当的。……

　　对于这种彻底否定太平天国的见解,学术界许多人发表了不同意见。南京大学历史系方之光教授提出的观点具有一定代表性。方之光认为,应当坚持马克思主义关于人民群众是历史创造者的唯物史观,从史实与史观结合的大历史范畴,实事求是地评价农民战争中的平均主义、宗教观,分析中国封建社会中推动历史前进的动力。他还指出:对造成"中华民族史无前例大灾难"的,究竟是帝国主义和封建主义还是人民的反侵略反封建起义和革命是一个大是大非问题,在这个问题上也应当坚持人民群众是历史创造者的唯物史观,批判帝王将相创造历史的唯心史观。……

　　中国社会科学院研究员夏春涛在新著《天国的陨落——太平天国宗教再研究》中,写了《太平天国宗教"邪教"说辩正》作为结语。作者研究了中国历史上有关"邪教"定义的渊源,认为宗教上的正邪之争自古有之,"邪教"成为官方贬斥民间宗教的代名词。民间宗教是社会矛盾日益激化的产物,本质上反映了封建时代被压迫者的意识形态和社会组织。……夏春涛认为:尽管民间宗教是一种落后的斗争武器,带有与生俱来的封建色彩,无力或无法最终超越封建统治秩序,建立起一个真正公平合理的社会,但它反抗封建暴政斗争的正义性与合理性是不容否认的。因此对于历史上民间教门反社会、反政府的行为,既不能一概肯定,也不能一概否定,必须做出具体分析。民间宗教也是一种宗教,它与传统宗教并无所谓正与邪之分。这与当今冒着宗教名义建立的祸国殃民的非法组织是不同的。至于太平天国的上帝教,夏春涛认为,它是一种典型的民间宗教组织,这种组织在西方基督教的渗透下,又具有与以往迥然不同的特点。与基督教相比,上帝教具有鲜明的形而下色彩,它从属于世俗的政治斗争,是太平天国的指导思想和理论基础。

——张海鹏：《近年来中国近代史若干问题的讨论》，《思想理论教育导刊》2008年第6期，第58—65页

（四）

近年来，学界关于戊戌维新的研究有了很大进展，提出了不少新观点。这里以戊戌维新110周年之际召开的"戊戌维新与晚清社会变革"学术研讨会论文为例，进行简要综述。

一、关于戊戌维新的地位与意义，有学者指出：没有戊戌维新的政治改革和思想解放，就不可能有辛亥革命，也不会有中国共产党的诞生

任何变革都是一场系统的工程，会引发社会各个领域的变迁。李文海（中国人民大学清史所）认为，戊戌维新既是一场政治改革运动，又是一场思想解放运动，还为后来的经济变革打下了重要的思想基础和社会基础。没有戊戌维新的政治改革和思想解放，就不可能有辛亥革命；没有辛亥革命结束封建帝制，建立共和，也不会有中国共产党的诞生以及党所领导的革命，新中国的建立当然就无从谈起。社会进步就像一个链条，戊戌维新就是近代中国向进步、实现独立的一个重要的一环。俞祖华和赵慧峰（鲁东大学历史与社会学院）分析了戊戌维新的现代性价值和意义：从政治维度上，戊戌变法正式开启了从专制、人治迈向民主、法治的政治现代性成长的历程；从文化的维度上，戊戌思潮孕育了以移植现代性价值理念、建立现代文艺学术为重点内容的中国思想文化学术现代性的早期探索。

二、关于戊戌维新的"成"与"败"，有学者主张以"夭折说"取代以往惯称的"失败说"

何晓明（湖北大学中国思想文化史研究所）从三个层面分析了维新的成败：首先，戊戌维新是一场肤浅的制度变革，但却是一次深刻的思想启蒙。其次，从谋略选择上说，康有为力主的自上而下直接进入实际政治权力核心的变法谋略是无效的；但从戊戌后的情形来看，变法的许多条款陆续恢复实施，清末新政践履的就是戊戌所要达到的部分目的，这个意义上的维新可以说是成功的。第三，戊戌时期学会的蓬勃兴起、绅权的争取等，无疑都推动了中国民主政治的进程，现实政治层面的维新具有积极的意义。余音（东北之窗杂志社）认为，戊戌维新的目标可以分为初级目标、中级目标和高级目标，维新未完成"兴民权、设议院、立宪法"的高级目标，但是却完成了其初级目标——创建京师大学堂。既然初级目标已经实现，那么将维新界定为失败是值得商榷，以"夭折说"取代以往惯称的

"失败说",才更为客观、准确,因为夭折比一般意义上的失败程度上要轻许多。

戊戌维新的影响不仅仅局限于当时,还为我们留下了深刻的历史教训:改良道路在近代中国是失败的。罗福惠、何卓恩(华中师范大学中国近代史研究所)对此提出了异议,反对以维新运动的失败来推导改良路线失败的说法。他们认为改良有两种定义方式,方式不同命运也相异:试图通过渐进演变从而推翻现有架构、另建新架构的戊戌变法失败是无疑的,但以张之洞、李鸿章等为代表的不改变传统体制基本结构的局部改良思潮却获得了成功,所以不能说改良路线行不通。当然也有反对者,李文海不同意这种看法。

三、关于"戊戌维新失败"的原因,学者指出:维新派选择了错误的改革"庇护",变法策略也有失误

就"戊戌维新失败"的主观原因,学者的分析主要集中在:第一,维新派选择了错误的改革"庇护"。迟云飞、王立群(首都师范大学历史系)认为维新派将变法希望寄托在实力弱小的光绪帝上,与力量强大的后党发生了权力冲突,从而导致了维新的失败。余音将此"帝弱后强"的局面称为"大太后、小皇后"的错位。第二,维新派变法策略的失误。迟云飞、王立群指出维新派低估了改革的艰巨性、复杂性和长期性,急功近利,企图短期内实现全变大变,这种路径损害了许多人的利益,使得变法遭遇了巨大的反作用力而归于夭折了。

在分析维新派的失误时,维新派领导人康有为自然难辞其咎。郭双林、余音都认为康有为政治经验不足、领导能力的有限应该为维新失败负一定责任。孔祥吉(中国人民大学清史研究所)、村田雄二郎(日本东京大学)等认为康有为的经验和素质与戊戌成败有着直接的关系,康有为虽为"名士,但是处世经验明显不足",他采取过激的改革方案,严重脱离广大民众,这些都是失败的主要原因。

与会的部分学者则更加重视失败的客观原因。邹小站(中国社科院近代史研究所)认为当时社会条件的不成熟是变法失败的根本原因:由于当时的教育未变化,所以变法的思想、人才储备不足;社会经济也不能造成变革的力量,着眼于社会高层的变法必然会因社会土壤的缺失而归于失败。黄兴涛(中国人民大学清史研究所)以当时中国官职改革失败的事实从侧面证明了当时变法客观基础薄弱的事实。

——王毅:《戊戌维新若干问题新见》,《北京日报》(理论周刊)2011年8月29日第19版

第三章
辛亥革命与君主专制制度的终结

学 习 提 示

本章有三节内容,叙述 20 世纪初以孙中山为代表的资产阶级革命派的发展壮大、在三民主义纲领指导下通过武装起义推翻清王朝统治、建立中华民国的斗争经历及其历史结局。通过本章的学习,要求学生认识资产阶级革命派形成的社会历史条件和用革命手段推翻清王朝腐朽政权的必要性;认识资产阶级革命派三民主义学说的思想内容和建立资产阶级民主共和国的实施方案;认识辛亥革命在中国近代史上的历史作用和历史影响;认识辛亥革命失败的主要原因和中国民族资产阶级领导的旧民主主义革命让位于无产阶级领导的新民主主义革命的历史必然性。

试 题 训 练

(一) 单项选择题

1. 清末"新政"未能挽救清朝灭亡命运的根本原因是(   )。
   A. 帝国主义列强的反对
   B. 没有顺应资产阶级国会请愿运动的要求
   C. 实行的是仿效日本实现君主立宪的方案
   D. 清政府改革的根本目的是为了延续其反动统治
2. 清政府的"预备立宪"之所以是一场骗局,主要是因为(   )。

A. 借"预备"之名拖延立宪　　　　B. 载沣任摄政王总揽大权
   C. 不能满足立宪派的要求　　　　D. 极力维护君主专制权力

3. 孙中山在1894年领导建立的资产阶级革命团体是（　　）。
   A. 同盟会　　　B. 华兴会　　　C. 兴中会　　　D. 光复会

4. 1903年在《驳康有为论革命书》中歌颂革命为"启迪民智，除旧布新"良药的是（　　）。
   A. 邹容　　　　B. 章炳麟　　　C. 陈天华　　　D. 严复

5. 将清政府称为"洋人的朝廷"，号召人民奋起革命的是（　　）。
   A. 章炳麟的《驳康有为论革命书》　B. 邹容的《革命军》
   C. 陈天华的《警世钟》《猛回头》　D. 孙中山的《中国问题的真解决》

6. 孙中山在1895年策划的武装起义是（　　）。
   A. 广州起义　　　　　　　　　　B. 惠州起义
   C. 萍浏醴起义　　　　　　　　　D. 镇南关起义

7. 近代中国第一个资产阶级革命政党是（　　）。
   A. 中国同盟会　　　　　　　　　B. 中华革命党
   C. 兴中会　　　　　　　　　　　D. 光复会

8. 1905年11月，孙中山在《民报》发刊词中将中国同盟会的政治纲领概括为（　　）。
   A. 创立民国、平均地权
   B. 驱除鞑虏、恢复中华、创立合众政府
   C. 民族主义、民权主义、民生主义
   D. 联俄、联共、扶助农工

9. 提出"驱除鞑虏，恢复中华，创立民国，平均地权"的政治纲领的是（　　）。
   A. 兴中会　　　B. 华兴会　　　C. 光复会　　　D. 同盟会

10. 孙中山三民主义思想中，政治革命是指（　　）。
    A. 驱除鞑虏　　　　　　　　　B. 恢复中华
    C. 创立民国　　　　　　　　　D. 平均地权

11. 孙中山领导辛亥革命的指导思想是（　　）。
    A. 民族主义、民权主义、民生主义　B. 驱除鞑虏、恢复中华
    C. 建立民国、平均地权　　　　　　D. 联俄、联共、扶助农工

12. 在孙中山的思想中，"平均地权""节制资本"属于（　　）。
    A. 民族主义　　　　　　　　　B. 民权主义
    C. 民生主义　　　　　　　　　D. 民主主义

13. 中国同盟会的成立标志着中国资产阶级民主革命进入了一个新阶段。这里的"新阶段"主要是指（　　）。
    A. 资产阶级革命派开始正式形成　　B. 开始与保皇派展开激烈论战
    C. 革命派开始积极发动武装起义　　D. 革命有了统一的领导和纲领

14. 1905年至1907年间，围绕中国究竟是采用革命手段还是改良方式这个问题，革命派与改良派展开了一场大论战。其中，革命派的舆论阵地是（　　）。
    A.《民报》　　　　　　　　　　　B.《新民丛报》
    C.《时务报》　　　　　　　　　　D.《国闻报》

15. 在辛亥革命爆发前，孙中山领导中国同盟会发动的武装起义中影响最大的是（　　）。
    A. 黄花岗起义　　　　　　　　　　B. 惠州起义
    C. 萍浏醴起义　　　　　　　　　　D. 镇南关起义

16. 武昌起义前夕，在保路运动中规模最大、斗争最激烈的省份是（　　）。
    A. 湖南　　　　B. 湖北　　　　C. 广东　　　　D. 四川

17. 武昌起义成功后，建立的政权是（　　）。
    A. 湖北军政府　　　　　　　　　　B. 湖北谘议局
    C. 中华民国政府　　　　　　　　　D. 南京临时政府

18. 武昌起义爆发后，控制大部分地方政权的是（　　）。
    A. 革命党人　　　　　　　　　　　B. 北洋军阀和旧官僚
    C. 袁世凯的亲信　　　　　　　　　D. 立宪派和旧官僚、旧军官

19. 中国历史上第一部具有资产阶级共和国宪法性质的法典是（　　）。
    A.《钦定宪法大纲》　　　　　　　B.《中华民国临时约法》
    C.《中华民国约法》　　　　　　　D.《训政纲领》

20. 在1840年至1919年期间，比较完全意义上的资产阶级民主革命是（　　）。
    A. 辛亥革命　　　　　　　　　　　B. 戊戌维新运动
    C. 太平天国革命　　　　　　　　　D. 义和团运动

21. 袁世凯公然进行帝制复辟活动，下令称为"中华帝国洪宪元年"的是（　　）。
    A. 1913年　　　　　　　　　　　　B. 1914年
    C. 1915年　　　　　　　　　　　　D. 1916年

22. 为反对袁世凯刺杀宋教仁和"善后大借款"，孙中山在1913年领导革命党人发动了（　　）。
    A. 二次革命　　　　　　　　　　　B. 护国战争
    C. 护法战争　　　　　　　　　　　D. 北伐战争

23. 1914年,孙中山在日本组织建立的政党是（　　）。
　　A. 中国同盟会　　　　　　　　B. 国民党
　　C. 中华革命党　　　　　　　　D. 中国国民党

24. 民国初年两次帝制复辟失败的共同原因是（　　）。
　　A. 资产阶级力量强大
　　B. 孙中山高举反复辟旗帜
　　C. 北洋军阀内部矛盾激化
　　D. 经过辛亥革命,民主共和的观念深入人心

25. 辛亥革命失败的根本原因是（　　）。
　　A. 帝国主义的破坏　　　　　　B. 南京临时政府的涣散和软弱
　　C. 袁世凯的政治欺骗和军事压力　D. 资产阶级的软弱性和妥协性

26. 辛亥革命最伟大的功绩是（　　）。
　　A. 推翻了清王朝　　　　　　　B. 结束了封建帝制
　　C. 促进了思想解放　　　　　　D. 促进了民族资本主义的发展

27. 1913年,"二次革命"的导火线是（　　）。
　　A. 宋教仁被刺　　　　　　　　B. 段祺瑞拒绝恢复《临时约法》
　　C. 袁世凯称帝　　　　　　　　D. 张勋复辟闹剧

28. 毛泽东在谈到辛亥革命时指出,辛亥革命有它胜利的地方,也有它失败的地方,"辛亥革命把皇帝赶跑,这不是胜利了吗？说它失败,是说辛亥革命只把一个皇帝赶跑。"毛泽东这里所说的"只把一个皇帝赶跑"是指（　　）。
　　A. 没有推翻帝制　　　　　　　B. 反帝反封建的革命任务没有完成
　　C. 孙中山没有继续革命　　　　D. 袁世凯窃取了胜利果实

（二）多项选择题

1. 1902年至1911年,在我国发生的爱国运动主要有（　　）。
　　A. 拒俄运动　　　　　　　　　B. 收回利权运动
　　C. 保路运动　　　　　　　　　D. 抵制美货运动

2. 20世纪初,在民主革命思想传播过程中建立的资产阶级革命团体有（　　）。
　　A. 华兴会　　　B. 光复会　　　C. 兴中会　　　D. 岳王会

3. 20世纪初,传播民主革命思想的书籍纷纷涌现,其中包括（　　）。
　　A.《革命军》　　　　　　　　　B.《警世钟》
　　C.《变法通议》　　　　　　　　D.《驳康有为论革命书》

4. 1905年中国同盟会成立时,加入同盟会的有(　　)。
   A. 孙中山　　　　　　　　　B. 黄兴
   C. 宋教仁　　　　　　　　　D. 蒋介石

5. 1905年至1907年间,资产阶级革命派与改良派论战的主要议题是(　　)。
   A. 要不要以革命手段推翻清王朝　　B. 要不要推翻帝制和实行民主共和
   C. 要不要进行社会革命　　　　　　D. 要不要废科举和兴西学

6. 1911年,直接参与领导武昌起义的革命组织是(　　)。
   A. 共进会　　　　　　　　　B. 文学社
   C. 中华革命党　　　　　　　D. 中国国民党

7. 辛亥革命失败后,资产阶级革命派为挽救革命成果而进行的斗争主要有(　　)。
   A. 二次革命　　　　　　　　B. 护国运动
   C. 护法运动　　　　　　　　D. 保路风潮

8. 下列关于二次革命、护国运动和护法运动的表述,正确的是(　　)。
   A. 都属孙中山直接领导的　　　B. 都是为了维护辛亥革命成果
   C. 都反对北洋军阀的反动统治　D. 最终都未取得成功

9. 在下列关于辛亥革命历史功绩的叙述中,正确的是(　　)。
   A. 推翻了清朝的统治
   B. 建立了第一个资产阶级共和政府
   C. 中国共产党功不可没
   D. 为民族资本主义的发展创造了一定的条件

10. 辛亥革命在比较完整的意义上开始了中国的资产阶级民主革命,是因为资产阶级革命派(　　)。
    A. 颁布了《临时约法》　　　　B. 提出了比较系统的纲领
    C. 同农民结成了联盟　　　　　D. 建立了中华民国

11. 辛亥革命取得的最大成果是(　　)。
    A. 结束了中国两千年的封建君主专制制度,推翻了清王朝统治
    B. 建立起了资产阶级共和国
    C. 颁布了具有资产阶级共和国宪法性质的《中华民国临时约法》
    D. 完成了资产阶级革命的任务,改变了中国半殖民地半封建社会的性质

12. 辛亥革命的失败是指(　　)。
    A. 没有完成反帝反封建的任务
    B. 没有推翻清政府的统治

C. 没有彻底打击帝国主义的在华势力

D. 没有促进中国革命的向前发展

13. 1912年3月中华民国临时参议院颁布的《中华民国临时约法》是中国历史上第一部具有资产阶级共和国宪法性质的法典。毛泽东曾称赞它"带有革命性、民主性"。其"革命性、民主性"主要体现在（　　）。

   A. 它不承认清政府与列强签订的一切不平等条约

   B. 它规定中华民国国民一律平等

   C. 它规定中华民国之主权属于国民全体

   D. 它以根本大法的形式废除了封建君主专制制度

14. 北洋政府时期，制定了一系列反动法令，包括（　　）。

   A.《暂行新刑律》　　　　　　B.《戒严法》

   C.《告友邦书》　　　　　　　D.《通令尊崇孔圣文》

15. 孙中山先生是伟大的民族英雄，伟大的爱国主义者，中国民主革命的伟大先驱，一生以革命为己任，立志救国救民，为中华民族作出了彪炳史册的贡献，孙中山的伟大表现在：（　　）。

   A. 领导了辛亥革命

   B. 发动了以推翻北洋军阀统治为目标的北伐战争

   C. 重新解释三民主义并提出了联俄、联共、扶助农工三大政策

   D. 坚定维护民主共和制度和国家完整统一

16. 辛亥革命是我国近代史上一次比较完全意义上的资产阶级民主革命，这次革命（　　）。

   A. 提出了平均地权，耕者有其田的重要原则

   B. 建立了中国近代史上第一个资产阶级政党

   C. 制定了比较完整的资产阶级民主革命纲领

   D. 结束了封建君主专制制度，建立了资产阶级共和国

（三）辨析题

1. 新三民主义学说是中国同盟会的革命纲领。

2. 《中华民国约法》是中国历史上第一部具有资产阶级共和国宪法性质的法典。

3. 辛亥革命是一次比较完全意义上的资产阶级民主革命。

4. 袁世凯窃夺革命果实是辛亥革命失败的根本原因。

（四）简答题

1. 孙中山提出的三民主义的主要内容及其意义。
2. 资产阶级革命派与改良派论战的主要内容及意义。
3. 辛亥革命失败的原因和教训。
4. 北洋政府实行专制统治的表现。

（五）论述题

1. 中华民国临时政府的性质。
2. 辛亥革命的历史意义。

参 考 答 案

（一）单项选择题

1. D　2. D　3. C　4. B　5. C　6. A　7. A　8. C　9. D　10. C　11. A　12. C　13. D
14. A　15. A　16. D　17. A　18. D　19. B　20. A　21. D　22. A　23. C　24. D　25. D
26. B　27. A　28. B

（二）多项选择题

1. ABCD　2. ABD　3. ABD　4. ABC　5. ABC　6. AB　7. ABC　8. BCD　9. ABD
10. ABD　11. ABC　12. AC　13. BCD　14. ABD　15. ACD　16. BCD

（三）辨析题

1. 错误。三民主义学说是中国同盟会的政治纲领。其中,民族主义包括"驱除鞑虏,恢复中华"两项内容;民权主义的内容是"创立民国",即推翻封建君主专制制度,建立资产阶级民主共和国,也就是孙中山所说的政治革命;民生主义在当时指的是"平均地权",也就是孙中山所说的社会革命。

2. 错误。南京临时政府1912年颁布的《中华民国临时约法》,是中国历史上第一部具有资产阶级共和国宪法性质的法典,它以根本大法的形式废除了两千年来的封建君主专制制度,确认了资产阶级共和国的政治制度。《中华民国约法》是袁世凯在1914年公然撕毁《中华民国临时约法》时所炮制的一个产物。

3. 正确。辛亥革命推翻了清王朝的统治,沉重打击了中外反动势力;结束了中国两千多年封建社会的君主专制制度,建立了中国历史上第一个资产阶级共和政府,使民主共和的观念开始深入人心;推动了中国人民的思想解放,激发了人民的爱国热情和民族觉醒,打开了禁锢思想进步的闸门;推动了中国的社会变革,促使社会经济、思想习惯和社会风俗等方面发生了新的积极变化;推动了亚洲各国民族解放运动的高涨。

4. 错误。辛亥革命的失败,从根本上说,是因为在帝国主义时代,在半殖民地半封建的中国,资本主义的建国方案是行不通的。帝国主义与以袁世凯为代表的大地主大买办势力以及旧官僚、立宪派一起勾结起来,从外部和内部绞杀了这场革命。从主观方面来说,在于它的领导者资产阶级革命派本身存在着许多弱点和错误,主要是:第一,没有提出彻底的反帝反封建的革命纲领;第二,不能充分发动和依靠人民群众;第三,不能建立坚强的革命政党,作为团结一切革命力量的强有力的核心。

(四) 简答题

1. (1)民族主义包括"驱除鞑虏,恢复中华"两项内容。一是要以革命手段推翻清朝政府;二是建立中华民族"独立的国家"。民权主义的内容是"创立民国",即推翻封建君主专制制度,建立资产阶级民主共和国。这就是孙中山所说的政治革命。民生主义在当时指的是"平均地权",也就是孙中山所说的社会革命。(2)孙中山的三民主义学说,初步描绘出中国还不曾有过的资产阶级共和国方案,是一个比较完整而明确的资产阶级民主革命纲领。它的提出,对推动革命的发展产生了重大而积极的影响。

2. 1905年至1907年间,围绕中国究竟是采取革命手段还是改良方式这个问题,革命派与改良派分别以《民报》《新民丛报》为主要舆论阵地,展开了一场大论战。论战主要围绕三个问题展开:要不要以革命手段推翻清王朝;要不要推翻帝制,实行共和;要不要进行社会革命。这场论战具有重大的意义。通过这场论战,划清了革命与改良的界限,传播了民主革命思想,促进了革命形势的发展。但这场论战也暴露了革命派在思想理论方面的弱点。一些理论和认识的局限不可避免地会影响辛亥革命的进程和结局。

3. (1)辛亥革命的失败,从根本上说,是因为在帝国主义时代,在半殖民地半封建的中国,资本主义的建国方案是行不通的。帝国主义与以袁世凯为代表的大地主大买办势力以及旧官僚、立宪派一起勾结起来,从外部和内部绞杀了这场革命。从主观方面来说,这场革命失败的根本原因,在于它的领导者资产阶级革命派本身存在着许多弱点和错误。主要是:第一,没有提出彻底的反帝反封建的革命纲领;第二,不能充分发动和依靠人民群众;第三,不能建立坚强的革命政党,作为团结一切革命力量的强有力的核心。(2)辛亥革命的失败表明,资产阶级共和国的方案没有能够救中国,先进的中国人需要进行新的探索,为中国谋求新的出路。

4. 袁世凯窃夺辛亥革命果实之后,建立了代表大地主和买办资产阶级利益的北洋军阀反动政权。首先,在政治上,北洋政府实行军阀官僚的专制统治。其次,在经济上,北洋政府竭力维护帝国主义、地主阶级和买办资产阶级的利益。最后,在文化思想方面,尊孔复古思潮猖猴一时。总之,北洋政府从政治上、经济上和文化思想上对辛亥革命进行了全面的反攻倒算,中国重新落入了黑暗的深渊。

(五) 论述题

1. 中华民国临时政府是一个资产阶级共和国性质的革命政权。(1) 在人员构成上,资产阶级革命派在这个政权中占有领导和主体地位。革命党人和同盟会会员担任着政府重要部门的主要职务。(2) 在制定的各项政策措施上,集中体现了中国民族资产阶级的愿望和利益,在相当程度上也符合广大中国人民的利益。(3) 南京临时政府也有它的局限性。例如,在《告友邦书》中,就企图用承认清政府与列强所签订的一切不平等条约和清政府所欠的一切外债,来换取列强承认中华民国;它也没有提出任何可以满足农民土地要求的政策和措施,反而以保护私有财产为借口,去维护封建地主土地制度以及官僚、地主所有的土地和财产。

2. 辛亥革命是资产阶级领导的以反对封建君主专制制度、建立资产阶级共和国为目的的革命,是一次比较完全意义上的资产阶级民主革命。在近代历史上,辛亥革命是中国人民为救亡图存、振兴中华而奋起革命的一个里程碑,它使中国发生了历史性的巨变,具有伟大的历史意义。

第一,辛亥革命推翻了封建势力的政治代表、帝国主义在中国的代理人清王朝的统治,沉重打击了中外反动势力,使中国反动统治者在政治上乱了阵脚。第二,辛亥革命结束了中国两千多年封建社会的君主专制制度,建立了中国历史上第一个资产阶级共和政府,使民主共和的观念开始深入人心,并在中国形成了"敢有帝制自为者,天下共击之"的民主主义观念。第三,辛亥革命推动了中国人民的思想解放。辛亥革命激发了人民的爱国热情和民族觉醒,打开了禁锢思想进步的闸门。第四,辛亥革命推动了中国的社会变革,促使中国的社会经济、思想习惯和社会风俗等方面发生了新的积极变化。这些变化不仅改变了社会风气,也有助于人们的精神解放。第五,辛亥革命不仅在一定程度上打击了帝国主义的侵略势力,而且推动了亚洲各国民族解放运动的高涨。

延 伸 阅 读

(一)

纪念伟大的革命先行者孙中山先生!

纪念他在中国民主革命准备时期,以鲜明的中国革命民主派立场,同中国改良派作了尖锐的斗争。他在这一场斗争中是中国革命民主派的旗帜。

纪念他在辛亥革命时期,领导人民推翻帝制、建立共和国的丰功伟绩。

纪念他在第一次国共合作时期,把旧三民主义发展为新三民主义的丰功伟绩。

他在政治思想方面留给我们许多有益的东西。

现代中国人,除了一小撮反动分子以外,都是孙先生革命事业的继承者。

我们完成了孙先生没有完成的民主革命,并且把这个革命发展为社会主义革命。我们正在完成这个革命。

事物总是发展的。一九一一年的革命,即辛亥革命,到今年,不过四十五年,中国的面目完全变了。再过四十五年,就是二千零一年,也就是进到二十一世纪的时候,中国的面目更要大变。中国将变为一个强大的社会主义工业国。中国应当这样。因为中国是一个具有九百六十万平方公里土地和六万万人口的国家,中国应当对于人类有较大的贡献。而这种贡献,在过去一个长时期内,则是太少了。这使我们感到惭愧。

但是要谦虚。不但现在应当这样,四十五年之后也应当这样,永远应当这样。中国人在国际交往方面,应当坚决、彻底、干净、全部地消灭大国主义。

孙先生是一个谦虚的人。我听过他多次讲演,感到他有一种宏伟的气魄。从他注意研究中国历史情况和当前社会情况方面,又从他注意研究包括苏联在内的外国情况方面,知道他是很虚心的。

他全心全意地为了改造中国而耗费了毕生的精力,真是鞠躬尽瘁,死而后已。

像很多站在正面指导时代潮流的伟大历史人物大都有他们的缺点一样,孙先生也有他的缺点方面。这是要从历史条件加以说明,使人理解,不可以苛求于前人的。

——毛泽东:《纪念孙中山先生》(1956年11月12日),http://cpc.people.com.cn/GB/64184/64185/189967/11568211.html

(二)

革命是不得不作出的选择

漫漫长夜,中国的出路在哪里?在十九世纪后半个世纪里,中国人已经做过多种试验,但都救不了中国。当历史进入二十世纪的时候,中华民族面对的现实更加严峻。国家民族的生死存亡已处在千钧一发的关头。正如陈天华在《警世钟》中所说:"要革命的,这时可以革了,过了这时没有命了!"

中国人已实在没有其他路可走,只能义无反顾地投身到近代民族民主革命中去。这是现实迫使他们作出的选择。

孙中山和革命派中的不少骨干分子，一开始也曾试图通过和平手段来促使清政府改革。1894年孙中山上书李鸿章，提出一整套改良方案，也是因为他对李鸿章还抱有希望。然而事实却很无情，孙中山的热切愿望换来的却是李鸿章冰冷的回答，连见都没见他，于是孙中山"知和平之法无可复施"，才最终坚定了革命的决心。

二十世纪初所以会有越来越多的知识分子奋不顾身地走上革命道路，都是他们对清王朝进行长期观察后作出的抉择。八国联军战争结束后，清政府的腐败祸国更加暴露无遗。他们标榜实行新政，他们采取的奖励设厂和废科举、兴学堂等措施，虽然多少也起过积极作用，但始终拒绝实行任何根本的变革。人们的失望、不满和愤怒越来越强烈，最后得出一个结论：不用革命的手段推翻这个专制、腐朽的祸国政府，中国是一点希望也没有了。

再看二十世纪初清王朝统治下的中国社会：百业凋敝，民不聊生。民众无法生活下去，抗捐抗税、抢米风潮、会党与农民起义等遍布全国城乡，连绵不断。据不完全统计，1902年到1911年，全国各地彼伏此起的民变多达1 300余起。它削弱了清政府的统治，为辛亥革命的爆发创造了客观的社会环境和群众基础。

辛亥革命的发生，是客观形势使然。当时的清政府，正如孙中山所形容的，"可以比作一座即将倒塌的房屋，整个结构已从根本上彻底地腐朽了，难道有人只要用几根小柱子斜撑住外墙就能够使那座房屋免于倾倒吗？"革命形势已经成熟。以孙中山为代表的革命派起而推翻清政府，走向共和，正是代表广大民众的意愿，顺应历史发展的必然趋势。

推翻帝制为中国的进步打开闸门

毛泽东同志在《纪念孙中山先生》这篇文章中说："纪念他在辛亥革命时期，领导人民推翻帝制，建立共和国的丰功伟绩。"

"共和国"的建立，是中国历史上的一次巨大变化。1912年南京临时政府成立后颁布的《临时约法》，破天荒地明确宣告："中华民国之主权，属于国民全体。"普通老百姓至少在法理上从"子民""蚁民"一下子被承认为国家的主人，这是一个了不起的变化。

走向共和，可以说是革命民主主义同君主专制主义的对立和斗争。这是一场生死搏斗。

在严重的民族危机面前，不同阶级的代表人物所想的并不是一回事，探寻的也是不同的出路。不管慈禧是否像有些人想象的那样"慈祥"、"温馨"、有"高雅情趣"，作为封建专制主义的总代表，她只能是共和的对立物。不管把袁世凯说得怎样"开明""进步"，他在必要时可以抛弃清朝政府，但他追求的依然是君主专制,而不是民主共和。

在清朝统治者眼里,孙中山等革命者是大逆不道、犯上作乱的"叛贼""乱党"。如果以为追求共和主义的革命者和维护君主专制制度的封建统治者都在为救中国"找出路",一道"走向共和",岂不荒唐?!要是那样的话,革命岂不是多余的?包括秋瑾、黄花岗七十二烈士等在内的先烈们的流血牺牲岂不毫无价值?

辛亥革命的历史功绩是不可磨灭的。它带来的直接后果至少有两个:

第一,它使中国的反动统治秩序再也无法稳定下来。中国封建社会本来有个头,那就是皇帝。他是大权独揽的绝对权威,是反动统治秩序赖以保持稳定的重心。辛亥革命突然把这个头砍掉了,整个反动统治就乱了套。辛亥革命在这里所起的巨大作用是无法抹杀的,它为中国的进步打开了闸门,为中国人民革命的胜利开辟了道路。

第二,它使中国人民在思想上获得一次大解放。皇帝在过去是至高无上、神圣不可侵犯的,如今都可以打倒,那么,还有什么陈腐的东西不可以打破?思想闸门一经打开,这股汹涌澎湃的思想解放潮流就奔腾向前,不可阻挡了。尽管辛亥革命后,政治形势还十分险恶,但人们已开始大胆地寻求新的救中国的出路,不久便迎来了五四运动和马克思主义的传播,开始了中国历史的新纪元。

当然,辛亥革命取得的成功毕竟有限。帝国主义和封建势力在中国的统治实在根深蒂固,并不是一两次冲击就能推倒的。辛亥革命没有能改变中国半殖民地半封建社会的性质,孙中山期盼的"共和"受到挫折,人民的悲惨境遇依然如故。1921年以后,中国共产党继承孙中山未竟的事业,又向前迈进,领导中国人民在新民主主义的旗帜下进行了长期的不屈不挠的革命斗争,终于推翻了压在中国人民头上的三座大山,响亮地宣告"中国人从此站立起来了",建立起中华人民共和国,这才是真正的人民共和国。

由此可见,中国走向共和,走的是一条多么艰难曲折的道路!但同时又是一条多么值得中国人自豪的道路!

——金冲及、龚书铎、李文海:《中国是怎样走向共和的?》,《党史文汇》2003年第10期,第2—3页

(三)

三、对辛亥革命失败原因的分析

辛亥革命为什么会失败?进入新世纪以来,在继承以往成果的基础上,研究者们除了继续从资产阶级革命党本身存在的问题、资产阶级革命派与会党的关系、辛亥革命时期的民众反映、辛亥革命失败的经济因素等层面进行探讨外,还

进一步拓宽视野,从清政府自身存在的问题等多层面多角度来探讨辛亥革命失败的原因。这些都进一步丰富了对辛亥革命史的研究。

对于辛亥革命失败的原因,早在新民主主义革命时期,毛泽东就从资产阶级本身软弱性、革命派与普通民众的关系问题等多方面进行过探讨。新中国成立以来,这也一直是学术界探究的重点。新世纪以来,对于辛亥革命失败的原因,依然有学者从这些层面继续深入探讨。2001年,沙健孙教授发表文章再次重申中国资产阶级革命派软弱性导致革命失败的问题。他认为:资产阶级革命派在这场革命中充分暴露了自己的弱点。"第一,他们没有明确提出反对帝国主义的口号,也没有提出彻底的土地革命纲领,因而也就不能以之号召和团聚全国的革命力量。第二,他们在革命过程中虽也联合过新军(多数是农民和学生)和会党(以农民为主的秘密结社),但并没有集中力量深入群众,充分发动和依靠中国革命的主力军农民。""反对以革命的方式解决农民的土地问题。"他认为"这些弱点,是导致辛亥革命失败的根本原因。"马克锋也认为,辛亥革命的失败,除了革命的领导者资产阶级本身政治性格的弱点以外,"没有处理好新生政权与广大民众的关系,更没有深入下层社会去广泛发动民众,从而结成一个坚强而巩固的反帝反封建统一战线,是其失败的致命原因。"2010年修订版《中国近现代史纲要》也认为,辛亥革命的失败,"从主观方面来说,在于它的领导者资产阶级革命派本身存在着许多弱点和错误。""根源在于中国民族资产阶级的软弱性和妥协性"。

汪林茂则对资产阶级本身政治性格"软弱"这一传统观点有不同看法,他认为,"辛亥革命的不彻底不是因为革命党人主观上的妥协、让权","尽管人们对现存的政治秩序已忍无可忍,但由于资本主义社会关系的稚嫩幼弱,中国人并没有感受到现存的社会秩序有多少不合理。""所以,在革命过程中,革命党人所致力的只是改变传统权威维持下的政治秩序;革命胜利后所进行的建设,也就只限于建立新政治秩序和新权威,而不是法制和国体的建设。正是在当时整个社会要求恢复权威和秩序的呼声下,袁世凯夺得了民国权柄。"

……

辛亥革命的失败,有其主客观诸多层面的原因,学术界对其失败原因的多方面总结和评价,丰富了对辛亥革命史的研究,同时也是对历史经验的研究和总结。

——史春风:《新世纪以来辛亥革命研究综述》,《思想理论教育导刊》2012年第1期,第66—70页

(四)

今天,我们在这里隆重集会,纪念孙中山先生诞辰150周年,缅怀他为民族

独立、社会进步、人民幸福建立的不朽功勋,弘扬他的革命精神和崇高品德,激励海内外中华儿女为实现中华民族伟大复兴而团结奋斗。

孙中山先生是伟大的民族英雄、伟大的爱国主义者、中国民主革命的伟大先驱,一生以革命为己任,立志救国救民,为中华民族作出了彪炳史册的贡献。

时代造就伟大人物,伟大人物又影响时代。150年前,孙中山先生出生之时,中国正遭受帝国主义列强的野蛮侵略和封建专制制度的腐朽统治,战乱频发,民生凋敝,中华民族陷入内忧外患的灾难深渊,中国人民处于水深火热的悲惨境地。在那个风雨如晦的年代,中华民族从未屈服,无数仁人志士前仆后继,探求救国救民的道路,进行可歌可泣的抗争。孙中山先生就是他们中的杰出代表。

青年时代,孙中山先生目睹山河破碎、生灵涂炭,誓言"亟拯斯民于水火,切扶大厦之将倾",高扬反对封建专制统治的旗帜,毅然投身民主革命事业。他创立兴中会、同盟会,提出民族、民权、民生的三民主义,积极传播革命思想,广泛联合革命力量,连续发动武装起义,为推进民主革命四处奔走、大声疾呼。

1911年,在他领导和影响下,震惊世界的辛亥革命取得成功,推翻了清王朝统治,结束了统治中国几千年的君主专制制度。由于历史进程和社会条件的制约,辛亥革命虽然没有改变旧中国半殖民地半封建的社会性质,没有改变中国人民的悲惨命运,没有完成实现民族独立、人民解放的历史任务,但开创了完全意义上的近代民族民主革命,打开了中国进步闸门,传播了民主共和理念,极大推动了中华民族思想解放,以巨大的震撼力和影响力推动了中国社会变革。

孙中山先生的伟大,不仅在于他领导了辛亥革命,而且在于他为了实现革命理想,与时俱进完善自己的革命理念和斗争方略,毫不妥协同逆时代潮流而动的各种势力进行斗争。他坚决反对军阀分裂割据,坚定维护民主共和制度和国家完整统一。十月革命爆发后,马克思列宁主义传入中国,为孙中山先生认识世界和中国打开了新的视野。中国共产党成立后,孙中山先生同中国共产党人真诚合作,在中国共产党帮助下,把旧三民主义发展为新三民主义,实行联俄、联共、扶助农工三大政策,改组中国国民党,推动北伐战争取得胜利,把反帝反封建的民主革命推向前进。毛泽东同志把三民主义纲领、统一战线政策、艰苦奋斗精神并称为孙中山先生"留给我们的最中心最本质最伟大的遗产",是"对于中华民族最伟大的贡献"。

孙中山先生为当时中国的积贫积弱痛心疾首,第一个响亮喊出"振兴中华"的口号。他认为,"建设为革命之唯一目的"。他坚信,革命成功以后,经过全民族努力,中国一定能够迎头赶上世界先进国家。他满怀豪情地说:"一旦我们革新中国的伟大目标得以完成,不但在我们的美丽的国家将会出现新纪元的曙光,整个人类也将得以共享更为光明的前景。"

  孙中山先生为中国人民和中华民族作出了杰出贡献,在中国人民心中享有崇高威望,受到全体中华儿女景仰。今天,缅怀孙中山先生建立的历史功勋,缅怀孙中山先生为中国人民鞠躬尽瘁的光辉一生,我们心中充满着深深的崇敬之情。

——习近平:《在纪念孙中山先生诞辰 150 周年大会上的讲话》(2016 年 11 月 11 日),http://www.xinhuanet.com/politics/2016-11/11/c_1119897047.htm

中编 从五四运动到新中国成立
(1919—1949)

综述
翻天覆地的三十年

学 习 提 示

本综述的内容分为三部分,概述从五四运动到新中国成立以前这一历史时期,时代条件和国际环境的变化及其对中国的影响、"三座大山"重压下的中国社会经济的境况和中国人民的遭遇、中国各种阶级力量在事关国家前途命运这一关键问题上的政治主张与斗争较量的历史结局。通过学习,要求学生认识到:在1919年五四运动至1949年新中国成立前期间,中国社会历史的跌宕起伏,与国际局势的风云变幻紧密相连;中国革命斗争的艰难前行,与时代环境的深刻变迁息息相关;中国人民进行推翻"三座大山"的新民主主义革命是历史的必然,建立工人阶级领导的人民共和国是历史的选择。

试 题 训 练

(一) 单项选择题

1. 在五四运动至新中国成立前这一时期,中国的社会性质是(　　)。
   A. 封建主义社会　　　　　　　　B. 半殖民地社会
   C. 资本主义社会　　　　　　　　D. 半殖民地半封建社会
2. 自五四运动开始,中国反帝反封建的革命性质是(　　)。
   A. 无产阶级社会主义革命　　　　B. 农民阶级革命
   C. 资产阶级民主主义革命　　　　D. 小资产阶级革命

3. 自五四运动开始,中国反帝反封建的革命进入( )。
   A. 旧民主主义革命时期
   B. 新民主主义革命时期
   C. 旧民主主义向新民主主义过渡时期
   D. 新民主主义向社会主义过渡时期
4. 自五四运动开始,中国反帝反封建斗争的主力是( )。
   A. 工人阶级   B. 农民阶级
   C. 城市小资产阶级   D. 民族资产阶级
5. 自五四运动开始,成为中国民主革命领导力量的是( )。
   A. 工人阶级   B. 农民阶级
   C. 城市小资产阶级   D. 民族资产阶级
6. 19世纪末20世纪初,在外国侵华势力中占主要地位的是( )。
   A. 英国   B. 法国   C. 日本   D. 美国
7. 1914年至1918年第一次世界大战的根源是( )。
   A. 英国和法国之间的矛盾
   B. 德国和美国之间的矛盾
   C. 资本主义列强之间争夺世界的矛盾
   D. 资本主义列强与殖民地国家之间的矛盾
8. 1917年发生的开辟人类历史新纪元的重大事件是( )。
   A. 第一次世界大战   B. 俄国的十月社会主义革命
   C. 资本主义世界性经济危机 D. 中国的五四运动
9. 在第二次世界大战中,首先进行反法西斯战争的国家是( )。
   A. 波兰   B. 苏联   C. 中国   D. 美国
10. 标志世界反法西斯战争发生根本性转折的战役是( )。
    A. 缅印战役   B. 斯大林格勒战役
    C. 诺曼底战役   D. 中途岛战役
11. 第二次世界大战结束后,在外国垄断资本对华扩张中取得优势地位的是( )。
    A. 英国   B. 法国   C. 德国   D. 美国
12. 中国新民主主义革命的首要任务是( )。
    A. 反对帝国主义   B. 反对封建主义
    C. 反对官僚资本主义   D. 反对民族资本主义
13. 从五四运动至新中国成立前,在中国社会经济生活中占优势地位的是( )。
    A. 外国垄断资本   B. 官僚垄断资本

C. 封建经济　　　　　　　　D. 民族资本主义经济

14. 反对封建主义，进行土地制度的彻底改革是中国新民主主义革命的（　　）。
    A. 唯一任务　　　　　　　　B. 首要任务
    C. 基本任务　　　　　　　　D. 重要任务

15. 1927年国民党在全国统治建立后，官僚资本的垄断活动首先和主要是（　　）。
    A. 从金融业方面开始的　　　B. 从商业方面开始的
    C. 从重工业方面开始的　　　D. 从交通业方面开始的

16. 在近代中国，由于经济地位决定了其在政治上带有两重性的阶级是（　　）。
    A. 工人阶级　　　　　　　　B. 农民阶级
    C. 城市小资产阶级　　　　　D. 民族资产阶级

17. 在新民主主义革命中，工人阶级、农民阶级和城市小资产阶级的政治代表是（　　）。
    A. 中国国民党　　　　　　　B. 中国共产党
    C. 中国民主同盟　　　　　　D. 中国民主建国会

18. 中国共产党领导中国人民进行新民主主义革命在政治上所要达到的基本目标是建立（　　）。
    A. 资产阶级专政的民主共和国　　B. 工农兵民主专政的人民共和国
    C. 工农联合专政的苏维埃共和国　D. 人民民主专政的人民共和国

（二）多项选择题

1. 在五四运动至新中国成立前这一时期，中国社会的主要矛盾是（　　）。
   A. 中华民族同帝国主义的矛盾　　B. 农民阶级同地主阶级的矛盾
   C. 人民大众同封建主义的矛盾　　D. 工人阶级同资产阶级的矛盾

2. 中国共产党领导新民主主义革命要完成的历史任务是（　　）。
   A. 争取民族独立　　　　　　B. 争取人民解放
   C. 实现国家繁荣富强　　　　D. 实现人民共同富裕

3. 第一次世界大战结束后，作为世界大国兴起的是（　　）。
   A. 法国　　B. 美国　　C. 日本　　D. 英国

4. 发动第二次世界大战的法西斯国家是（　　）。
   A. 奥匈帝国　　B. 德国　　C. 意大利　　D. 日本

5. 1942年，在反法西斯战争中领衔签署《联合国家宣言》的国家是（　　）。
   A. 美国　　B. 英国　　C. 苏联　　D. 中国

6. 在第二次世界大战结束后逐步形成的两大国际阵营是（　　）。

A. 协约国阵营　　　　　　　　B. 同盟国阵营
C. 帝国主义国家阵营　　　　　D. 社会主义国家阵营

7. 在五四运动至新中国成立前这一时期,压在中国人民身上的"三座大山"是(　　)。
   A. 帝国主义　　　　　　　　B. 封建主义
   C. 官僚资本主义　　　　　　D. 民族资本主义

8. 在辛亥革命失败后,相继作为中国反动势力的政治代表是(　　)。
   A. 满清政府　　　　　　　　B. 南京临时政府
   C. 北洋政府　　　　　　　　D. 国民党控制的中华民国国民政府

9. 在五四运动至新中国成立前这一时期,政府当局直接对农民进行掠夺的主要手段是(　　)。
   A. 征收田赋　　　　　　　　B. 征收盐税
   C. 征收各种杂税　　　　　　D. 强迫服劳役和服兵役

10. 在半殖民地半封建社会中,中国民族资本主义经济发展所受到的阻碍包括(　　)。
    A. 外国资本的压迫　　　　　B. 官僚资本的排挤
    C. 封建生产关系的束缚　　　D. 军阀官僚政府的压榨

11. 在五四运动至新中国成立前这一时期,中国社会存在的三种主要政治力量是(　　)。
    A. 地主阶级与买办性的大资产阶级
    B. 农民阶级和城市小资产阶级
    C. 民族资产阶级
    D. 工人阶级、农民阶级和城市小资产阶级

12. 在五四运动至新中国成立前这一时期,中国社会存在的反动势力是(　　)。
    A. 地主阶级　　　　　　　　B. 买办性的大资产阶级
    C. 民族资产阶级　　　　　　D. 城市小资产阶级

13. 在五四运动至新中国成立前这一时期,中国进步势力和民主革命的主要力量是(　　)。
    A. 工人阶级　　　　　　　　B. 农民阶级
    C. 城市小资产阶级　　　　　D. 民族资产阶级

14. 在新民主主义革命时期,民族资产阶级的政治代表是(　　)。
    A. 中国国民党　　　　　　　B. 中国共产党

C. 民主党派的某些领导人物　　　　D. 若干无党派民主人士

15. 在中国共产党产生以后,中国社会存在的三种主要建国方案是(　　)。
   A. 地主阶级与买办性大资产阶级的方案
   B. 农民阶级的方案
   C. 民族资产阶级的方案
   D. 工人阶级和其他进步势力的方案

16. 在五四运动至新中国成立前,实际上可供中国人民选择的建国方案是(　　)。
   A. 建立资产阶级共和国
   B. 建立苏维埃共和国
   C. 继续半殖民地半封建的旧中国
   D. 创建新民主主义的新中国

(三) 辨析题

1. 俄国十月社会主义革命对中国革命产生了深刻的历史影响。
2. 在二战结束后,正确制定应对苏联的政策和策略成为中国革命胜利发展极为重要的条件。
3. 反对封建主义,进行土地制度的彻底改革,是中国新民主主义革命必须实现的首要任务。
4. 中国共产党关于建立人民共和国的方案是中国最广大人民群众共同的历史选择。

(四) 简答题

1. 在第二次世界大战后,世界政治形势出现的重要的新情况。
2. 反对官僚资本主义、没收官僚资本是中国新民主主义革命的一项重要任务。
3. 在近代中国,民族资本主义经济的主要特点。
4. 在中国共产党成立后至新中国成立前,中国社会存在的三种政治力量及其政治代表。

(五) 论述题

1. 在中国共产党诞生后,近代中国存在的三种建国方案及其历史命运。
2. 在近代中国,中国民族资产阶级的建国方案行不通的历史原因。

参 考 答 案

（一）单项选择题

1. D 2. C 3. B 4. B 5. A 6. A 7. C 8. B 9. C 10. B 11. D 12. A 13. C 14. C 15. A 16. D 17. B 18. D

（二）多项选择题

1. AC 2. AB 3. BC 4. BCD 5. ABCD 6. CD 7. ABC 8. CD 9. ABCD 10. ABCD 11. ACD 12. AB 13. ABC 14. CD 15. ACD 16. CD

（三）辨析题

1. 正确。 1917年俄国爆发的十月社会主义革命，给世界人民的解放事业开辟了广大的可能性和现实的道路，建立了一条从西方无产者经过俄国革命到东方被压迫民族的新的反对世界帝国主义的革命战线。1919年3月，列宁领导的共产国际宣告成立，它积极帮助包括中国在内的一些国家的先进分子创建共产党。从此，中国反帝反封建的民主革命成了世界无产阶级社会主义革命的一部分。

2. 错误。 在二战结束后，美国一手拿着金元，一手拿着原子弹，竭力向全世界扩张。控制中国，成为战后美国全球战略的重要组成部分。为此，美国政府采取了扶蒋反共的政策。这对于中国革命的发展，是一个严重的障碍。正确制定应对美国的政策和策略，成为中国革命胜利发展的极为重要的条件。

3. 错误。 反对封建主义，进行土地制度的彻底改革，是中国新民主主义革命的一项基本任务。以帝国主义列强为靠山的北洋政府不惜出卖国家利权，从而使外国侵略势力在中国得到进一步的扩展。国民党统治的建立，为外国侵略势力深入中国进一步敞开了大门。帝国主义列强通过种种手段侵略中国、控制中国，并牢牢掌握了中国的经济命脉。这给中国社会经济和中国人民带来了深重灾难。因此，反对帝国主义，打破外国垄断资本的控制，是中国新民主主义革命必须实现的首要任务。

4. 正确。 在中国共产党产生以后，中国存在三种不同的建国方案。地主、买办资产阶级的方案由于违背中国人民的根本利益，遭到了广大中国人民的唾弃。民族资产阶级的方案由于脱离中国实际，也没有得到中国广大群众的拥护。只有中国共产党提出的关于建立人民共和国的方案，逐步地获得工人、农民、城市小资产阶级乃至民族资产阶级及其政治代表的拥护，由此成了中国最广大人民群众共同的历史选择。

（四）简答题

1. 第一，在主要的帝国主义国家中，德、意、日三个法西斯国家被彻底打败；战胜国英、法也被严重削弱；美国则成为资本主义世界的霸主。第二，苏联经过战争考验，成为足以与美国抗衡的世界一流强国。欧洲东部、中南部和亚洲东部、东南部出现一系列由工人阶级政党领导的人民民主国家。社会主义冲破一国范围在多国赢得胜利。第三，亚洲、非洲、拉丁美洲及南太平洋地区，民族解放运动蓬勃兴起，许多原殖民地、附属国争得了或正在争取政治上的独立，殖民主义体系急剧瓦解。在资本主义国家，共产党的影响显著增长，工人运动有新的发展。这些给全世界工人阶级和被压迫民族的解放事业开辟了更加广大的可能性和更加现实的道路。

2. 1927年国民党在全国的统治建立以后，官僚买办资本急剧地膨胀起来。官僚资本和国家政权结合在一起，成为国家垄断资本；它同外国帝国主义、本国地主阶级密切地结合着，成为买办的封建的国家垄断资本。官僚资本是官僚资产阶级利用超经济的特权，主要在从事金融和商业投机的过程中，在充当外国帝国主义的买办的过程中，通过掠夺广大劳动人民和兼并民族工商业而发展起来的。它是社会生产力发展的严重障碍。正因为如此，反对官僚资本主义、没收官僚资本归新民主主义国家所有，就成为中国新民主主义革命的一项重要任务。

3. 第一，民族资本主义经济在国民经济中所占比重很小，它始终没有成为中国社会经济的主要形式。第二，在民族资本中，工业资本所占的比重小，商业资本和金融资本所占的比重大。第三，民族资本主义工业主要是以纺织、食品工业为主的轻工业，缺乏重工业的基础，不能构成一个完整的工业体系和国民经济体系，在技术、设备以至原材料方面不得不依赖外国垄断资本和本国官僚资本。第四，民族资本所经营的工业，规模狭小，经营分散，技术设备落后，劳动生产率低。第五，民族资本主义经济和封建势力也有千丝万缕的联系。

4. 一是地主阶级和买办性的大资产阶级（1927年后形成为官僚资产阶级）。他们是反动势力（有时称顽固势力）、民主革命的对象。其政治代表先是北洋政府，以后主要是国民党统治集团。二是民族资产阶级。他们是中间势力、民主革命的力量之一。其政治代表是民主党派的某些领导人物和若干无党派民主人士。三是工人阶级、农民阶级和城市小资产阶级。他们是进步势力、民主革命的主要力量。其政治代表是中国共产党。

（五）论述题

1. 一是地主阶级与买办性的大资产阶级的方案。主张继续实行地主阶级、买办性的大资产阶级的军事独裁统治，使中国继续走半殖民地半封建社会的道路。二是民族资产阶级的方案。主张建立一个名副其实的资产阶级共和国，以便使资本主义得到自由的和充分的发展，使中国成为一个独立的资本主义社会。三是工人阶级和其他进步势力的方案。它们的政治代表中国共产党主张，首先进行一场彻底的反帝反封建的新式资产阶级民主革命，以便建立一个工人阶级领导的人民共和国；并经过这个人民共和国，逐步到达社会主义和共产主义。

由于资产阶级共和国的方案并不具备现实性，可供中国人民选择的方案主要是两个：或者是继续半殖民地半封建的旧中国,或者是创建新民主主义的新中国。地主、买办资产阶级的方案由于违背中国人民的根本利益,遭到了广大中国人民的唾弃,他们的反动统治也在根本上被推翻了。只有中国共产党提出的关于建立人民共和国的方案,逐步地获得工人、农民、城市小资产阶级乃至民族资产阶级及其政治代表的拥护,由此成了中国最广大人民群众共同的选择。

2. 中国民族资产阶级的基本主张是建立一个名副其实的资产阶级共和国,以便使资本主义得到自由的和充分的发展,使中国成为一个独立的资本主义社会。这种建国方案之所以行不通,是由当时中国所处的时代条件和国内阶级关系的状况所决定的。

一方面,资产阶级的共和国,外国有过的,中国不能有,因为中国是受帝国主义压迫的国家。帝国主义列强来到中国,不是为了使中国成为一个独立、富强的资本主义国家,而是为了掠夺中国,发展它们自己的资本主义。它们既不愿意失去在中国的殖民主义利益,更不愿意看到中国在国际市场上成为它们的竞争对手。另一方面,民族资产阶级力量过于软弱,没有勇气和能力领导人民进行彻底的反帝反封建的革命斗争,从而为建立资产阶级共和国扫清障碍。代表这个阶级要求的中间派,由于提不出彻底的土地革命的纲领,无法动员农民这个最广大的群众;由于不敢进行革命的武装斗争,根本不掌握军队。因此,他们在政治上没有很大的分量。在这种情况下,他们往往把实现民主政治的希望,寄托在统治阶级让步这种幻想之上。而中国的反动统治阶级者绝对不会对中间势力关于建立民主共和国的要求作出原则性让步。

延 伸 阅 读

(一)

十月革命作为人类历史上一种崭新的革命,它对中国的影响是巨大而深远的。其中特别是:

第一,它削弱了国际帝国主义的力量,直接援助了中国人民的反帝斗争;从多方面促进和加强了中国革命与世界各国人民革命斗争的国际联合,使中国革命有了前所未有的国际援助。

十月革命的直接打击目标是俄国资产阶级临时政府,而俄国资产阶级是国际帝国主义的重要组成部分。十月革命推翻了这个阶级的统治,也就直接减轻了外国帝国主义侵略势力对中国人民反帝斗争的压力。特别是十月革命后,苏俄政府对被压迫民族采取了和平、友好的政策,它极大地鼓舞和增强了中国人民进行反帝斗争的信心和勇气。

固然,十月革命后,在新的时代条件下,中华民族和中国人民面临的最大压迫,仍然是帝国主义的民族压迫,中华民族和中国人民面临的反帝斗争任务仍然十分艰巨。但是,由于十月革命建立了一条新的反对世界帝国主义的革命战线,因此,十月革命后,中国人民的革命斗争就不是孤立的了,而是同世界人民反对国际帝国主义的斗争连在一起了,这是一个十分重大的变化。对这一问题,在抗日战争和解放战争时期,毛泽东有过多次论述。如他在《全世界革命力量团结起来,反对帝国主义的侵略》(1948年11月)一文中写道:"十月革命的光芒照耀着我们。苦难的中国人民必须求得解放,并且他们坚信是能够求得解放的。一向孤立的中国革命斗争,自从十月革命胜利以后,就不再感觉孤立了。我们有全世界的共产党和工人阶级的援助。"

第二,十月革命促使中国产生了一批具有初步共产主义思想的知识分子,他们开始学习、研究和宣传马克思主义,这就为马克思主义中国化的开启准备了最重要的条件之一。

我们知道,马克思主义中国化的实质,是把马克思主义的基本原理与中国革命的具体实际相结合。而如果没有对马克思的学习、研究和宣传,人们就难以知道什么是马克思主义,因而也就谈不上把马克思主义与中国革命的具体实际相结合,马克思主义中国化当然也就无从谈起。从十月革命后的情况看,学习、研究和宣传马克思主义,是以李大钊、陈独秀为代表的中国先进分子所着力倡导并身体力行的。期间,1919年9月,李大钊在《我的马克思主义观》(1919年9月,该文第1至7节在《新青年》第6卷第5号上发表)一文中的相关论述,很有代表性。他指出:马克思主义"为世界改造原动的学说",从而肯定了马克思主义具有普遍的指导意义。也正因为如此,李大钊告诉大家:"'马克思主义'既然随着这世界的大变动,惹动了世人的注意,自然也招了很多的误解。我们对于'马克思主义'的研究虽然极其贫弱,而自一九一八年马克思百年纪念以来,各国学者研究他的兴味复活,批评介绍他的很多。我们把这些零碎的资料,稍加整理,乘本志出'马克思研究号'的机会,把他转介于读者,使这为世界改造原动的学说,在我们的思辨中,有点正确的解释,吾信这也不是绝无裨益的事。"

在李大钊的大力倡导下,一批先进的知识分子,通过组织社团、创办刊物、开设课程、创办工人夜校等,开始了对马克思主义的学习、研究与宣传。如1918年4月,毛泽东、蔡和森等在湖南长沙组织成立了新民学会,它成为我国五四运动前后影响最大的一个革命团体及湖南传播马克思主义和反帝反封建的中心;1919年9月,周恩来、马骏等在天津组织的青年学生的进步社团——觉悟社,成为天津传播马克思主义的和反帝反封建的中心；五四运动前后，恽代英、林育南等在湖北组织了互助社、利群书社和共存社等进步团体，传播马克思主义。从1919年起，李大钊先后在北京大学、北京女高师、朝阳大学等校开设有关马克思主义理论的课程，不遗余力地向在校学生宣传马克思主义学说；1920年3月31日，李大钊在北京大学秘密发起组织马克思主义研究会，以研究和宣传马克思主义的著述为主要目的。

可以说，李大钊、陈独秀等中国先进分子对学习、研究和宣传马克思主义的倡导及其身体力行，为中国的马克思主义思想运动指示了正确的方向，这对实现马克思主义中国化具有长久、深远的指导意义。

第三，在马克思主义与中国工人运动相结合的进程中，中国先进分子创建了中国工人阶级的先锋队——中国共产党。这是中华民族发展史上开天辟地的大事变。

马克思主义认为，工人阶级政党的产生，需要具备"工人运动与社会主义的结合"这一基本条件。十月革命后，随着马克思主义在中国的传播，一批具有初步共产主义思想的先进分子，即逐步开始运用马克思主义观察和分析世界的和中国的问题。

1918年11月和12月，李大钊先后写作了《庶民的胜利》和《Bolshvism的胜利》两文，并都发表在1919年1月的《新青年》第5卷第5号上。同月(元旦)，他在《每周评论》第3号上发表了《新纪元》一文。从这三篇文章中，我们已能清晰地看出李大钊运用历史唯物主义观点对第一次世界大战及十月革命作出的科学分析与评介。他指出："原来这回战争的真因，乃在资本主义的发展"；"是资本家的政府想靠着大战，把国家界限打破，拿自己的国家做中心，建一世界的大帝国，成一个经济组织，为自己国内资本家一阶级谋利益。"李大钊并说明，正因为"俄、德等国的劳工社会"，首先看破了资本家的政府的野心，因此，他们"不惜在大战的时候，起了社会革命，防遏这资本家政府的战争"。他认为，"这亘古未有的大战，就是这样告终。这新纪元的世界改造，就是这样开始"。他并由此而预言："俄国的革命，不过是使天下惊秋的一片桐叶"，"试看将来的环球，必是赤旗的世界"！

李大钊还指出：俄国的Bolshvism"就是革命的社会主义"；持这一主义的Bolshviki"是奉德国社会主义经济学家马客士(Maxr)为宗主的；他们的目的，在把现在为社会主义的障碍的国家界限打破，把资本家独占利益的生产制度打破"。

在学习、研究、宣传和运用马克思主义的实践中，李大钊的马克思主义理论水平日益提高。特别是,他从多方面论述了学习和运用马克思主义一定要结合本国具体实际的问题。如他指出:"一个社会主义者,为使他的主义在世界上发生一些影响,必须要研究怎么可以把他的理想尽量应用于环绕着他的实境。"他要求大家:"应该细细的研究马克思的唯物史观,怎样应用于中国今日的政治经济情形。详细一点说,就是依马克思的唯物史观以研究怎样成了中国今日政治经济的情状,我们应该怎样去作民族独立的运动,把中国从列强的压迫之下解放出来。"

在中国先进分子学习、研究、宣传和运用马克思主义的实践中,1919年发生的五四爱国运动,以其彻底地、不妥协地反对帝国主义,彻底地、不妥协地反对封建主义的姿态,成为中国新民主主义革命的开端。其中起决定作用的因素,一是有了马克思主义的思想指导;二是中国工人阶级第一次作为独立了的政治力量登上历史舞台,从而揭开了中国工人阶级领导中国革命的序幕。五四运动从思想上、干部上直接准备了中国共产党的成立。

五四运动后,1919年下半年,李大钊、陈独秀等人同胡适所宣扬的改良主义进行了有理有力的论争,阐明了中国的问题必须从根本上寻求解决的历史唯物主义的革命主张。……在中国共产党成立前后,陈独秀、李达、施存统、蔡和森、李大钊等还围绕着革命的形式、国家的本质等问题,对无政府主义的错误主张进行了严肃的批判,从而帮助大批激进青年比较清楚地区分了马克思主义和无政府主义的界限。许多曾经的无政府主义者放弃了错误信仰,选择了科学社会主义,其中并有一批人后来成长为英勇的共产主义战士。

自1920年8月至1921年春,中国先进分子相继在上海、北京、武汉、长沙、济南、广州等地建立了共产党早期组织;中国留学生在日本东京和法国巴黎也建立了共产党早期组织。在各地共产党早期组织卓有成效地进行多方面工作的基础上,1921年7月23—31日,中国共产党第一次全国代表大会先在上海后移至嘉兴南湖胜利召开。大会通过的《中国共产党第一个纲领》,毫不含糊地向世界宣示:"本党定名为'中国共产党'";本党"承认无产阶级专政,直到阶级斗争结束,即直到消灭社会的阶级区分";"承认苏维埃管理制度,把工农劳动者和士兵组织起来"等。虽然,一大纲领还很不完备,特别是未能提出适合当时中国国情需要的彻底的民主革命纲领——这一任务是一年后由中共二大完成的。但是,一大纲领的这几点宣示,是其最核心、最本质的内容。它把中国共产党的最高理想以及实现这一最高理想的基本途径和方法昭示于天下,从而为中国革命指明了根本航向。

中共一大宣告了中国共产党的成立。"这是中华民族发展史上开天辟地的大事变。从此,中国人民踏上了争取民族独立、人民解放的光明道路,开启了实现国家富强、人民富裕的壮丽征程。"(胡锦涛语)回首中国共产党走过的90年和世界风云的变幻,再看十月革命对中国的影响,我们更加信服毛泽东在《论人民民主专政》(1949年6月30日)一文中所写的话:"十月革命一声炮响,给我们送来了马克思列宁主义。十月革命帮助了全世界的也帮助了中国的先进分子,用无产阶级的宇宙观作为观察国家命运的工具,重新考虑自己的问题。走俄国人的路——这就是结论。"这段话阐明了三个重要观点:(1)十月革命对中国产生影响的核心因素是"给我们送来了马克思列宁主义";(2)"用无产阶级的宇宙观作为观察国家命运的工具",是十月革命给予中国人民的最根本的帮助;(3)基于前两点,这里所说的"走俄国人的路",指的是走十月革命所昭示的社会主义发展方向之路。

——仝华:《那一场震撼世界的伟大革命——俄国十月革命及其对中国的影响》,《党史文汇》2012年第1期,第4—11页

(二)

近代以来,中国社会之演变过程,也是中国知识分子不断反思和批判的过程。中国农村以其历史悠久、地位重要和纷繁复杂,更是备受关注,贫困问题就是其中的焦点之一。这一历史时期,中国农村社会经济发生了许多"进步性"的变化,比如自然经济趋于解体,经济作物专业区域增加,农产品商品化程度提高,手工业经营中的资本主义因素开始成长,农民生活消费结构有了一些新的变化等等,但无论发生什么变化,从维持生存的绝对意义而言,中国农民的物质生活仍是非常贫苦的。以上世纪二三十年代的研究而言,无论是激进派马克思主义学者,还是非激进派学者,尽管对"贫困"标准的理解不尽相同,但在实际调查和分析的基础上,几乎都得出了"绝对贫困"的结论。

······
双因论

所谓双因论,就是认为中国农民的贫困,主要是由于帝国主义的侵略和封建势力的压迫剥削所致。尽管有的论者可能将之细化为诸多因素,但终究归结或概括为这两个方面,具有鲜明的理论色彩。持此观点者,既有马克思主义学者,也有其他从事社会经济研究的学者。这一观点,最为当今中国学界所熟悉。

······
潘东周的主要观点,是地主、军阀、高利贷、商业资本等封建剥削导致了中国农村经济的危机,而这一切又都是受帝国主义控制的。农民所受的封建剥削,第

一是地主,地主利用其土地私有权,向农民收取50%以上的地租。第二是军阀制度之苛捐杂税的剥夺,没有一个地方的农民不承担非常重的负担。第三是高利贷的剥夺,高利贷资本利用农民的贫困,用很高的利息借谷米借钱予农民,使农民得以完成纳税而过最低限度的生活。第四是商业资本的剥夺,城市商人到农村中收买农产品,不付给农民以适当的价值,而压制农民生产品的价格。而这一切剥夺的主要动力,是帝国主义。商业资本事实上是帝国主义的买办,高利贷资本多半是城市钱庄在乡村的代理人,而钱庄又是帝国主义银行的支配物。地主取得了生产品之后,同样是卖给帝国主义的买办。世界上没有一国的农民,还像中国农民这样受剥夺。农民既然受了非常严重的剥夺,以至农村生产技术日益落后,而造成现在的危机。

千家驹对此问题进行了深入研究,并做了非常明确的理论升华。他认为,中国农村所以破产的根本原因,第一是由于帝国主义经济的统治,它要从殖民地农村中榨取更多量的原料,同时又输进农村日用品,经济容量过小的农民抵不住这猛烈的打击,自不得不趋于完全屈服。另外,国际金融资本通过银行、钱庄、商人、地主而对农民作高利贷的剥削,使破产的农民更陷入贫穷。第二是由于残余的封建势力的剥削,这种剥削复可分为经济的与超经济的。高率租佃是使农民破产的一个原因,军阀官僚的榨取是使农民破产的又一个原因。不过,在这里,绝不是把帝国主义者的经济势力与封建势力在农村中的剥削完全对立起来,实际上他们是"二位一体",存在着有机的联系,即帝国主义者维持在中国的封建势力,中国的封建势力则凭借帝国主义而尽了它的代理人的作用。不仅如此,千家驹还对当时一些有影响的改良理论进行了批判。譬如,对中华平民教育促进会的定县农村改良实验理论。千家驹认为,平教会以为中国社会的病根是85%以上农民的"愚穷弱私",但仅知道"愚穷弱私"这种表面的现象是不够的,还必须进一步去追究为什么中国的农民会愚、穷、弱、私?要真正探究起"愚穷弱私"的社会经济基础来,就不能不承认资本帝国主义长期的经济侵略与国内封建势力残酷的剥削是造成中国今日农村破产的主要原因。他还对国联对华技术合作代表拉西曼博士关于中国农业报告书进行了批评。千家驹认为,并不反对农业技术的改良,而是不能把农业技术改良看做今日救济农村的对症良药和唯一的锁钥。只有在社会生产关系已经根本变革了的社会,农业技术改良才有充分的、广大的发展前景。在天灾人祸、水旱交迫、农民求生不遑、求死不得的情形下,我们还怎能希望他们来改良生产技术?农村的金融已枯竭到"欲求一元以购置种子而不可得",还怎能奢想他们来改良农具?单纯再生产都也不能维持了,更哪里说得上扩大的再生产。况且,在现存的社会经济结构下,农民生产所得几至于全部提供给地主们的佃租、政府的苛捐杂税、高利贷者的利钱去了,他们所剩下的往往不足自家的温饱。所以,要解决中国的农村问题,一定会归结到推翻帝国主义在华统治,铲除封建经济剥削这两点上。

薛暮桥对此问题的研究也颇为深入。他认为,促成中国农村经济总崩溃的基本原因,是帝国主义侵略,地主豪绅们的各种半封建剥削,而它的导火线便是灾荒的蹂躏和世界经济恐慌的袭击。灾荒和恐慌的交织,引起农业生产力的极度衰落,耕地缩小,荒地增加,劳动力过剩,都达到了空前的严重程度。在这情势下,中国农民们的生活就陷入最悲惨的境地,树皮草根成了各地贫苦农民们的普通食料。与此同时,他也对当时一些比较流行的观点进行了全面系统的批判。譬如,有的学者把自然条件作为主要的研究对象,认为"人口繁密"和"耕地不足"导致了中国农村破产。薛暮桥却指出,与其说是由于"人口繁密"和"耕地不足",宁可说是由于大批劳力和大批土地因受现存生产关系阻碍无法配合起来比较切实一点,这种矛盾是庸俗的人口论者所不理解的。有的学者把生产技术作为主要的研究对象,认为中国生产技术如此落后,没有力量在世界市场上同人家竞争。薛暮桥却认为,生产技术的落后固然是农村破产的原因之一,但它自身又是受了陈腐的生产关系的约束的结果。不合理的生产关系阻止我们采用机器,农民负担太重,旧式犁耙还怕无钱购置,哪里有能力来买价值昂贵的机器。农村副业破产,都市工业不发达,因采用机器而节省下来的人力没有出路,势必引起更严重的失业问题。总之,在薛暮桥看来,农村是封建势力的大本营,封建地主靠着他们占有的土地,总想束缚农民,强迫农民永远做他们的奴隶。这些封建余孽不能肃清,农业的落后也就成为免不掉的事情。帝国主义侵入中国农村以后,封建势力受了一个严重打击,可是帝国主义的目的是攫取利润,并不是来解放中国农民,也不是改良中国农业。所以,他们非但没有肃清封建余孽,而且多少还在那里利用他们,通过他们来剥削中国农民。这样中国的农民自然更加苦了。因为他们要受两个主子的剥削,中国的农村怎么不会破产呢?
……

金融学家吴承禧认为,中国农村经济崩溃的原因,第一是由于帝国主义者的经济榨取,凡原料的收买、洋货的侵入、手工业的破落等属之。第二是由于豪绅、高利贷、军阀的超经济的剥削,一切苛捐杂税、重利盘剥、征发徭役等等皆属之,此外则尚有天灾一项,也是促使农村经济日趋崩溃的主要原因。农村金融的枯竭,虽是农村崩溃的一种悲惨现象,但它不是农村破产的主要因素,它与农村破产的本质没有多大联系。

经济学者陈振汉也认为,造成中国农村破产之原因,诚极复杂,然苟略加分析，则其主要原因仅为二端，一是帝国主义者的侵略，二是国内政治的紊乱。今日内地手工业的破坏，丝茶外销的衰落，既直接受帝国主义与国外市场竞争的影响；余如国内军阀混战、匪乱，亦莫不直接间接受其影响。至国内战乱频仍，灾荒屡见，税收繁重，皆政治未上轨道的直接结果，而如农民之贫愚弱私，亦莫非政治不良直接间接有以致之。

经济学家吴半农的观点，也是认为帝国主义和封建势力导致了中国农村的贫困化。与千家驹一样，他对中华平民教育促进会的定县改良实验理论也进行了批判。他指出，中国目前到这样"民不聊生""国将不国"的地步，其根本原因决不在愚穷弱私四字，这四个字充其量不过是中国社会四个病态的现象而已，它们其实都是穷的产物，而"穷"是中国农村一个极重要的问题。中国农村为什么这样穷困，其根本原因可分外在的及内在的两方面。外在的方面，第一是帝国主义商品长期的侵入，第二是军阀混战，第三是水旱天灾，第四是匪患，第五是苛捐杂税。至于内在的原因，则是地主、高利贷资本及商人资本三位一体的高度剥削作用。这些都是中国农村急剧贫困化的根本原因，把这些原因归纳起来，我们可以得到两个破坏中国农村，或是说破坏中国社会的主力，一是帝国主义，一是封建势力。

——李金铮：《题同释异——中国近代农民何以贫困》，《江海学刊》2013年第2期，第160—168页

（三）

鸦片战争后很长一段时间内，不少先进的中国人曾把建立西方式的资产阶级共和国视为中国的唯一出路。这在当时是很自然的，也是进步的。但是，无论是康有为等发起的戊戌维新运动还是孙中山等发动的辛亥革命，都迅速遭到了失败。这条路实际上总是走不通。其所以走不通，一方面是由于帝国主义和中国封建买办势力紧密勾结，设置了难以逾越的障碍，另一方面是由于中国民族资产阶级力量十分微弱，而且多数民族资本家关心的主要是自己眼前的经济利益，缺乏远大目标和斗争精神。他们对维新运动尚且不敢积极参加，对革命运动更是疑虑重重。他们害怕革命带来的社会动荡会危及自己的经济利益。他们不但不敢把广大工农群众发动起来去同强大的反动势力进行决死斗争，反而十分害怕工农的发动。在革命爆发前，他们企图以立宪来抵制革命；革命爆发后，他们又以各种方式对革命派施加影响，力促革命派向袁世凯妥协，以便尽快结束革命。中国的资产阶级革命竟得不到资产阶级本身的支持，它遭到失败乃是必然的。

辛亥革命后,不甘心失败的资产阶级民主派曾从不同角度总结教训。……孙中山不同意教育救国、实业救国等主张。他提出,革命失败的原因在于"单破坏地面,没有掘地底陈土(指旧官僚、武人、政客)"。"以后应再有一番大革命,才能够做成一个真中华民国。"但是,怎样才能保证今后的大革命能把"地底陈土"清除干净呢?这个革命要靠什么阶级来领导,靠什么阶级的力量来完成呢?孙中山回答不了这些问题。

十月革命打开了中国人的眼界,推动人们去探索新的出路。李大钊等先进知识分子开始把目光由西方转向苏俄,开始学习马列主义,由资产阶级民主主义者转变为共产主义者。由共产主义者组成的中国共产党用马列主义分析中国的国情,找到了中国真正的出路,这就是经过无产阶级领导的、反帝反封建的新民主主义革命走向社会主义。

孙中山虽然没有接受马列主义,但他也十分重视学习十月革命提供的新经验。他提出:"我党今后之革命,非以俄为师,断无成就","法美共和国皆旧式的,今日惟俄国为新式的。吾人当造成一最新式的共和国"。这表明,中国资产阶级民主派的领袖也对学习西方这条道路产生了怀疑,开始探寻新的出路。

当时,资产阶级民主派中的多数人仍然坚持学习西方的主张。在共产党内,也有人附和这种主张。大革命时期,陈独秀把革命领导权让给资产阶级,认为革命的结果应该是建立西方式的资产阶级共和国。但是,民族资产阶级并没有掌握领导权的能力。结果是领导权落到反动的大资产阶级手中,革命遭到了失败,国民党也蜕变为代表封建地主阶级和官僚买办资产阶级的反动政党。此后,资产阶级民主派进一步分化,一部分倒向右派,一部分转向共产党。另一部分人继续坚持在中国建立资产阶级共和国的道路,他们的号召力远不能与当年的孙中山相比,当年孙中山尚且无法实现的目的,他们自然更无法实现。

总之,在中国近代历史上,虽然曾有不少人把建立西方式的资产阶级共和国当作中国的唯一出路,并曾长期为之奋斗,但这条路始终没有走通,而且越来越走不通。中国人民在共产党领导下走上新民主主义——社会主义的道路之后,中国的历史才出现了转机,半殖民地半封建的中国在不太长的时间内就变成了独立、强大的社会主义中国。历史事实证明,只有新民主主义——社会主义才是中国真正的出路。

但是,有些同志在总结中国近代历史时,却得出了另一种结论。……简要地说,这些同志的观点就是:中国"唯一的出路"是向西方资本主义学习,实现资本主义现代化。只有在实现资本主义现代化以后,才能搞社会主义。这些同志提出的实际上并不是什么新的创见,而只是重复近代资产阶级民主派和陈独秀早已提出并已被历史证明是错误的陈旧观点。这些同志既然以历史学家的身份重新提出这些观点,便理应用历史回答下述问题:为什么被他们宣布为"唯一的出路"的学习西方之路始终没能把中国从半殖民地半封建的苦难深渊中拯救出来,而被他们视为并非出路的新民主主义——社会主义之路却使中国摆脱了帝国主义、封建主义的统治?在外国资本主义压迫下的半殖民地的中国,单靠"学习西方"能不能"使自己现代化"?先现代化、再搞社会主义,在中国是否可能?可是,他们对这些问题却避而不答。实际上,他们也无法回答。

  历史是发展的。在十月革命前,中国人民还不可能找到新民主主义——社会主义这条道路。当时,先进的中国人把建立西方式的资产阶级共和国当作唯一出路是可以理解的。虽然历史证明这样"学习西方"并非真正的出路,但当年他们勇于在黑暗中寻求救国道路的精神至今仍值得我们赞颂。可是,在我国新民主主义革命早已取得胜利、社会主义制度早已建立、社会主义建设已取得伟大成就的今天,我们的某些历史学家仍坚持如此"向西方学习"是中国"唯一的出路"的观点,这绝不是对历史的尊重,而是对历史的嘲弄。

  ——林华国:《评中国近代史研究中的一些重大分歧》,《高校理论战线》2006年第3期,第41—46页

第四章
开天辟地的大事变

学 习 提 示

本章有三节内容,叙述从新文化运动发生到国民革命失败这一历史阶段中国革命从旧民主主义向新民主主义的转变、马克思主义在中国的传播及其与中国工人运动的结合、中国共产党的诞生和中国革命新局面的开辟。通过本章学习,要求学生理解新文化运动兴起、五四运动爆发的主要原因和重大影响;理解马克思主义在中国传播、为中国先进分子所接受并成为中国革命指导理论的历史必然性;理解中国共产党的诞生是马克思主义同中国工人运动相结合的历史产物及其对中国革命的深刻影响;理解国民革命的历史意义和失败原因。

试 题 训 练

(一) 单项选择题

1. 1919年五四运动以前的新文化运动是(　　)。
　　A. 农民阶级民粹主义的文化运动
　　B. 小资产阶级无政府主义的文化运动
　　C. 无产阶级社会主义的文化运动
　　D. 资产阶级民主主义的文化运动
2. 新文化运动的基本口号是(　　)。
　　A. 民主和自由　　　　　　　　B. 平等和博爱

C. 民主和科学　　　　　　　D. 理性和科学

3. 在新文化运动中率先举起马克思主义旗帜的是(　　)。
　　A. 毛泽东　　　B. 蔡和森　　　C. 陈独秀　　　D. 李大钊

4. 1919年五四运动爆发的直接导火线是(　　)。
　　A. 北洋政府与日本签订"二十一条"　B. 北洋政府拒绝恢复《临时约法》
　　C. 巴黎和会上中国外交的失败　　　D. 华盛顿会议上中国外交的失败

5. 中国近代史上第一次彻底的不妥协的反帝反封建斗争运动是(　　)。
　　A. 护国运动　　B. 护法运动　　C. 五四运动　　D. 五卅运动

6. 1919年5月爆发的五四运动是(　　)。
　　A. 中国旧民主主义革命阶段的开端
　　B. 中国新民主主义革命阶段的开端
　　C. 中国社会主义革命阶段的开端
　　D. 世界社会主义革命阶段的开端

7. 陈独秀开始对资本主义采取批判态度,促使他对西方的认识发生变化的直接原因是(　　)。
　　A. 日本对德宣战,出兵山东
　　B. 中国在巴黎和会上的外交失败
　　C. 苏俄宣布废除从前同中国签订的一切不平等条约
　　D. 美国不愿放弃在华种种特权

8. 在中国早期信仰马克思主义的先进分子中,来自于五四爱国运动左翼骨干的代表是(　　)。
　　A. 陈独秀　　　B. 毛泽东　　　C. 李大钊　　　D. 董必武

9. 1920年建立的中国最早的共产党组织是(　　)。
　　A. 北京共产主义小组　　　　B. 上海共产主义小组
　　C. 武汉共产主义小组　　　　D. 广州共产主义小组

10. 1914年至1918年的第一次世界大战,是一场空前残酷的大屠杀。它改变了世界政治的格局,也改变了各帝国主义国家在中国的利益格局,对中国产生了巨大的影响。大战使中国的先进分子(　　)。
　　A. 对中国传统文化产生怀疑
　　B. 对西方资产阶级民主主义产生怀疑
　　C. 认识到工人阶级的重要作用
　　D. 认识到必须优先改造国民性

11. "十月革命一声炮响给中国送来了马克思列宁主义",五四运动后,马克思列宁主义得到广泛传播。在中国最早讴歌十月革命、比较系统地介绍马克思主义的是（　　）。

　　A. 陈独秀　　　　　B. 李大钊　　　　　C. 毛泽东　　　　　D. 瞿秋白

12. 1921年诞生的中国共产党是（　　）。

　　A. 新文化运动与中国革命相结合的产物

　　B. 中国知识分子与工人阶级相结合的产物

　　C. 五四运动与中国革命相结合的产物

　　D. 马克思主义与中国工人运动相结合的产物

13. 中国共产党第一次明确提出反帝反封建民主革命纲领的会议是（　　）。

　　A. 中共一大　　　　　　　　　B. 中共二大

　　C. 中共三大　　　　　　　　　D. 中共四大

14. 1921年9月，中国共产党领导成立的第一个农民协会是在（　　）。

　　A. 浙江省萧山县　　　　　　　B. 广东省海丰县

　　C. 湖南省湘潭县　　　　　　　D. 福建省上杭县

15. 中国共产党正式确定第一次国共合作方针和办法的会议是（　　）。

　　A. 中共二大　　　　　　　　　B. 中共西湖会议

　　C. 中共三大　　　　　　　　　D. 中共瓦窑堡会议

16. 第一次国共合作正式形成的标志是（　　）。

　　A. 中国共产党一大的召开　　　B. 中国共产党三大的召开

　　C. 中国国民党一大的召开　　　D. 中国国民党三大的召开

17. 第一次国共合作的政治基础（　　）。

　　A. 中共一大制定的最高纲领　　B. 孙中山提出的三民主义

　　C. 中共二大制定的最低纲领　　D. 孙中山提出的新三民主义

18. 新三民主义成为第一次国共合作的政治基础，是由于新三民主义的政纲（　　）。

　　A. 同中国共产党在民主革命阶段的纲领基本一致

　　B. 把斗争的矛头直接指向北洋军阀

　　C. 体现了联俄、联共、扶助农工三大革命政策

　　D. 把民主主义概括为"平均地权"

19. 第一次国共合作建立后，全国范围的大革命高潮兴起的起点是（　　）。

　　A. 五四运动　　B. 香港海员罢工　　C. 五卅运动　　D. 省港工人罢工

20. 全国第一次工人运动高潮形成的时期是（　　）。

　　A. 1922年1月至1923年2月　　　B. 1921年7月至1922年1月

　　C. 1919年5月至1921年7月　　　D. 1919年5月至1922年1月

21. 中国共产党决定加入共产国际是在（　　）。
    A. 中共一大　　　B. 中共二大　　　C. 中共三大　　　D. 中共四大
22. 1927年，蒋介石在上海制造的破坏国共合作的事件是（　　）。
    A. 中山舰事件　　　　　　　　B. 整理党务案事件
    C. 四一二政变　　　　　　　　D. 七一五政变
23. 1927年，汪精卫在武汉制造的导致国共合作全面破裂的事件是（　　）。
    A. 中山舰事件　　　　　　　　B. 整理党务案事件
    C. 四一二政变　　　　　　　　D. 七一五政变

（二）多项选择题

1. 新文化运动的主要阵地是（　　）。
   A. 北京大学　　　　　　　　　B. 中山大学
   C.《新青年》杂志　　　　　　　D.《湘江评论》编辑部
2. 在1919年6月5日后，五四运动发生的重要转变是（　　）。
   A. 运动的中心从北京转到西安　　B. 运动的中心从北京转到上海
   C. 运动的主力从学生转为工人　　D. 运动的主力从工人转为农民
3. 五四运动具有的历史特点是（　　）。
   A. 反帝反封建的彻底性
   B. 真正的群众运动
   C. 促进了马克思主义在中国的传播
   D. 促进了马克思主义与中国工人运动的结合
4. 新文化运动高举民主、科学两面大旗，向封建主义思想发动了前所未有的冲击。新文化主义的历史意义有（　　）。
   A. 是中国历史上一次前所未有的启蒙运动
   B. 为马克思主义在中国传播创造有利条件
   C. 在社会上掀起一股思想解放浪潮
   D. 彻底否定孔学历史作用
5. 中国早期信仰马克思主义的先进分子的主要类型是（　　）。
   A. 五四以前的新文化运动的精神领袖
   B. 五四爱国运动的左翼骨干
   C. 一部分原中国同盟会的会员
   D. 中国产业工人中的优秀分子
6. 在中国早期信仰马克思主义的先进分子中，来自辛亥革命时期的活动家的是(　　　)。
   A. 杨匏安　　　B. 董必武　　　C. 吴玉章　　　D. 林伯渠

7. 在中国早期马克思主义者的队伍中,作为先驱者和擎旗人的是(　　　)。
   A. 陈独秀　　　B. 李大钊　　　C. 毛泽东　　　D. 蔡和森

8. 中国各地共产党早期组织成立后着重进行的工作是(　　　)。
   A. 研究和宣传马克思主义
   B. 建立革命统一战线
   C. 到工人中去开展宣传和组织工作
   D. 进行关于建党问题的讨论和实际组织工作

9. 中国共产党早期组织的成员同反马克思主义思潮进行的主要论战是(　　　)。
   A. 同康有为关于"改良与革命"的论战
   B. 同胡适围绕"问题与主义"的论战
   C. 同张东荪等关于社会主义的论战
   D. 同无政府主义的论战

10. 中国早期共产党组织成立后出版的工人通俗刊物有(　　　)。
    A.《劳动界》　　　　　　　　B.《劳动音》
    C.《工人月刊》　　　　　　　D.《济南劳动月刊》

11. 1921年中国共产党的成立,是中国革命历史上划时代的里程碑,中国革命从此焕然一新。从此中国革命有了(　　　)。
    A. 正确的革命道路　　　　　B. 科学的指导思想
    C. 坚强的领导力量　　　　　D. 崭新的奋斗目标

12. 中共二大制定的民主革命纲领的主要内容是(　　　)。
    A. 打倒军阀　　　　　　　　B. 推翻国际帝国主义的压迫
    C. 统一中国为真正的民主共和国　D. 实现共产主义

13. 在中国工人运动第一个高潮中,中国共产党领导的罢工斗争有(　　　)。
    A. 香港海员罢工　　　　　　B. 安源路矿工人罢工
    C. 开滦五矿工人罢工　　　　D. 京汉铁路工人罢工

14. 中国国民党第一次全国代表大会实际上确立的三大政策是(　　　)。
    A. 联俄　　　B. 联共　　　C. 打倒军阀　　　D. 扶助农工

15. 1926年,以推翻北洋军阀统治为目标的北伐战争的主要对象是(　　　)。
    A. 皖系军阀段祺瑞　　　　　B. 直系军阀吴佩孚
    C. 直系军阀孙传芳　　　　　D. 奉系军阀张作霖

16. 1927年,中国人民在北伐战争胜利进军推动下收回的租界是( )。
    A. 广州法租界　　　　　　　　B. 上海法租界
    C. 汉口英租界　　　　　　　　D. 九江英租界
17. 1925年至1927年的大革命与辛亥革命相比较,其不同点在于( )。
    A. 它广泛而深刻地发动了工农群众
    B. 它的主要斗争形式是武装斗争
    C. 它的革命对象是帝国主义和封建军阀
    D. 它是在以国共合体为基础的统一战线的组织下进行的

(三)辨析题

1. 俄国十月革命的胜利推动了中国先进分子在思想上转向社会主义。
2. 新文化运动是中国新民主主义革命阶段的开端。
3. 中国共产党的成立是中华民族发展史上一个开天辟地的大事变。
4. 三民主义是第一次国共合作的政治基础。
5. 1925年至1927年中国反帝反封建的国民革命是一场规模宏伟的大革命。

(四)简答题

1. 五四以前新文化运动的历史意义和历史局限。
2. 中国早期马克思主义者队伍的形成和早期马克思主义思想运动的特点。
3. 中国共产党成立的历史特点。
4. 中国共产党在大革命中的历史作用。

(五)论述题

1. 中国共产党成立的历史特点和意义。
2. 1925—1927年大革命的失败原因和历史意义。

参 考 答 案

(一)单项选择题

1. D 2. C 3. D 4. C 5. C 6. B 7. B 8. B 9. B 10. B 11. B 12. D 13. B

14. A 15. C 16. C 17. D 18. A 19. C 20. A 21. B 22. C 23. D

(二)多项选择题

1. AC 2. BC 3. ABCD 4. ABC 5. ABC 6. BCD 7. AB 8. ACD 9. BCD
10. ABCD 11. BCD 12. ABC 13. ABCD 14. ABD 15. BCD 16. CD 17. ACD

(三)辨析题

1. 正确。 第一,十月革命给予中国人的一个启示是,经济文化落后的国家也可以用社会主义思想指引自己走向解放之路。第二,十月革命诞生的社会主义俄国号召反对帝国主义,并以新的平等的态度对待中国,有力地推动了社会主义思想在中国的传播。第三,十月革命中俄国工人、农民和士兵群众的广泛发动并由此赢得胜利的事实,给予中国的先进分子以新的革命方法的启示,推动他们去研究这个革命所遵循的主义。

2. 错误。 五四运动具有以辛亥革命为代表的旧民主主义革命所不具备的特点,主要是:第一,五四运动表现了反帝反封建的彻底性。第二,五四运动是一次真正的群众运动。第三,五四运动促进了马克思主义在中国的传播及其与中国工人运动的结合,为1921年中国共产党的成立作了思想上和干部上的准备。正因为五四运动具备了上述新的历史特点,它也就成了中国革命的新阶段即新民主主义革命阶段的开端。

3. 正确。 中国共产党是马克思主义在中国传播及其与中国工人运动相结合的历史产物。中国共产党的成立,给灾难深重的中国人民带来了光明和希望。中国人民的斗争之所以屡遭挫折和失败,重要原因之一,是由于没有一个先进的坚强的政党作为凝聚自己力量的领导核心。自从有了中国共产党,这种局面就根本改变了。中国共产党一经成立,就把实现共产主义作为党的最高理想和最终目标,义无反顾肩负起实现中华民族伟大复兴的历史使命。中国共产党人的初心和使命,就是为中国人民谋幸福,为中华民族谋复兴。这个初心和使命是激励中国共产党人不断前进的根本动力。中国共产党的成立,深刻改变了近代以后中华民族发展的方向和进程,深刻改变了中国人民和中华民族的前途和命运,深刻改变了世界发展的趋势和格局。因此,中国共产党的成立是中华民族发展史上一个开天辟地的大事变。

4. 错误。 1924年中国国民党一大通过的宣言对三民主义作出了新的解释:在民族主义中突出了反帝的内容,强调对外实行中华民族的独立,同时主张国内各民族一律平等;在民权主义中强调了民主权利应为"一般平民所共有",不应为"少数人所得而私";在民生主义中则提出了"平均地权"和"节制资本"两大原则,并提出要改善工农的生活状况。这个新三民主义的政纲同中共在民主革命阶段的纲领基本一致,因而成为国共合作的政治基础。

5. 正确。 1924年第一次国共合作的形成,加快了中国革命前进的步伐。1925年5月,以五卅运动为起点,掀起了全国范围的大革命高潮。国民革命军举行了征讨地方军阀陈炯明、邓本殷的广东战争,统一并巩固了广东革命根据地。1926年7月,以推翻北洋军阀统治为目标的北伐战争开始。国民革命军在工农群众的支援下,先后基本上摧毁了北洋军阀吴佩孚、孙传芳的主力,革命势力发展到了长江流域和黄河流域的大部地区。随着北伐的胜利进军,中国形成了历史上空前广大的人民解放运动,帝国主义、封建主义的统治受到严重的打击。1925 年至 1927 年中国反帝反封建的革命,比之以往任何一次革命,群众的动员程度更为广泛、斗争的规模更加宏伟、革命的社会内涵更其深刻,因此被称作大革命。

(四) 简答题

1. 新文化运动的倡导者提倡民主、反对专制,提倡科学、反对迷信盲从,是切中时弊的。正因为如此,这两个口号在当时即获得了人们广泛的赞同,并产生了深远的影响。新文化运动的倡导者并没有因为批判孔学就否定中国的全部传统文化。新文化运动的倡导者们在社会上掀起了一股思想解放的潮流。五四以前的新文化运动存在的历史局限:第一,新文化运动的倡导者批判孔学,是为了给中国发展资本主义扫清障碍。第二,他们把改造国民性置于优先的地位。第三,那时的许多领导人物,还没有马克思主义的批判精神,他们使用的方法,一般地还是资产阶级的方法。

2. 五四运动以后,中国一批先进分子经过各自的摸索,逐步划清了资产阶级民主主义和无产阶级社会主义、科学社会主义和其他社会主义流派的界限,走上了马克思主义的道路。他们主要有三种类型:五四以前的新文化运动的精神领袖,其代表是李大钊、陈独秀;五四爱国运动的左翼骨干,其代表为毛泽东等;一部分原中国同盟会会员、辛亥革命时期的活动家,其代表为董必武等。中国早期马克思主义者在中国掀起的马克思主义思想运动具有以下几个特点:第一,重视对马克思主义基本理论的学习,明确地同第二国际的社会民主主义划清界限。第二,注意从中国的实际出发,学习、运用马克思主义的理论。第三,开始提出知识分子应当同劳动群众相结合的思想。

3. 中国共产党是在特定的社会历史条件下成立的。一方面,它成立于俄国十月革命取得胜利和第二国际社会民主主义、修正主义遭到破产之后,它所接受的是马克思主义的科学社会主义。另一方面,它是在半殖民地半封建中国的工人运动的基础上产生的。中国工人阶级身受帝国主义者、本国资产阶级和封建势力的三重压迫,具有坚强的革命性。所以,中国共产党一开始就是一个以马克思列宁主义理论为基础的党,是一个区别于第二国际旧式社会改良党的新型工人阶级革命政党。

4. 在国民革命中,中国共产党起着独特的、不可代替的作用。因为:大革命是在反对帝国主义、反对军阀的政治口号下进行的。而提出这个口号的,正是中国共产党。大革命是在以国共合作为基础的统一战线的组织形式下进行的。而中国共产党正是国共合作的倡导者和统一战线的组织者。大革命是近代中国历史上空前广泛而深刻的群众运动。而中国共产党正是人民群众的主要发动者和组织者。经过共产党人的深入细致的工作,中国人民的力量逐步地组织起来,为国民革命的发展、广东战争和北伐战争的胜利奠定了群众基础。大革命的主要斗争形式是革命战争。共产党人不仅帮助和推动了国民革命军的建立,而且在军队中进行了卓有成效的政治工作,增强它的凝聚力和战斗力;共产党员在战斗中更是身先士卒,起着先锋作用和表率作用。

(五) 论述题

1. 中国共产党是在特定的社会历史条件下成立的：一方面，它成立于俄国十月革命取得胜利，第二国际社会民主主义、修正主义遭到破产之后。它所接受的是马克思主义的完整的科学世界观和社会革命论，是在帝国主义和无产阶级革命时代发展了的马克思主义即列宁主义，是在斗争中同资产阶级、小资产阶级社会主义划清了界限的科学社会主义。另一方面，它是在半殖民地半封建中国的工人运动的基础上产生的。中国工人阶级身受帝国主义者、本国资产阶级和封建势力的三重压迫，具有坚强的革命性。在这个阶级中，不存在欧洲那种工人贵族阶层，没有社会改良主义的基础。而且在半殖民地的中国，工人阶级根本不可能进行和平的议会斗争，他们很少可能对资产阶级民主制度抱有期望。所以，中国共产党一开始就是一个以马克思列宁主义理论为基础的党，是一个区别于第二国际旧式社会改良党的新型工人阶级革命政党。

中国共产党的成立是中华民族发展史上一个开天辟地的大事变。中国共产党是马克思主义在中国传播及其与中国工人运动相结合的历史产物。中国共产党的成立，给灾难深重的中国人民带来了光明和希望。中国人民的斗争之所以屡遭挫折和失败，重要原因之一，是由于没有一个先进的坚强的政党作为凝聚自己力量的领导核心。自从有了中国共产党，这种局面就开始从根本上改变了。中国共产党一经成立，就把实现共产主义作为党的最高理想和最终目标，义无反顾肩负起实现中华民族伟大复兴的历史使命。中国共产党人的初心和使命，就是为中国人民谋幸福，为中华民族谋复兴。这个初心和使命是激励中国共产党人不断前进的根本动力。中国共产党的成立，深刻改变了近代以后中华民族发展的方向和进程，深刻改变了中国人民和中华民族的前途和命运，深刻改变了世界发展的趋势和格局。

2. 大革命失败的原因，从客观方面来讲，是由于反革命力量的强大，是由于资产阶级发生严重的动摇、统一战线出现剧烈的分化，是由于蒋介石集团、汪精卫集团先后被帝国主义势力和地主阶级、买办资产阶级拉进反革命营垒里去了。从主观方面来说，是由于中国共产党的中央领导机关在大革命的后期犯了以陈独秀为代表的右倾机会主义的错误，放弃了无产阶级对于农民群众、城市小资产阶级和民族资产阶级的领导权，尤其是武装力量的领导权，使大革命遭到了失败。

这场失败了的革命，实际上是未来胜利的革命的一次伟大的演习。因为正是在这个时期，中国共产党人进行了轰轰烈烈的革命工作，领导了全国反帝反封建的伟大斗争，在中国革命史上写下了光荣的一页，同时开始探索马克思主义中国化的途径，初步提出了无产阶级领导的、人民大众的、反帝反封建的新民主主义革命的基本思想，并且从大革命的失败中汲取了严重的历史教训，开始懂得进行土地革命和掌握革命武装的重要性。正是由于经历了这场大革命，中国人民的觉悟程度和组织程度有了明显的提高，中国共产党开始掌握一部分革命武装。这些，为把中国革命推进到一个新的阶段——土地革命战争阶段准备了必要的条件。

延 伸 阅 读

（一）

　　基本上，五四运动一发生，很多人就感觉到其划时代的意义。前引恽代英所说"自从五四运动以来"是几年后的事，而黄日葵在1920年初就一则说"自从五四运动以后"，再则说"自从五四之后"；那时距学生运动不过几个月，他却明显感觉到什么都不一样了，就连外国也"上自一党的党务，下至个人的事业"，都在这一年开始之时，"陡然呈活泼泼的现象"。外国是否真有那些变化且不论（恐怕更多是黄氏自己心里动，所以看着外界也陡然活泼），这样的心态却很能体现不少人心目中五四带来的即时变化。

　　学生辈对当下的感觉似更敏锐，罗家伦对那几年的"分期"就颇为细致，以为"欧战以后，中国才发生'批评的精神'；五四以后，中国才发生'革命的精神'"。而"要救中国，就靠在这两种精神上"。若中国的"革命精神"始自五四，则其言外之意，不过十多年前的辛亥鼎革，便算不上"革命"，或只是一次没有"精神"的革命。也许是民国二三年后国人对"尝试共和"的失望太强烈，致使青年读书人在记忆中抹去了不久前的武力革命；更可能的是，一个兼具批评和革命精神的"五四运动"之所以能出现，已反衬出此前的革命即使存在也几乎是有等于无。

　　老师辈关于五四的历史对比，则多直指向辛亥革命前后。陶履恭就说，清末也有学生运动，但"学生运动成了弥漫全国的'精神唤醒'，总要算是在'新思潮'发生已后。他的诞生日，就是民国八年五月四日。"沈仲九则提出，清末"改革的事业都是由地方而中央"，那时北京学生的表现"是不及各省的"。五四就不一样了，"北京的学界，居然为全国新思想的发源地。因为有新思想，于是遂有'五四运动'的事实，这是北京学生进步的表现。"而且，清末学生"也有做革命事业的"，但"都是离了学生的地位"的"个人行动"；五四时的学生，则是"用学生的资格，大家联合起来，去做关系国家社会的事业"。其意虽不在革命，倒更像是"学生造反"。

　　综合师生两辈的即时观感，可知五四的特点一是更能凸显其有"思想"有"精神"，二是学生体现出进一步的群体自觉。前者与新文化运动关联密切，使五四在后人认知中轻易地从狭义延展到广义；后者提示出"学生"这一近代新教育的社会成果日渐脱颖而出，却越来越疏离于学术和教育本身。沈仲九的观察视角有些特别，却不无所见。晚清从改革到革命，多数时候确实呈现出"由地方而中央"的态势；那时京师大学堂的学生，也的确没什么推动全国思想的表现。

沈氏说五四象征着以学生自己的认同联合起来"做关系国家社会的事"，也是一个卓见。蔡元培便指出，五四的一个变化就是学生"化孤独为共同"，不仅"自己与社会发生了交涉，同学彼此间也常须互助，知道单是自己好，单是自己有学问有思想不行"，必须"将学问思想推及于自己以外的人"。因此，"化孤独的生活为共同的生活，实是五四以后学生界的一个新觉悟"。曾任五四学生游行领导的傅斯年后来论"科学"在中国的历程时说，"五四"前已有不少人立志于科学，但"科学成为青年的一般口号，自'五四'始"；正是五四使科学从"个人的嗜好"变成了"集体的自觉"。不仅科学，在其他很多方面，五四也起到了变"个人嗜好"为"集体自觉"的类似催化作用。

——罗志田：《课业与救国：从老师辈的即时观察认识"五四"的丰富性》，《近代史研究》2010年第3期，第19—36页

（二）

第四阶段：1920年8月到1921年7月，这是中国早期共产主义者选定以马列主义作为中国变革发展的指导思想，并创建中国共产党的阶段。

五四运动后，随着马克思列宁主义在中国越来越广泛深入的传播，以及工人阶级政治觉悟的提高和斗争精神的增强，创建一个以马克思列宁主义为指导的无产阶级革命性质的政党便成为必然的历史选择了。这是十月革命给中国"送来"马克思列宁主义的标志性成果。1920年春天，李大钊、陈独秀等人便开始酝酿、探索建立中国共产主义政党问题。这年4月，维经斯基来华与李大钊、陈独秀商讨了建党事宜，促进了建党的进程。经过积极的筹组活动，1920年8月陈独秀等人在上海创立了第一个共产党早期组织，肩负起发起和筹建全国性共产党组织的重任，从而正式拉开了创建中国共产党的序幕。之后，李大钊等人在北京建立了共产主义小组，湖北、湖南、山东、广东等地，以及在日本和法国的留学生中，也相继建起了早期共产主义组织。

中国早期共产主义组织创建后，更加积极地开展马克思列宁主义的研究和宣传工作，相继翻译出版了《共产党宣言》、《国家与革命》等马列主义经典著作，以及多种宣传马克思主义的通俗读物。上海党的发起组于1920年9月把《新青年》杂志（从八卷一号开始）改为党的理论刊物；同年11月，又创办了《共产党》月刊，秘密在全国各大城市发行，第一次在中国大地竖起了"共产党"的革命旗帜。

这时期，各地共产主义小组还创办了一批面向工人进行宣传的期刊，上海有《劳动界》，北京有《劳动音》和《工人月刊》，济南有《济南劳动月刊》，广州有《劳动者》等。这些期刊结合工人的实际情况，深入浅出地讲解马列主义原理，阐述工人阶级的历史使命和争取解放的道路，对工人进行阶级意识的启蒙教育。与此同时，各地共产主义小组还积极深入工人群众，举办工人夜校，建立工会组织。1920年11月和12月，上海共产主义小组领导工人群众成立了上海机器工会、印刷工会。1921年1月，北京共产主义小组在长辛店开办了劳动补习学校，李大钊、邓中夏等常到这里给工人讲述文化知识和革命理论，调查研究工人状况，指导工人运动的开展。这一年的五一国际劳动节，长辛店一千多工人举行纪念大会，并通过了组建工会的决定。这时期各地还建立了一些社会主义青年团，吸收进步青年学习马列主义，参加革命活动，发挥了党组织的有力助手和后备军作用。

由于各地共产主义小组积极有效地进行活动，为建立全国性共产党组织创造了基本条件。1921年6月共产国际派马林等到上海帮助筹建中国共产党。经党的上海发起组的努力准备，1921年7月23日—31日，中国共产党的第一次全国代表大会在上海召开。大会讨论通过了党的第一个纲领。纲领规定：党的名称是"中国共产党"；奋斗目标是推翻资产阶级，建立无产阶级专政，废除资本所有制，消灭阶级差别，一切生产资料归社会所有。大会还通过了关于实际工作的决议，确定党的基本任务是组织工人阶级，领导工人运动的开展。这次大会正式宣告了中国共产党的成立，一个以马列主义为指导的、以实现共产主义为目标的、统一的工人阶级革命政党出现在中国大地上。它的诞生具有划时代的意义，开辟了中国革命新的航程，使灾难深重的中国人民有了翻身解放的希望，使备受列强欺凌的贫穷落后的中国有了自强振兴的光明前景。就此，毛泽东曾指出："自从有了中国共产党，中国革命的面目就焕然一新了。这个事实难道还不明显吗？"

至此，可以说，十月革命给中国"送来"马克思列宁主义的使命得以实现。毛泽东所说的"送来"，不是一个永动的过程，它应该有自己的下限。本文第一部分已论及到，毛泽东说的"送来"是有特定意指的，就是俄国十月革命的胜利，促使中国人真正了解了马克思主义的理论真谛，认识到它在中国的实践价值，自觉地选定马克思列宁主义作为指导中国社会革命的思想武器。这一"意指"的完成，就是给我们"送来"马克思列宁主义的下限，其重要标志就是中国共产党的诞生。当然，这并不意味着之后再也没有给我们"送来"马克思列宁主义之事了，继续"送来"还是有的，但已经不是毛泽东所说的具有特定意指的"送来"了，不是毛泽东所讲的中国人"寻找"和"找到"马克思列宁主义涵义上的"送来"了。

——李爱华：《对十月革命"送来"马克思列宁主义的新思考》,《当代世界社会主义问题》2017年第3期,第17—32页

（三）

首先,"二大"对当时的世界形势和中国社会状况做出比较全面正确的分析和把握。

中共"一大"时中国共产党人认为中国是资产阶级统治的社会,所要进行的是社会主义革命,最终目标是实现共产主义。这从1920年11月中共发起组制定的《中国共产党宣言》和"一大"通过的党纲的内容中可以看出。《宣言》说："共产主义者的目的是要按照共产主义者的理想,创造一个新的社会,但是要使我们的理想社会有实现的可能,第一步就得铲除现在的资本制度。"《纲领》说："革命军队必须与无产阶级一起推翻资本家阶级的政权",实际上"一大"通过的纲领依据的只是马克思主义的一般原理和俄国革命的经验。当时的中国共产党人对中国社会的状况和革命性质的认识还是模糊的,对中国社会状况还没有来得及做深入的研究和分析。而经过一年来通过对马克思列宁主义理论的进一步学习和对革命实践工作的总结,中国共产党对中国社会状况和革命道路的探索,取得了长足的进步,中共"二大"通过的《关于"世界大势与中国共产党"的决议案》《关于"帝国主义与中国和中国共产党"的决议案》和《中国共产党第二次全国大会宣言》,对当时的世界形势和中国革命的关系、中国社会状况和革命性质等问题做了比较详细全面的分析和阐述。"二大"《宣言》回顾了鸦片战争以来中国社会经济的发展线索,提出了构成中国社会性质的两个要素：一方面,"帝国主义列强既然在中国政治经济上只有支配的实力,因此中国一切重要的政治经济,没有不受他们操纵的",这就决定了中国社会的半殖民地性质；另一方面,"又因现尚停留在半原始的家庭农业和手工业的经济基础上面,工业资本主义化的时期还是很远,所以在政治方面还处于军阀官僚的封建制度把持之下"这又决定了中国社会的半封建性质。"二大"《宣言》于是郑重指出："各种事实证明,加给中国人民（无论是资产阶级、工人和农人）最大的痛苦的是资本帝国主义和军阀官僚的封建势力,因此反对那两种势力的民主主义的革命运动是极其有意义的。"因此,从当时中国社会的性质看,中国是一个半殖民地半封建的社会,中国应该先进行民主革命,革命的对象是帝国主义和封建军阀。"二大"《关于"世界大势与中国共产党"的决议案》则认为,当时"世界的资产阶级正向着无产阶级进攻","第三国际召集全世界的无产阶级建立一个联合的战线,共同抵御资本家目前的进攻"。

中国革命既然是世界革命的一部分,中国共产党就应该加入共产国际,把自己融入到世界革命的潮流之中。

——徐云根:《从"一大"到"二大"——论中共"二大"的历史进步和时代局限》,《上海党史与党建》2007年9月号,第12—16页

(四)

三、反帝主张变化对国共关系的影响

中国共产党的急进方针扩展了国民革命的反帝斗争,也由此对国共关系和国共合作的格局产生相应的影响。从根本上讲,由于奉行的主义和最终目标不同,在孙中山逝世后国民党右派势力抬头的背景下,国共两党分手是势在必行。国民党"一大"之后,国民党内有一种意见认为,共产主义与三民主义"有很大的不同","所以同共产党人合作是不可能的,共产党人应当离开国民党"。鲍罗廷曾于1926年预言,"北伐打到北京,国共便要分家"。长期以国民党左派面貌出现的汪精卫,"分共"之后亦说:"到了一个时机,国民党要将国民革命带往三民主义那条路去,共产党要将国民革命带往共产主义那条路去,其势非冲突不可。即使时机未至,而个人已不能不做那必要的准备,所以容共之后,必定分共,是不可免的。不过容共时候,不能说出来。"蒋介石"清党"之后,汪精卫尚保持与中共的合作关系,但内心已有分手准备,只是"大家都不说出来便了"。李平心说,汪精卫当时不赞成蒋介石进行"清党","注重在党纪,不是牢牢的不肯分共。所以他后来在汉口分共,也是无足异的。"这种必然性又体现在各种具体原因之中,两党反帝主张的差异,便是其中的一个重要因素。

从一开始,中共便与国民党,尤其与该党右派在反帝问题上存在矛盾和芥蒂。国民党"一大"提出了废除不平等条约的反帝纲领,成为国民革命的重要目标,但这是在共产国际和中国共产党帮助下确立的。当时,"甚至最杰出的国民党人在思想上都是令人难以置信的一片混乱",他们"把自己的全部注意力都放在国内局势上",很少"谈论"和"考虑废除不平等条约"。起草"一大"宣言之时,国民党右派极力反对废除不平等条约的反帝纲领,甚至将此诬为中共阴谋。他们"怕租界里不能安居乐业",又怕亡命时"得不着领事签字的护照",因此将反帝口号"诋为不度德,不量力,不识时务"。显然,废约反帝纲领作为两党合作的重要政治基础,自始便不够坚实。孙中山逝世之后,国民党右派势力缺乏强有力的制约,逐渐猖獗起来。当北伐战争胜利推进,直接与帝国主义发生冲突之时,国共在反帝问题上的分歧发展为影响两党关系的重要因子。一方面,国民党为了尽快建立全国政权,对帝国主义的态度愈益走向妥协。另一方面,中共转向急进

的反帝方针,与国民党的妥协立场格格不入。两党不同的反帝立场呈现了一道明显的缝隙,给帝国主义列强分化革命队伍提供了可乘之机。它们拉拢国民党右派,通过各种手段向左派施压而迫使他们转向,以排斥共产党势力。国共合作的这一重要政治基础,面临着严峻的危机,最终促使两党分道扬镳。

  对于国民党而言,虽在"一大"接受了废除不平等条约的反帝主张,却更注重建立一党政权,因此不惜与帝国主义妥协,分裂统一战线。他们只想"由帝国主义的承认以取得统一中国的政权",甚至提出,"现在北伐要紧,我们应该停止打倒帝国主义的口号"。或者说,"列强有承认国民政府的意思了,我们应该停止反帝国主义的运动,免生阻力"。

——李育民:《第一次国共合作时期中国共产党反帝主张的变化及其影响》,《近代史研究》2015年第4期,第32—51页

第五章
中国革命的新道路

学习提示

本章有两节内容,叙述从土地革命战争兴起到中国工农红军长征胜利这一历史阶段,面对国民党南京政权军事独裁统治的白色恐怖,中国共产党人以坚定的意志努力探索中国革命发展新道路、以顽强的精神独立领导中国革命艰难前行的斗争历程。通过本章学习,要求学生认识国民党南京政府代表大地主大资产阶级利益的反动本质;认识中国革命的艰巨性,特别是理解中国革命走农村包围城市、武装夺取政权道路的必要性和长期性;认识中国共产党将马克思主义普遍真理与中国革命具体实践相结合的艰辛和历史必然。

试题训练

(一) 单项选择题

1. 1928年10月,国民党中央常务委员会通过的废除议会制度的文件是(　　)。
   A.《中华民国临时约法》　　　　B.《中华民国约法》
   C.《军政纲领》　　　　　　　　D.《训政纲领》

2. 1928年12月,在东北宣布"改易旗帜"、服从国民党南京国民政府的是(　　)。
   A. 张学良　　B. 冯玉祥　　C. 张作霖　　D. 冯国璋

3. 中国共产党在大革命向土地革命战争转变的关键时刻召开的重要会议是(　　)。

A. 八七会议　　　　　　　　　　B. 古田会议
C. 遵义会议　　　　　　　　　　D. 洛川会议

4. 中共八七会议确定总方针是（　　）。
A. 推翻北洋军阀黑暗统治
B. 开辟农村革命根据地
C. 土地革命和武装反抗国民党反动统治
D. 建立工农民主统一战线

5. 毛泽东在中共八七会议上提出的著名论断是（　　）。
A. 没有调查，没有发言权　　　B. 须知政权是由枪杆子中取得的
C. 兵民是胜利之本　　　　　　D. 一切反动派都是纸老虎

6. 中国共产党独立领导革命战争、创建人民军队和武装夺取政权的开端是（　　）。
A. 南昌起义　　　　　　　　　　B. 秋收起义
C. 广州起义　　　　　　　　　　D. 百色起义

7. 1927年9月9日，毛泽东领导发动的武装起义是（　　）。
A. 海陆丰秋收起义　　　　　　B. 湘赣边界秋收起义
C. 黄麻起义　　　　　　　　　　D. 湘南起义

8. 1927年10月，毛泽东率领秋收起义部队创建的农村革命根据地是（　　）。
A. 闽浙赣革命根据地　　　　　B. 湘鄂西革命根据地
C. 左右江革命根据地　　　　　D. 井冈山革命根据地

9. 中国共产党在领导人民革命的过程中，积累了丰富的经验，塑造出了有效的克敌制胜的武器，武装斗争就是中国共产党在中国革命中战胜敌人的重要法宝之一，其实质是（　　）。
A. 无产阶级的反帝国主义战争　B. 资产阶级领导的反封建战争
C. 工农联合的反军阀战争　　　D. 工人阶级领导的农民战争

10. 古田会议总结了红军创立以来的经验，通过了著名的古田会议决议。决议的中心思想是（　　）。
A. 中国共产党必须服从共产国际的领导
B. 武装斗争是中国革命的主要形式
C. 在农村根据地广泛开展土地革命
D. 用无产阶级思想进行军队和党的建设

11. 1930年5月，毛泽东在《反对本本主义》中提出的重要思想是（　　）。
A. 枪杆子里面出政权　　　　　B. 兵民是胜利之本
C. 没有调查，没有发言权　　　D. 一切反动派都是纸老虎

12. 毛泽东明确提出"中国革命斗争的胜利要靠中国同志了解中国情况"论断的著作是(   )。
    A.《井冈山的斗争》
    B.《中国的红色政权为什么能够存在?》
    C.《星星之火,可以燎原》
    D.《反对本本主义》

13. 标志中国化的马克思主义即毛泽东思想初步形成的是(   )。
    A. 反帝反封建民主革命纲领的提出
    B. 新民主主义基本纲领的提出
    C. 新民主主义革命总路线的提出
    D. 农村包围城市、武装夺取政权理论的提出

14. 1930年1月,毛泽东进一步从理论上阐述农村包围城市、武装夺取政权理论的文章是(   )。
    A.《星星之火,可以燎原》
    B.《中国的红色政权为什么能够存在?》
    C.《井冈山的斗争》
    D.《中国革命战争的战略问题》

15. 1930年提出"农村工作是第一步,城市工作是第二步"思想的是(   )。
    A. 中华苏维埃政府   B. 红四军前敌委员会
    C. 遵义会议   D. 宁都会议

16. 在红一方面军第一、二、三次反"围剿"斗争胜利的基础上形成的革命根据地是(   )。
    A. 鄂豫皖革命根据地   B. 左右江革命根据地
    C. 湘鄂西革命根据地   D. 中央革命根据地

17. 1931年11月,中国共产党在江西省瑞金召开的重要会议是(   )。
    A. 中共六届四中全会   B. 红四军第九次党代表大会
    C. 中华苏维埃第一次全国代表大会 D. 中共六届六中全会

18. 1931年当选为中华苏维埃共和国临时中央政府主席的是(   )。
    A. 毛泽东   B. 周恩来   C. 张国焘   D. 王稼祥

19. 1931年至1935年,中国共产党内发生的对中国革命造成极其严重危害的错误是(   )。
    A."左"倾盲动主义   B."左"倾冒险主义
    C."左"倾经验主义   D."左"倾教条主义

20. 1935年1月,中国共产党在红军长征途中召开的历史转折意义的会议是( )。
   A. 古田会议				B. 遵义会议
   C. 洛川会议				D. 瓦窑堡会议

(二)多项选择题

1. 国民党政府在全国统治建立后,实行的一党专政军事独裁统治的主要方法是( )。
   A. 建立了庞大的军队			B. 建立了庞大的全国性特务系统
   C. 大力推行保甲制度			D. 厉行文化专制主义

2. 1927年大革命失败后,中国共产党人和革命群众必须回答的两个根本性问题是( )。
   A. 要不要建立统一战线		B. 怎样建立统一战线
   C. 敢不敢坚持革命			D. 怎样坚持革命

3. 在1927年大革命失败的危急时刻毅然加入中国共产党队伍的革命人士有( )。
   A. 徐特立		B. 郭沫若		C. 贺龙		D. 彭德怀

4. 1927年,中国共产党发动的武装反抗国民党黑暗统治的著名起义是( )。
   A. 南昌起义				B. 秋收起义
   C. 广州起义				D. 百色起义

5. 邓小平指出:"马克思、列宁从来没有说过农村包围城市,这个原理在当时世界上还是没有的。但是毛泽东同志根据中国的具体条件指明了革命的具体道路。"毛泽东找到农村包围城市、武装夺取政权这条道路的根据是( )。
   A. 中国内无民主制度,外无民族独立
   B. 农民占人口绝大多数,是民主革命的主力军
   C. 中国革命的敌人长期占据着中心城市,农村是其统治的薄弱环节
   D. 中国经济政治发展的不平衡

6. 在左翼文化运动中传播进步思想、推动抗日救亡运动的有( )。
   A. 茅盾的小说《子夜》			B. 歌曲《义勇军进行曲》
   C. 罗广斌、杨益言的小说《红岩》	D. 邹韬奋主办的《生活周刊》

7. 1929年12月古田会议通过的毛泽东起草的决议案,确立了思想建党、政治建军原则,规定红军是一个执行革命的政治任务的武装集团,必

须( )。
- A. 实行全国军事的总动员
- B. 担负打仗、筹款和做群众工作的任务
- C. 加强政治工作
- D. 绝对服从共产党的领导

8. 到1930年初,中国共产党在全国建立的农村革命根据地中包括了( )。
- A. 左右江根据地
- B. 湘鄂西根据地
- C. 鄂豫皖根据地
- D. 闽浙赣根据地

9. 1931年1月至1935年1月,以王明为代表的"左"倾错误给中国革命带来严重危害,其主要错误有( )。
- A. 排斥和打击中间势力
- B. 将反帝反封建与反资产阶级并列
- C. 集中力量攻打大城市
- D. 主张"一切经过统一战线"

10. 在开辟农村革命根据地的斗争中,毛泽东制定的土地革命中的阶级路线是( )。
- A. 坚定地依靠贫农、雇农
- B. 联合中农,限制富农
- C. 保护中小工商业者
- D. 消灭地主阶级

11. 在土地革命战争前中期,先后在中共中央领导机关取得统治地位的"左"倾错误包括( )。
- A. "左"倾盲动主义
- B. "左"倾冒险主义
- C. "左"倾经验主义
- D. "左"倾教条主义

12. 以王明为代表的"左"倾教条主义在党内斗争中实行的方针是( )。
- A. 残酷斗争
- B. 无情打击
- C. 惩前毖后
- D. 治病救人

13. 以王明为代表的"左"倾教条主义在军事斗争问题上的主要错误是实行( )。
- A. 作战中的自由主义
- B. 进攻中的冒险主义
- C. 防御中的保守主义
- D. 退却中的逃跑主义

14. 中国共产党在长征途中召开的遵义会议上集中解决的主要问题是( )。
- A. 军事问题
- B. 作风问题
- C. 思想问题
- D. 组织问题

15. 遵义会议后,中共中央政治局成立了新的三人团负责红军的军事行动,其成员是( )。
- A. 毛泽东
- B. 朱德
- C. 王稼祥
- D. 周恩来

16. 1935年11月,在陕西甘泉地区胜利师的红军部队是(　　)。
    A. 中央红军陕甘支队　　　　　B. 红二方面军
    C. 红四方面军　　　　　　　　D. 红十五军团

17. 1936年10月,在甘肃会宁、静宁将台堡胜利会师的红军三大主力是(　　)。
    A. 红一方面军　　　　　　　　B. 红二方面军
    C. 红十五军团　　　　　　　　D. 红四方面军

(三) 辨析题

1. 国民党政府在全国统治建立后,实行的是一党专政的军事独裁统治。
2. 遵义会议是中国共产党历史上一个生死攸关的转折点。

(四) 简答题

1. 中共八七会议的主要内容及其意义。
2. 在20世纪30年代前、中期,中国共产党内屡次出现严重"左"倾错误的主要原因。
3. 在红军长征胜利后,中国共产党总结历史经验、加强思想理论建设的主要体现。

(五) 论述题

1. 为什么说走农村包括城市、武装夺取政权道路是1927年以后中国革命发展的客观规律要求的。
2. 在大革命失败后,毛泽东对开辟中国革命新道路的主要贡献。
3. 中国工农红军长征胜利的伟大意义。

参 考 答 案

(一) 单项选择题

1. D　2. A　3. A　4. C　5. B　6. A　7. B　8. D　9. D　10. D　11. C　12. D　13. D
14. A　15. B　16. D　17. C　18. A　19. D　20. B

（二）多项选择题

1. ABCD 2. CD 3. ABCD 4. ABC 5. ABCD 6. ABD 7. BCD 8. ABCD
9. ABC 10. ABCD 11. ABD 12. AB 13. BCD 14. AD 15. ACD 16. AD 17. ABD

（三）辨析题

1. 正确。首先，为了镇压人民和消灭异己力量，建立了庞大的军队。其次，为了镇压人民和消灭异己力量，建立了庞大的全国性特务系统。再次，为了控制人民，禁止革命活动，大力推行保甲制度，广大人民被禁锢在保甲制度之内。最后，为了控制舆论，剥夺人民的言论和出版自由，厉行文化专制主义。国民党政府主要就是通过这些方法，来维护帝国主义、封建主义、官僚资本主义的利益，巩固自身统治的。

2. 正确。1935年1月，中国共产党在红军长征途中召开的遵义会议，集中解决了当时具有决定意义的军事问题和组织问题。会议批评了博古、李德在第五次反"围剿"中的错误，增选毛泽东为中央政治局常务委员。会后不久，成立了由周恩来、毛泽东、王稼祥组成的新的三人团，全权负责红军的军事行动。遵义会议开始确立以毛泽东为代表的马克思主义的正确路线在党中央的领导地位，从而在极其危急的情况下挽救了中国共产党、挽救了中国工农红军、挽救了中国革命。

（四）简答题

1. 在革命的危急关头，1927年8月7日，中共中央在汉口秘密召开紧急会议（即八七会议），彻底清算了大革命后期的陈独秀右倾机会主义错误，确定了土地革命和武装反抗国民党反动统治的总方针，并选出了以瞿秋白为首的中央临时政治局。毛泽东在会上着重阐述了党必须依靠农民和掌握枪杆子的思想，强调党"以后要非常注意军事，须知政权是由枪杆子中取得的"。会议还提出了"整顿改编自己的队伍，纠正过去严重的错误，而找着新的道路"的任务。八七会议使中国共产党在政治上大大前进了一步，开始了从大革命失败到土地革命战争兴起的转折。

2. 在20世纪30年代前期、中期，中国共产党内屡次出现严重的"左"倾错误，其原因是多方面的。除了八七会议以后党内一直存在着的浓厚的"左"倾情绪始终没有得到认真的清理，共产国际对中国共产党内部事务的错误干预和瞎指挥以外，主要的原因在于：全党的马克思主义理论准备不足，理论素养不高，实践经验也很缺乏，对于中国的历史状况和社会状况、中国革命的特点、中国革命的规律不了解，对于马克思列宁主义的理论和中国革命的实践没有统一的理解。一句话，不善于把马克思列宁主义与中国实际全面地、正确地结合起来。

3. 红军长征到达陕北以后，毛泽东、中共中央用很大的精力，去总结历史经验，加强共产党自身的思想理论建设。1935年12月，毛泽东作了《论反对日本帝国主义的策略》的报告，阐明党的抗日民族统一战线的新政策，批判党内的关门主义对于革命的急性病，系统地解决了党的政治路线上的问题。1936年12月,他写了《中国革命战争的战略问题》这部著作,系统地说明了有关中国革命战争战略方面的诸问题。1937年夏,他在延安抗日军政大学讲授《实践论》《矛盾论》,从马克思主义认识论的高度,总结中国共产党的历史经验,揭露和批评党内的主观主义尤其是教条主义错误,深入论证马克思列宁主义基本原理同中国具体实际相结合的原则,科学地阐明了党的马克思主义的思想路线。

(五) 论述题

1. 从国际共产主义运动的历史来看,无论中外,都找不到农村包围城市的经验。革命工作应当以城市为中心,这是一个时期内全党的共同认识。中共中央继续留在上海,党的工作重心仍然放在中心城市。但是,所有以占领中心城市为目标的起义很快就失败了。这些起义失败后保留下来的部队,大都经过摸索,逐步转移到了远离国民党统治中心的农村区域,在那里发动农民群众、开展游击战争、进行土地革命和创建工农政权。

八七会议以后的中共中央依据"找着新的道路"的要求,在领导各地武装起义的过程中,也初步提出了相机占领某个县或几个县、建立革命政权、实行武装割据的思想。1928年6月召开的中国共产党第六次全国代表大会,在继续把城市工作的复兴视为革命高潮到来的决定条件的同时,肯定了农村根据地和红军是决定革命新高潮的更大的发展基础和重要力量。

事实说明:以农村为工作重点,到农村去发动农民,进行土地革命,开展武装斗争,建设根据地,这是1927年以后中国革命发展的客观规律所要求的。农村包围城市、武装夺取政权这条革命新道路的开辟,依靠了党和人民的集体奋斗,凝聚了党和人民的集体智慧。

2. 在1927年革命失败的危急关头召开的八七会议上,毛泽东着重阐述了党必须依靠农民和掌握枪杆子的思想,强调党"以后要非常注意军事,须知政权是由枪杆子中取得的"。同年9月9日,毛泽东等领导了湘赣边界秋收起义,公开打出了"工农革命军"的旗帜;在攻打长沙遭遇严重挫折后,起义部队决定南下,向敌人控制比较薄弱的农村区域转移,并于10月7日抵达江西省宁冈县茅坪,开始了创建井冈山农村革命根据地的斗争。

毛泽东不仅在实践中首先把革命的进攻方向指向了农村,而且从理论上阐明了武装斗争的极端重要性和农村应当成为党的工作中心的思想。1928年10月和11月,毛泽东就写了《中国的红色政权为什么能够存在?》和《井冈山的斗争》两篇文章,明确地指出以农业为主要经济的中国革命,以军事发展暴动,是一种特征;同时还科学地阐述了共产党领导的土地革命、武装斗争与根据地建设这三者之间的辩证统一关系。1930年5月,毛泽东在《反对本本主义》一文中,阐明了坚持辩证唯物主义的思想路线即坚持理论与实际相结合的原则的极端重要性,提出了"没有调查,没有发言权"和"中国革命斗争的胜利要靠中国同志了解中国情况"的重要思想,表现了毛泽东开辟新道路、创造新理论的革命首创精神。

3. 中国共产党领导的中国工农红军长征的胜利,是中国革命转危为安的关键。经过长征,保存下来的、经历了千锤百炼的骨干,是党和红军极为宝贵的精华。中国共产党正是依靠这支队伍作基干,使革命力量逐步恢复、发展、壮大,直到取得全国的胜利。

中国工农红军的长征是一部伟大的革命英雄主义的史诗。它向全中国和全世界宣告,中国共产党及其领导的人民军队,是一支不可战胜的力量。红军长征,铸就了伟大的长征精神。长征精神,就是把全国人民和中华民族的根本利益看得高于一切,坚定革命的理想和信念,坚信正义事业必然胜利的精神;就是为了救国救民,不怕任何艰难险阻,不惜付出一切牺牲的精神;就是坚持独立自主、实事求是,一切从实际出发的精神;就是顾全大局、严守纪律、紧密团结的精神;就是紧紧依靠人民群众,同人民群众生死相依、患难与共、艰苦奋斗的精神。长征精神,是中国共产党员和人民军队革命风范的生动反映,是中华民族自强不息的民族品格的集中展示,是以爱国主义为核心的民族精神的最高体现。长征精神为中国革命不断从胜利走向胜利提供了强大精神动力。长征一结束,中国革命的新局面就开始了。

延 伸 阅 读

（一）

一国之内,在四围白色政权的包围中,有一小块或若干小块红色政权的区域长期地存在,这是世界各国从来没有的事。这种奇事的发生,有其独特的原因。而其存在和发展,亦必有相当的条件。第一,它的发生不能在任何帝国主义的国家,也不能在任何帝国主义直接统治的殖民地,必然是在帝国主义间接统治的经济落后的半殖民地的中国。因为这种奇怪现象必定伴着另外一件奇怪现象,那就是白色政权之间的战争。帝国主义和国内买办豪绅阶级支持着的各派新旧军阀,从民国元年以来,相互间进行着继续不断的战争,这是半殖民地中国的特征之一。不但全世界帝国主义国家没有一国有这种现象,就是帝国主义直接统治的殖民地也没有一处有这种现象,仅仅帝国主义间接统治的中国这样的国家才有这种现象。这种现象产生的原因有两种,即地方的农业经济(不是统一的资本主义经济)和帝国主义划分势力范围的分裂剥削政策。因为有了白色政权间的长期的分裂和战争,便给了一种条件,使一小块或若干小块的共产党领导的红色区域,能够在四围白色政权包围的中间发生和坚持下来。湘赣边界的割据,就是这许多小块中间的一小块。有些同志在困难和危急的时候,往往怀疑这样的红色政权的存在,而发生悲观的情绪。这是没有找出这种红色政权所以发生和存在的正确的解释的缘故。我们只须知道中国白色政权的分裂和战争是继续不断的,则红色政权的发生、存在并且日益发展,便是无疑的了。第二,中国红色政权首先发生和能够长期地存在的地方,不是那种并未经过民主革命影响的地方,例如四川、贵州、云南及北方各省,而是在一九二六和一九二七两年资产阶级民主革命过程中工农兵士群众曾经大大地起来过的地方,例如湖南、广东、湖北、江西等省。这些省份的许多地方,曾经有过很广大的工会和农民协会的组织,有过工农阶级对地主豪绅阶级和资产阶级的许多经济的政治的斗争。所以广州产生过三天的城市民众政权,而海陆丰、湘东、湘南、湘赣边界、湖北的黄安等地都有过农民的割据。至于此刻的红军,也是由经过民主的政治训练和接受过工农群众影响的国民革命军中分化出来的。那些毫未经过民主的政治训练、毫未接受过工农影响的军队,例如阎锡山、张作霖的军队,此时便决然不能分化出可以造成红军的成分来。第三,小地方民众政权之能否长期地存在,则决定于全国革命形势是否向前发展这一个条件。全国革命形势是向前发展的,则小块红色区域的长期存在,不但没有疑义,而且必然地要作为取得全国政权的许多力量中间的一个力量。全国革命形势若不是继续地向前发展,而有一个比较长期的停顿,则小块红色区域的长期存在是不可能的。现在中国革命形势是跟着国内买办豪绅阶级和国际资产阶级的继续的分裂和战争,而继续地向前发展的。所以,不但小块红色区域的长期存在没有疑义,而且这些红色区域将继续发展,日渐接近于全国政权的取得。第四,相当力量的正式红军的存在,是红色政权存在的必要条件。若只有地方性质的赤卫队而没有正式的红军,则只能对付挨户团,而不能对付正式的白色军队。所以虽有很好的工农群众,若没有相当力量的正式武装,便决然不能造成割据局面,更不能造成长期的和日益发展的割据局面。所以"工农武装割据"的思想,是共产党和割据地方的工农群众必须充分具备的一个重要的思想。第五,红色政权的长期的存在并且发展,除了上述条件之外,还须有一个要紧的条件,就是共产党组织的有力量和它的政策的不错误。

——毛泽东:《中国的红色政权为什么能够存在?》(1928年10月5日),http://cpc.people.com.cn/GB/64184/64185/66615/4488899.html

(二)

来自共产国际方面的主要是两件事,那就是共产国际十次全会大力开展反右倾斗争和国际给中共中央写来四封指示信。当时共产国际在各国共产党内有着很高的威信,并且在组织上对中国党有着约束作用。因此,这两件事都在中国共产党内引起震动,产生了不小的影响。

共产国际执行委员会第十次全会是1929年7月3日至19日举行的。这次会议着重批判了共产国际原主要领导人布哈林的"右倾",撤销了他在国际中担负的工作。会议政治决议案对布哈林在国际六大提出的战后"第三时期"的论断重新作了解释。这样写道:"目前是大战后的第三时期,是资本主义一般危机增长起来而帝国主义内外矛盾日加剧烈的时期。此时期的矛盾将要达到帝国主义新的战争,将要达到伟大的阶级冲突,将要达到主要资本主义国家的新的革命浪潮之发展,将要达到殖民地反帝国主义的大革命。"这个论断,后来成为中国共产党内第二次"左"倾错误产生的重要理论依据。全会决议认为,由于世界资本主义经济危机的发展和苏联第一个五年计划经济建设的成功,"帝国主义对苏联的进攻乃是主要的危险"。共产国际经常把它自己的主张,不加区别地规定为各国共产党一律都要严格执行的任务,而不顾这些国家的不同国情和实际形势。由于这次会议的主题是反右倾,它就提出:"加紧反右倾的斗争,在殖民地国家共产党内也是必要的。"莫洛托夫在会上的演讲中说:"反对右派及调和派的斗争,带着国际的性质。这个斗争的尖锐程度,它的严厉和坚决的程度,大部分可以作为各国共产党发展的一个标准。"他还说:"在这个'第三时期'和直接革命形势之间并没有隔着一道万里长城。"

这样一来,"反右倾"的口号立刻在中国共产党内上升到突出地位,党内的政治空气顿时一变。"左"的急躁情绪迅速大幅度上升。《布尔塞维克》为国际这次会议出版了"特号",并且发表文章说:"第三时期,是帝国主义没落的时期,是全世界革命总爆发的时候。""帝国主义战争的危险日益迫近,特别是对苏联的进攻的危机更是日益迫近。反对帝国主义战争、保护苏联的口号,日益成为共产主义每日的口号。"12月20日,中共中央政治局专门通过《中国共产党接受共产国际第十次全体会议决议的决议》,完全同意国际十次全会对大战后第三时期的分析,认为在中国革命复兴的形势下,要更迅速地开展这一全国革命高潮,提出"在现在中国革命的形势之下,在城市在工人中组织同盟罢工、示威运动,发展到政治的总同盟罢工,扩大游击战争,组织地方暴动,尽量的扩大红军,组织兵变,是现在党领导各种革命斗争汇合起来成为推翻国民党军阀政权、建立苏维埃政权之直接斗争的主要策略",并且表示要坚决开展反右倾斗争。

1929年这一年,共产国际给中共中央写来四封信。它的内容都着重在反右倾,其中影响最大的是10月26日的信。它一开始就危言耸听地说:"中国最近的事实,迫着我们在还没有接到你们关于党在现时条件下的行动和路线的消息的时候,就来说一说我们对于中国时局的估计,就来预先指出你们中国共产党底最重要的任务。"信中作出一个严重的结论:"中国进到了深刻的全国危机底时期。"从这个总判断出发,他们提出:"现在已经可以开始、而且应当开始准备群众去用革命方法推翻地主资产阶级联盟底政权,去建立苏维埃形式的工农专政。同时,要积极地发展和扩大革命形式的阶级斗争(群众的政治罢工、革命的示威运动、游击运动等等)。"他们不再要求反对盲动主义,相反地认为:"盲动主义的错误在大体上已经纠正过来。你们现在切不要重复这些错误,而应当尽力鼓动并加紧阶级冲突,领导群众底义愤,按照阶级冲突底向前发展而提高要求,把革命斗争推进到日益更高的发展阶段上去。"1930年1月11日,中共中央政治局通过接受国际这封指示信的决议,表示:"目前全国情形,正如国际来信所指出,确已进到深刻的全国危机的时期。""现时虽不能预言转变到直接革命形势的速度,即实行武装暴动直接推翻反动统治的形势的速度,但我们必须如国际所指示,在现在就准备群众去实现这一任务。并积极的开展和扩大阶级斗争的革命方式。"

——金冲及:《中国共产党在革命时期三次"左"倾错误的比较研究》,《党的文献》2000年第2期,第65—81页

(三)

三、毛泽东对遵义会议前系列争论与会议的直接影响

1935年2、3月间,在保存的陈云《遵义会议传达提纲》中写道,遵义会议的召开,是基于湘南及通道的各种争论,继而由黎平会议最终决定。可见,要召开遵义会议绝非易事,绝不是一蹴而就的,而是经过了多次争论,以及召开多次会议,逐渐统一党和红军领导人的思想,最后水到渠成的,过程大致如下。

首先,湘南争论。

延安时期,博古一次在中央政治局会议上反省,长征途中毛主席反对"左"倾错误领导,是从湘南争论一直到遵义会议。可见,湘南争论就是遵义会议系列会议的肇始。

中央红军在1934年11月中旬越过了设在湘南一带的第三道封锁线。虽然通过前三道封锁线比较顺利,但毛泽东清楚地知道,蒋介石在获悉红军战略转移的目的和路线之后,必定会在红军的前进道路上预伏设置一个又一个布袋阵,等着红军去钻。

面对越来越严峻的形势,毛泽东根据自己多年来对国民党蒋介石的了解和游击战争经验,认为湘南地区的革命条件较好,故提议:趁国民党各"追剿"大军没有完成包围圈的封堵,赶紧组织力量进行反击,并寻找机会先歼灭一部分敌军。这样的话,有希望扭转战局,变被动为主动。

彭德怀与毛泽东的想法比较接近,也向中央提议,红三军团迅速向湘潭、宁乡、益阳等地进军,以威胁长沙,在灵活机动中抓住战机消灭敌人,迫使"追剿"军改变部署,以牵制敌人,否则,红军将被迫翻过湘桂边境的山脉,与桂军作战,这

会对红军很不利。

李德则提议,在强渡湘江,也就是突破敌人第四道封锁线后,立即向湘桂黔三角地带前进。之所以这样做,是因为有情报显示,敌人在那里没有修筑防御工事。毛泽东当即表示反对。这里,也从另一面印证了毛泽东当年据理力争时的急切心态。

这是毛泽东与"左"倾领导有关红军去向的一次重要争论,显得有些势单力薄,响应的人也很有限。结果,博古、李德对毛泽东的建议不屑一顾,命令部队强渡湘江,试图突破敌人第四道封锁线,从而丧失了一次较好的战机。

其次,老山界争论。

12月1日,中央红军虽然艰难地突破了国民党军的第四道封锁线,但是自转移以来,队伍已由最初的八万余人锐减到三万余人,元气大伤。许多红军指战员进行了反思,刘伯承回忆,广大干部通过第五次反"围剿"前后的比较,逐渐发现这是由排斥了以毛泽东为代表的正确路线所导致的。此时,部队中已经显露出怀疑和不满的情绪,同时极力要求改变现有的领导。这种情绪,随着湘江战役的失利,达到了顶点。

翻越老山界期间,党中央内部就发生了激烈的争论。另外,由于各种情报显示,在与红二、六军团会合的道路上,蒋介石早已埋下重兵,红军去湘西已失去战略意义。毛泽东向中央提出:应该放弃去湘西的原定计划,而改向敌人实力较为薄弱的贵州转兵。博古、李德对毛泽东的意见又置若罔闻,还把希望寄托于与红二、六军团的会合。

虽然这次有了张闻天、王稼祥的帮忙,但毛泽东还是未能改变博古、李德的强硬态度。不过,在毛泽东看来,努力终会有回报,随着战局的发展,一定会有更多的人支持自己,只不过亟需等待更好的机会。

再次,通道会议。

12月12日,部队到达湖南通道,中央临时决定,召开紧急会议,由周恩来主持,范围不大,失去军权的毛泽东破例受邀参会,主要讨论下一步的行动方向。

伍修权后来回忆,当部队进入湖南通道时,得到确切情报,蒋介石已知道中央红军的意图,正在去湘西的途中布下了一个大口袋等红军去钻。就在此关键时刻,毛泽东向中央提议,要改变红军的行军路线,改道去敌人统治力量薄弱的贵州。毛泽东的这一主张,立即得到多数与会者的赞同。

李德对这次会议也印象颇深,他说道,是否可以让那些追击的敌人超过去,红军在他们背后突然向北,还是与二军团汇合。结果遭到多数人的坚决反对,毛泽东特别重申,往西进入贵州。这次毛泽东获得了张闻天和王稼祥的支持,其得到了周恩来的支持。经会议表决，毛泽东的建议获得通过。

这一次，毛泽东的正确主张终于获得了大多数人的支持，李德气得提前退场。下午七时半，中革军委根据会议精神致电各军团、纵队首长："我军明十三号继续西进的部署"，"相机进占黎平"。

客观上讲，由于毛泽东的努力，通道会议只是在战术上做了改变，因为向西进入贵州后，还要寻找机会北上，与红二、六军团会合。也就是暂时解决了部队的行进路线问题，并未根本解决战略方针的分歧问题。

又次，黎平会议。

12月15日攻下贵州黎平后，但北上与西进的争论仍在继续。12月18日，毛泽东受邀出席了黎平会议，主题是继续讨论红军的前进方向。博古旧调重弹，李德因病没有参加，但托人带来了与博古一致的意见。毛泽东据理力争，仍主张去川黔边。经过表决，毛泽东再获多数人支持，最后主持会议的周恩来拍板，决定采纳毛泽东的意见，西渡乌江。

这次会议，周恩来的态度发生了明显的改变，明确支持毛泽东。周恩来回忆，从老山界到黎平一直都在争，但在黎平尤其白热化。李德的主张非常错误，会自投罗网。他决定采取毛泽东的意见，沿红六军团的路线西渡乌江北上。此后周恩来对李德不再信任了。

会议通过了决定："政治局认为新的根据地区应该是川黔边区地区。在最初应以遵义为中心之地区，在不利的条件下应该转移至遵义西北地区。"

除了讨论战略方针外，会议还对第五次反"围剿"以来中央的错误军事路线初步进行批评，决定在合适的时机开会，总结经验教训，这为遵义会议的召开提供了直接依据。

毛泽东的付出终于有了回报，他又争取了多数人的支持。这次会议通过决议的形式正式否定了博古、李德的错误军事路线，为中央红军赢得了主动，部队的面貌也焕然一新。

最后，猴场会议。

中央于1935年1月1日在瓮安猴场召开政治局会议，毛泽东再次重申己见。会议否定了博古、李德不符实际的错误主张，决定红军立刻强渡乌江，攻占遵义。

会议决定，当前的主要任务是先占以遵义为中心的黔北地区，然后向川南发展。另外，关于今后的作战方针、时间与地点的选择，中革军委必须在政治局会议上做报告。

它产生了两个重要作用：重申了黎平会议的决议，又表明党中央由被动开始转为主动;实际上改变了"三人团"成立以来党内的不正常局面,即取消了李德独断专行的军事指挥权,实现了政治局的集体领导。

虽然猴场会议很重要,解决了不少问题,但争论并未终结。正如周恩来后来回忆,从黎平往西北,经黄平、乌江,直到遵义,沿途的争论都很激烈。在此期间,毛泽东说服了中央的许多同志接受他的正确意见。

因此,面对长征初期的一系列争论和一系列会议,毛泽东态度鲜明、立场坚定,让红军广大指战员慢慢形成共识:"左"倾领导的错误不能再继续下去了,毛泽东应该出来工作。所有的这一切都促成了遵义会议的顺利召开。

——孙伟:《毛泽东在中央红军长征初期的历史贡献》,《毛泽东思想研究》2017 年第 5 期,第 33—39 页,略有改动

(四)

长征的胜利,充分展示了中国共产党性质和宗旨的力量,充分说明了中国共产党必须在人民中间生根开花,必须紧紧依靠人民来克服困难、赢得胜利。

——长征是一次开创新局的伟大远征。长征的胜利,是方向和道路的胜利。长征的过程,不仅是战胜敌人、赢得胜利、实现战略目标的过程,而且是联系实际、创新理论、探索革命道路的过程。长征出发前,由于党内"左"倾教条主义的错误领导,中央革命根据地第五次反"围剿"失败,其他根据地也遭受挫折,中国革命面临着方向和道路的抉择。面对乱云飞渡、惊涛骇浪,我们党表现出无所畏惧的伟大实践精神,表现出浴火重生的伟大创造精神,在血与火中趟出了一条走向新生、走向胜利的革命道路。

长征途中,我们党通过艰苦卓绝的实践探索,成功把解决生存危机同拯救民族危亡联系在一起,把长征的大方向同建立抗日前进阵地联系在一起,实现了国内革命战争向抗日民族战争的转变,为夺取中国人民抗日战争胜利、进而夺取新民主主义革命胜利打下了坚实基础。

长征的胜利,不仅保存了革命力量,而且使我们党找到了中国革命力量生存发展新的落脚点,找到了中国革命事业胜利前进新的出发点。从长征的终点出发,我们党领导中国人民展开了中国革命波澜壮阔的新画卷。

长征的胜利,使我们党以陕甘宁革命根据地为中心,推动一大批革命根据地如雨后春笋般建立和发展起来,革命的火种在神州大地渐成燎原之势,有力推动了新的革命高潮到来。

——习近平:《在纪念红军长征胜利 80 周年大会上的讲话》,http://cpc.people.com.cn/nl/2016/1021/c64094-28798445.html

第六章
中华民族的抗日战争

学 习 提 示

本章有五节内容,叙述从九一八事变发生到抗日战争结束这一历史阶段,面对日本帝国主义疯狂和野蛮的侵略,中国人民在中国共产党的领导推动下,从奋起反击的局部抗战到团结一致的全国抗战,依靠中华民族的整体力量赢得最后胜利的曲折历程。通过本章学习,要求学生认识日本法西斯的侵华罪行给中华民族带来的深重灾难;认识以国共两党第二次合作为基础的抗日民族统一战线的意义,了解国民党以及正面战场在抗日战争中的地位和作用;深刻领会中国共产党及其领导的人民抗日力量是中华民族抗日战争的中流砥柱;懂得中国人民抗日战争是弱国战胜强国的范例,认识中华民族抗日战争胜利的历史意义、原因,了解中国人民抗日战争在世界反法西斯战争中的地位。

试 题 训 练

(一) 单项选择题

1. 日本帝国主义发动的变中国为其独占殖民地的侵华战争开始于(　　)。
    A. 九一八事变　　　　　　　　B. 一·二八事变
    C. 七七事变　　　　　　　　　D. 八一三事变
2. 1932年3月,在日本侵略者阴谋策划下建立的傀儡政权是(　　)。
    A. 伪"满洲国"　　　　　　　　B. 伪"华北自治政府"

C. 伪"中华民国维新政府"　　　　D. 伪"中华民国国民政府"

3. 1932年,一·二八事变后奋起抗击进攻上海的日军的部队是(　　)。
   A. 上海抗日游击队　　　　　　B. 国民党第十七路军
   C. 国民党第十九路军　　　　　D. 国民革命军第四军

4. 1933年5月,原国民党西北军将领冯玉祥在张家口成立的抗日武装力量是(　　)。
   A. 东北抗日同盟军　　　　　　B. 察哈尔抗日同盟军
   C. 东北抗日义勇军　　　　　　D. 察哈尔抗日义勇军

5. 1934年4月,中国共产党提出并由宋庆龄、何香凝、李杜等领衔发表了(　　)。
   A.《反日反蒋的初步协定》　　　B.《停战议和一致抗日通电》
   C.《为抗日救国告全国同胞书》　D.《中国人民对日作战的基本纲领》

6. 1935年,北平学生在中共号召和领导下举行的抗日救亡运动是(　　)。
   A. 五四运动　　　　　　　　　B. 一二·一运动
   C. 一二·九运动　　　　　　　D. 一二三〇运动

7. 1935年12月,中共中央提出在抗日的条件下与民族资产阶级重建统一战线新政策的会议是(　　)。
   A. 西湖特别会议　　　　　　　B. 洛川会议
   C. 晋绥干部会议　　　　　　　D. 瓦窑堡会议

8. 1936年5月,宋庆龄、沈钧儒等爱国民主人士发起成立的抗日团体是(　　)。
   A. 中华民族解放行动委员会　　B. 中国民权保障同盟
   C. 全国各界救国联合会　　　　D. 保卫中国同盟

9. 1936年9月,中共中央为促进抗战在党内指示中提出的总方针是(　　)。
   A. "反蒋抗日"　　　　　　　　B. "逼蒋抗日"
   C. "促蒋抗日"　　　　　　　　D. "联蒋抗日"

10. 1936年12月,国民党爱国将领张学良和杨虎城发动的"兵谏"事件是(　　)。
    A. 北京事变　　　　　　　　　B. 福建事变
    C. 西安事变　　　　　　　　　D. 皖南事变

11. 中国人民抗日战争进入全国性抗战的新阶段是在(　　)。
    A. 九一八事变爆发后　　　　　B. 一·二八事变爆发后
    C. 华北事变爆发后　　　　　　D. 卢沟桥事变爆发后

12. 1937年8月,国共两党达成协议将红军主力改编为(　　)。
    A. 国民革命军第四路军　　　　B. 国民革命军新编第四军
    C. 国民革命军第八路军　　　　D. 国民革命军新编第八军

13. 从1937年卢沟桥事变到1938年广州、武汉失守,中国抗日战争处于(   )。
    A. 战略防御阶段   B. 战略相持阶段
    C. 战略反攻阶段   D. 战略决战阶段

14. 1937年洛川会议指出争取全民族抗战胜利的关键是(   )。
    A. 坚持共产党在统一战线中的独立自主原则
    B. 实行全面抗战路线,反对片面抗战路线
    C. 开展抗日游击战争,建立敌后根据地
    D. 放手发动群众,争取抗日民主

15. 1938年3月,国民党军队在抗日正面战场取得大捷的战役是(   )。
    A. 淞沪战役   B. 台儿庄战役
    C. 忻口战役   D. 武汉战役

16. 标志国民党在抗日战争中由片面抗战逐步转变为消极抗战的是(   )。
    A. 五届三中全会的召开   B. 五届四中全会的召开
    C. 五届五中全会的召开   D. 五届六中全会的召开

17. 1938年6月,宋庆龄接受中共中央建议,为呼吁世界人民援助中国抗战,成立(   )。
    A. 华侨筹赈协会   B. 保卫中国同盟
    C. 抗日民主协会   D. 香港抗日同盟

18. 抗日战争全面爆发后,中国军队取得第一次重大胜利的战役是(   )。
    A. 平型关战役   B. 雁门关战役
    C. 阳明堡战役   D. 台儿庄战役

19. 毛泽东在《论持久战》中指出,中国抗日战争取得最后胜利最为关键的阶段是(   )。
    A. 战略防御阶段   B. 战略相持阶段
    C. 战略反攻阶段   D. 战略决战阶段

20. 中国共产党在抗日民族统一战线中坚持的根本原则是(   )。
    A. 独立自主   B. 又团结又斗争
    C. 自力更生   D. 有理、有利、有节

21. 中国共产党制定的抗日民族统一战线策略总方针的中心环节是(   )。
    A. 打击顽固势力   B. 争取中间势力
    C. 孤立顽固势力   D. 发展进步势力

22. 抗日民主政权的三三制原则是(   )。
    A. 进步势力、中间势力、顽固势力各占1/3

B. 共产党、国民党、民主党派各占 1/3

C. 共产党员、党外进步势力、中间分子各占 1/3

D. 工人、农民、小资产阶级各占 1/3

23. 中国共产党在抗日民主根据地实行的土地政策是（　　）。

   A. 减租减息　　　　　　　　B. 没收地主土地归农民所有
   C. 平均地权　　　　　　　　D. 没收一切土地归农民所有

24. "墙上芦苇，头重脚轻根底浅；山间竹笋，嘴尖皮厚腹中空。"毛泽东在延安整风运动期间用这副对联形象地讽刺了（　　）。

   A. 主观主义　　　　　　　　B. 宗派主义
   C. 官僚主义　　　　　　　　D. 党八股

25. 1938 年，毛泽东在中共六届六中全会上明确提出的命题是（　　）。

   A. 枪杆子里面出政权　　　　B. 马克思主义的中国化
   C. 兵民是胜利之本　　　　　D. 没有调查，没有发言权

26. 1945 年 4 月，作为解放区代表的董必武随同中国代表团出席的会议是（　　）。

   A. 开罗会议　　　　　　　　B. 德黑兰会议
   C. 雅尔塔会议　　　　　　　D. 联合国制宪会议

（二）多项选择题

1. 日本帝国主义在 20 世纪 30 年代制造的一系列侵华事件包括（　　）。

   A. 九一八事变　　　　　　　B. 一·二八事变
   C. 华北事变　　　　　　　　D. 卢沟桥事变

2. 九一八事变后，被中共中央先后选派到东北领导抗日斗争的共产党员有（　　）。

   A. 罗登贤　　B. 杨靖宇　　C. 赵尚志　　D. 赵一曼

3. 1933 年 11 月，在福州发动抗日反蒋事变的国民党爱国将领是（　　）。

   A. 马占山　　B. 蔡廷锴　　C. 蒋光鼐　　D. 杨虎城

4. 1937 年 8 月，中国共产党在陕北洛川召开会议，制定了抗日救国十大纲领，并强调（　　）。

   A. 坚持统一战线中无产阶级的领导权
   B. 继续在敌后发动独立自主的游击战争
   C. 在国统区发动抗日群众运动
   D. 联合地主阶级抗日

5. 1938 年 10 月日本占领广州、武汉以后，改变侵华方针的原因有（　　）。

A. 日军战线太长,兵力不足
B. 中国军民的顽强抵抗
C. 汪精卫公开投降日本帝国主义
D. 蒋介石集团不断制造反共事件

6. 在抗日战争战略防御阶段的北平南苑战斗中,先后为国捐躯的国民党爱国将领是(　　)。
   A. 佟麟阁　　　B. 赵登禹　　　C. 张自忠　　　D. 戴安澜

7. 1939年1月,国民党五届五中全会确定的方针是(　　)。
   A. 防共　　　B. 限共　　　C. 溶共　　　D. 反共

8. 毛泽东在《论持久战》中分析指出,中日双方存在的互相矛盾主要特点是(　　)。
   A. 敌强我弱　　　　　　B. 敌小我大
   C. 敌退步我进步　　　　D. 敌寡助我多助

9. 1937年11月太原失陷后,按照中共中央部署,八路军在敌后发动独立自主的游击战争,先后开辟的抗日根据地有(　　)。
   A. 晋察冀　　　　　　B. 晋西北
   C. 晋冀豫　　　　　　D. 山东和大青山

10. 1939年7月,中国共产党明确提出的三大口号是(　　)。
    A. 发展进步势力,反对顽固势力
    B. 坚持抗战到底,反对中途妥协
    C. 巩固国内团结,反对内部分裂
    D. 力求全国进步,反对向后倒退

11. 中国共产党制定的抗日民族统一战线策略总方针是(　　)。
    A. 发展进步势力　　　　B. 争取中间势力
    C. 孤立顽固势力　　　　D. 打击顽固势力

12. 抗日民族统一战线中的中间势力主要是指(　　)。
    A. 民族资产阶级　　　　B. 城市小资产阶级
    C. 开明绅士　　　　　　D. 地方实力派

13. 毛泽东指出,在抗日民族统一战线中争取中间势力的主要条件是(　　)。
    A. 共产党要有充足的力量
    B. 尊重中间势力的利益
    C. 坚持有理、有利、有节的原则
    D. 同顽固派作坚决的斗争并取得胜利

14. 中国共产党领导的抗日民主政权在人员组成上是（　　）。
    A. 工人阶级占三分之一
    B. 共产党员占三分之一
    C. 非党的左派进步分子占三分之一
    D. 中间派占三分之一
15. 1942年，中国共产党开展的整风运动为争取抗战胜利奠定了思想基础，这主要是因为整风运动（　　）。
    A. 促进了党内的团结和统一
    B. 确定了毛泽东思想为党的指导思想
    C. 确立了实事求是的思想路线
    D. 纠正了教条主义和宗派主义的错误
16. 毛泽东在《新民主主义论》中提出了党关于新民主主义革命的三大基本纲领是（　　）。
    A. 政治纲领　　　　　　　　B. 军事纲领
    C. 文化纲领　　　　　　　　D. 经济纲领

（三）辨析题

1. 日本发动侵华战争是为了帮助中国走上资本主义发展的道路。
2. 西安事变的和平解决标志着国内和平的基本实现。
3. 抗日民族统一战线就是指国民党与共产党的合作抗战。
4. 根据地的经济建设为抗战胜利奠定了物质基础。
5. 中国共产党在全民族抗战中发挥了中流砥柱的作用。

（四）简答题

1. 在抗日战争的战略防御阶段，国民党正面战场进行的主要战役及其退败的原因。
2. 抗日战争中游击战争的战略地位和作用。
3. 中国的抗日战争在世界反法西斯战争中的地位。

（五）论述题

1. 毛泽东《论持久战》一文的主要内容及其指导意义。
2. 中国人民抗日战争胜利的原因和历史意义。

参 考 答 案

（一）单项选择题

1. A 2. A 3. C 4. B 5. D 6. C 7. D 8. C 9. B 10. C 11. D 12. C 13. A
14. B 15. B 16. C 17. B 18. A 19. B 20. A 21. D 22. C 23. A 24. A 25. B
26. D

（二）多项选择题

1. ABCD 2. ABCD 3. BC 4. ABC 5. AB 6. AB 7. ABCD 8. ABCD 9. ABCD
10. BCD 11. ABC 12. ACD 13. ABD 14. BCD 15. ABCD 16. ACD

（三）辨析题

1. 错误。19世纪60年代明治维新之后，日本开始走上资本主义道路，并逐渐发展成为军国主义国家，对内镇压人民，对外侵略扩张。1927年日本首相田中义一召开"东方会议"，对外扩张的"大陆政策"进一步发展和具体化，日本成为亚洲的战争策源地。1929年，为摆脱世界经济危机，日本军国主义者加紧实施既定的侵华政策。在中国占领区实施残暴的殖民统治，犯下了空前严重的罪行，给中华民族造成了极为深重的灾难。

2. 正确。1936年12月12日，爱国将领张学良、杨虎城在对蒋介石"哭谏"无效的情况下，为了实现停止内战，共同抗日，毅然实行"兵谏"，扣留了蒋介石。中国共产党从民族大义出发，为了团结国民党共同抗日，确定促成事变和平解决的基本方针，派周恩来等到西安参加谈判，迫使蒋介石作出了停止"剿共"、联合红军抗日等六项承诺。西安事变的和平解决成为时局转换的枢纽，十年内战的局面由此结束，国内和平基本实现。

3. 错误。抗日民族统一战线不仅仅局限于国共两党之间，而是全民族的统一战线。1937年8月，中国共产党召开洛川会议，制定了抗日救国十大纲领，强调要打倒日本帝国主义，关键在于使已经发动的抗战成为全面的全民族的抗战。为此，必须实行全国军事的总动员、全国人民的总动员。因此，中国的抗战是包含了各族人民在内的所有中华儿女的共同历史记忆。抗战期间，社会各界民众、民主党派人士纷纷以不同形式参加抗战，表现出了空前的民族觉醒和民族团结。

4. 正确。各地抗日民主政权十分重视根据地的经济建设。根据地内停止没收地主土地、普遍实行减租减息、提高农民的抗日和生产积极性。为了发展农业生产，抗日民主政府动员农民开垦荒地、兴修水利、发动农民组织劳动互助、改良耕作技术、推广优良品种，提高劳动生产率。抗日民主政府还厉行精兵简政,以减轻人民负担。因此,农业生产和工商业都得到了恢复和发展,为坚持抗战、争取胜利奠定了物质基础。

5. 正确。中国共产党的中流砥柱作用是中国人民抗日战争胜利的关键。中国共产党自成立之日起就把实现中华民族伟大复兴作为自己的历史使命。中国共产党倡导和推动国共合作,建立、坚持和发展广泛的抗日民族统一战线。中国共产党坚持全面抗战路线,制定正确的战略策略,开辟广大敌后战场,成为坚持抗战的中坚力量。中国共产党始终坚持抗战、反对妥协,坚持团结、反对分裂,坚持进步、反对倒退,同各爱国党派团体和广大人民一起,共同维护团结抗战大局,引领着夺取战争胜利的正确方向,成为夺取战争胜利的民族先锋。

(四) 简答题

1. 在抗日战争的战略防御阶段,日本侵略者以国民党军队为主要作战对象。以国民党军队为主体的正面战场,担负了抗击日军战略进攻的主要任务。国民党军队组织了淞沪、忻口、徐州、武汉会战等一系列大战役。国民党正面战场除了台儿庄战役取得大捷外,其他战役几乎都是以退却、失败而结束的。造成这种状况的客观原因,是由于在敌我力量对比上,日军占很大的优势;主观原因,则是国民党战略指导方针上的失误。蒋介石集团在决心抗战的同时,却又害怕群众的广泛动员可能危及自身的统治,因而实行的是片面抗战的路线,即不敢放手发动和武装民众,将希望单纯寄托在政府和正规军的抵抗上;在战略战术上,没有采取积极防御的方针,而是进行单纯的阵地防御战。

2. 在抗日战争的初级和中期,游击战争被提到了战略的地位,具有全局性的意义。在战略防御阶段,从全局看,国民党正面战场的正规战是主要的,敌后的游击战是辅助的。但是游击战在敌后的广泛开展和敌后根据地的开辟,迫使敌人不得不把用于进攻的兵力抽调回来保守其占领区,从而对阻止日军进攻、减轻正面战场压力、使战争转入相持阶段起了关键性作用。在战略相持阶段,敌后游击战争成为主要的抗日作战方式。通过削弱敌人、壮大自己,逐步改变敌强我弱的态势,为战略反攻准备条件。1945 年 8 月开始的敌后军民大反攻,就是在此基础上展开的。

3. 中国人民抗日战争从一开始就具有拯救人类文明、保卫世界和平的重大意义,是世界反法西斯战争的重要组成部分,是世界反法西斯战争的东方主战场。从 1937 年中国全民族抗战开始到 1939 年 9 月大战在欧洲爆发之前,中国人民孤军奋战,英勇抗击了百万日军的进攻。中国的抗战牵制和削弱了日本的力量,使之不敢贸然北进,从而使苏联得以集中兵力对付德国,避免东西两面作战;同时也推迟了日本发动太平洋战争的时间,并使之在发动和进行战争时由于兵力不足而不能全力南进,从而减轻了美、英军队受到的压力。中国坚持持久抗战,抗击和牵制着日本陆军主力,为同盟国军队实施战略反攻创造了有利条件。中国作为亚洲太平洋地区盟军对日作战的重要后方基地,还为盟国提供了大量战略物资和军事情报。

(五) 论述题

1. 1938 年 5 月至 6 月间,毛泽东发表《论持久战》的讲演,总结抗战 10 个月来的经验,集中全党智慧,系统地阐明了持久抗战的总方针。毛泽东指出,中日战争是半殖民地半封建的中国和帝国主义的日本之间在 20 世纪 30 年代进行的一个决死的战争。一方面,日本是强国,中国是弱国,强国弱国的对比,决定了抗日战争只能是持久战。另一方面,日本是小国,发动的是退步的、野蛮的侵略战争,在国际上失道寡助;而中国是大国,进行的是进步的、正义的反侵略战争,在国际上得道多助。中国已经有了代表中华民族和中国人民根本利益的、在政治上成熟的中国共产党及其领导的抗日根据地和人民军队。因此,最后胜利又将是属于中国的。毛泽东还科学地预测了抗日战争的发展进程。即:抗日战争将经过战略防御、战略相持、战略反攻三个阶段。其中,战略相持阶段,是中国抗日战争取得最后胜利的最关键的阶段。只要坚持持久抗战、坚持抗日民族统一战线,中国将在这个阶段中获得转弱为强的力量。

毛泽东阐明的持久战战略思想,揭示了抗日战争的发展规律和坚持抗战、争取抗战胜利必须实行的战略方针,对全国抗战的战略指导产生了积极的影响。

2. 抗日战争胜利的原因:第一,以爱国主义为核心的民族精神是中国人民抗日战争胜利的决定因素。第二,中国共产党的中流砥柱作用是中国人民抗日战争胜利的关键。第三,全民族抗战是中国人民抗日战争胜利的重要法宝。第四,中国人民抗日战争的胜利,同世界所有爱好和平和正义的国家和人民、国际组织以及各种反法西斯力量的同情和支持也是分不开的。

抗日战争胜利的意义:第一,中国人民抗日战争的胜利,彻底粉碎了日本军国主义殖民奴役中国的图谋。第二,中国人民抗日战争的胜利,促进了中华民族的大团结,形成了伟大的抗战精神。第三,中国人民抗日战争的胜利,对世界各国夺取反法西斯战争的胜利,维护世界和平的事业产生了巨大影响。第四,中国人民抗日战争的胜利,开辟了中华民族复兴的光明前景。

延 伸 阅 读

(一)

问题的根据

(九)抗日战争为什么是持久战?最后胜利为什么是中国的呢?根据在什么地方呢?

中日战争不是任何别的战争,乃是半殖民地半封建的中国和帝国主义的日本之间在二十世纪三十年代进行的一个决死的战争。全部问题的根据就在这里。分别地说来,战争的双方有如下互相反对的许多特点。

(一〇)日本方面:第一,它是一个强的帝国主义国家,它的军力、经济力和政治组织力在东方是一等的,在世界也是五六个著名帝国主义国家中的一个。这是日本侵略战争的基本条件,战争的不可避免和中国的不能速胜,就建立在这个日本国家的帝国主义制度及其强的军力、经济力和政治组织力上面。然而第二,由于日本社会经济的帝国主义性,就产生了日本战争的帝国主义性,它的战争是退步的和野蛮的。时至二十世纪三十年代的日本帝国主义,由于内外矛盾,不但使得它不得不举行空前大规模的冒险战争,而且使得它临到最后崩溃的前夜。从社会行程说来,日本已不是兴旺的国家,战争不能达到日本统治阶级所期求的兴旺,而将达到它所期求的反面——日本帝国主义的死亡。这就是所谓日本战争的退步性。跟着这个退步性,加上日本又是一个带军事封建性的帝国主义这一特点,就产生了它的战争的特殊的野蛮性。这样就要最大地激起它国内的阶级对立、日本民族和中国民族的对立、日本和世界大多数国家的对立。日本战争的退步性和野蛮性是日本战争必然失败的主要根据。还不止此,第三,日本战争虽是在其强的军力、经济力和政治组织力的基础之上进行的,但同时又是在其先天不足的基础之上进行的。日本的军力、经济力和政治组织力虽强,但这些力量之量的方面不足。日本国度比较地小,其人力、军力、财力、物力均感缺乏,经不起长期的战争。日本统治者想从战争中解决这个困难问题,但同样,将达到其所期求的反面,这就是说,它为解决这个困难问题而发动战争,结果将因战争而增加困难,战争将连它原有的东西也消耗掉。最后,第四,日本虽能得到国际法西斯国家的援助,但同时,却又不能不遇到一个超过其国际援助力量的国际反对力量。这后一种力量将逐渐地增长,终究不但将把前者的援助力量抵消,并将施其压力于日本自身。这是失道寡助的规律,是从日本战争的本性产生出来的。总起来说,日本的长处是其战争力量之强,而其短处则在其战争本质的退步性、野蛮性,在其人力、物力之不足,在其国际形势之寡助。这些就是日本方面的特点。

(一)中国方面:第一,我们是一个半殖民地半封建的国家。从鸦片战争,太平天国,戊戌维新,辛亥革命,直至北伐战争,一切为解除半殖民地半封建地位的革命的或改良的运动,都遭到了严重的挫折,因此依然保留下这个半殖民地半封建的地位。我们依然是一个弱国,我们在军力、经济力和政治组织力各方面都显得不如敌人。战争之不可避免和中国之不能速胜,又在这个方面有其基础。然而第二,中国近百年的解放运动积累到了今日,已经不同于任何历史时期。各种内外反对力量虽给了解放运动以严重挫折,同时却锻炼了中国人民。今日中国的军事、经济、政治、文化虽不如日本之强,但在中国自己比较起来,却有了比任何一个历史时期更为进步的因素。中国共产党及其领导下的军队,就是这种进步因素的代表。中国今天的解放战争,就是在这种进步的基础上得到了持久战和最后胜利的可能性。中国是如日方升的国家,这同日本帝国主义的没落状态恰是相反的对照。中国的战争是进步的,从这种进步性,就产生了中国战争的正义性。因为这个战争是正义的,就能唤起全国的团结,激起敌国人民的同情,争取世界多数国家的援助。第三,中国又是一个很大的国家,地大、物博、人多、兵多,能够支持长期的战争,这同日本又是一个相反的对比。最后,第四,由于中国战争的进步性、正义性而产生出来的国际广大援助,同日本的失道寡助又恰恰相反。总起来说,中国的短处是战争力量之弱,而其长处则在其战争本质的进步性和正义性,在其是一个大国家,在其国际形势之多助。这些都是中国的特点。

(一二)这样看来,日本的军力、经济力和政治组织力是强的,但其战争是退步的、野蛮的,人力、物力又不充足,国际形势又处于不利。中国反是,军力、经济力和政治组织力是比较地弱的,然而正处于进步的时代,其战争是进步的和正义的,又有大国这个条件足以支持持久战,世界的多数国家是会要援助中国的。

——毛泽东:《论持久战》,《毛泽东选集》(第二卷),人民出版社1991年第2版,第447—450页

(二)

(一)日本帝国主义自去年策动华北独立以来,对于中国的侵略没有一刻停止的,不论它侵略的方法与方式怎样〈随〉具体情况的变化而变化,然而它并吞全中国的基本政策,是始终不变的。在华北进兵之后,高唱着的"经济提携"实际上不过是以经济的侵掠与方法巩固已得的阵地,并给新的进攻准备基础。平津与察北的增兵,绥东的进攻,城〔成〕都,北海,海口,上海丰台等地的挑衅,表示出日寇的新侵略行动又将开始。民族危机,较之过去,是更加严重了。这指出保卫华北,保卫西北,保卫中国,收复东北失地,驱逐日本帝国主义出中国的民族革命战争的任务,更加严重的放到革命政党与全民族身上了。

(二)一年来全中国抗日救亡运动的广大发展,抗日统一战线的开始发动,已经给了日寇侵略计划以相当的打击,暂时的阻止了日寇建立华北国与建立"防共统一战线"的实施,这是中国人民一年来抗日救亡运动的胜利。然而由于抗日救亡运动的发展,还不够广泛,他的力量还不够雄伟,全国各党各派各界各军的有组织的抗日民族统一战线现时还〔不〕仅在开始的阶段,最大的政党——国民党及其领导与影响下军队还没有参加这个战线,国民党的政策还没有基本的转变,因之,民族革命战争还没有能够发动,以致我们不但没有能够停止日寇的继续侵略与保持中国领土主权的再不受到损害,而且日寇不〔还〕巩固了他在华北

的地位，获得了对于中国领土主权的新的侵占，并准备新的大举进攻。这证明：日本帝国主义是能够战胜的，但是需要全中国各党各派各军各界的共同行动与艰苦卓绝的奋斗。

（三）在日本帝国主义不断进攻之下，中国人民的抗日救亡运动现在已竟进入了一个新的阶段，这主要的表现在全国工农小资产阶级广大群众抗日救亡运动的继续增长，中国共产党苏维埃红军抗日救国主张的得到全国广大人民的赞助与全国主力红军的集中于西北抗日前进阵地，一部分民族资产阶级的开始转向抗日战线，国民党军队官兵中广大成份抗日情绪的增长，和在这些基础上产生的国民党及其南京政府分化与动摇。国民党南京政府内外政策的摇摆不定，其言行的自相矛盾，与其各派间关于抗日问题上的争论，明显的表示出他现在是在动摇的中间。在日寇继续进攻，抗日救亡运动继续发展，国际形势新的变动等条件之下，国民党南京政府有缩小以至结束其动摇地位，而转向参加抗日运动的可能。

（四）为着集中全国力量去抵抗日寇的侵掠，驱逐日寇出中国，我们不仅要收复〔集〕更广泛的民众的力量，和一切真正革命的，觉悟的纯洁的分子，而且要争取统治阶层中一切可能的部分到抗日斗争中来，使抗日民族统一战线更加扩大起来，更加增强自己的阵容与力量。推动国民党南京政府及其军队参加抗日战争，是实行全国性大规模的严重的抗日武装斗争之必要条件。但这绝对不应放松对于国民党南京政府一切违反民族利益的错误政策的严厉的批评与斗争。只有这样，才能〈使〉国民党南京政府内部的抗日倾向日渐发展，扩大抗日分子的影响，克服其本身的动摇，战胜亲日派，而走向抗日救国的大道。中央必须着重指出：共产〈党〉在为着实现最广泛的抗日民族统一战线的斗争中不但对于统一战线之公开的或秘密的敌人，应该进行严厉的斗争，而且对于口头上赞成而实际上消极的假抗日分子，以及各种各种〔样〕的同盟者，应该保持批评有完全自由。同时中国共产党赞助一切真正的抗日战争之发动，即〈使〉这种发动是部分的。但是主要的，应用尽一切方法与力量，最迅速的促进与〈组织〉大规模的全国性的真正对日武装抗战。为此目的，共产党应继续坚持"停止内战一致抗日"的口号，反对一切在民族危亡面前自相残杀的内战。

（五）中央认为在目前形式〔势〕之下，有提出建立民主共和国口号的必要，因为这是团结一切抗日力量来保障中国领土完整和预防中国人民遭受亡国灭种的残〔惨〕祸的最好方法，而且这也是从广大的人民的民主要求产生出来的最适当的统一战线的口号。是较之一部分领土上的苏维埃制度在地域上更普及的民主，较之全中国主要地区上国民党的一党专政大大进步的政治制度，因此便更能保障抗日战争的普遍发动与激底胜利。同时民主共和国不但能够使全中国最广大的人民群众参加到政治生活中来,提高他们的觉悟程度与组织力量,而且也给中国无产阶级及其首领共产党为着将来的社会主义的胜利而斗争以自由活动的舞台。因此中国共产党宣布积极赞助民主共和国运动。并且宣布民主共和国在全中国建立,依据普选权的国会实行召集之时,苏维埃区域即将成为他的一个组成部分,苏区人民将选派代表参加国会,并将在苏区内完成同样的民主制度。

(六)中央着重指出:只有继续开展全中国人民的抗日救亡运动,扩大各党各派各界各军的抗日民族统一战线,加强中国共产党在民族统一战线中的政治领导作用,极大的巩固苏维埃与红军,同一切丧权辱国及削弱民族统一战线力量的言论行动进行坚决的斗争,我们方能推动国民党南京政府走向抗日,才能给民主共和国的实现准备前提。没有坚苦的持久的斗争,没有全中国的人民的发动与革命的高涨,民主共和国的实现是不可能的。中国共产党在为民主共和国而斗争的过程中,应该使这个民主〈共〉和国从实行本党所提出的抗日救国十大纲领开始,一直到中国民主资产阶级革命的基本任务激底的完成。

——《中央关于抗日救亡运动的新形势与民主共和国的决议》,http://www.china.com.cn/guoqing/2012-08/30/content_26745735.htm

(三)

从谈论关东军的网文说起

最近几年,互联网上常看到类似"日本关东军是怎么来到东北的?"这样的段子和网文,内容大同小异,经常改头换面在网络上流传。

说到原因,网文中是这样解释的:1900年八国联军进北京后,俄罗斯乘机出兵占领了中国东北全境,并把东北划入了俄罗斯版图。当时清朝政府打仗又打不过俄罗斯,和俄罗斯谈判俄方又蛮不讲理,于是不得不向日本请求帮助。日本应中国政府请求,于1904年向俄罗斯开战,先后派出30多万日军到中国东北和俄军作战,以"牺牲"14万日军生命的代价,打败了俄军,把东北从俄罗斯手中夺回来交还给了中国。中国为了感谢日本的帮助,决定把满洲铁路及沿线地区以及旅顺、大连等地方划归日本管理,允许日本在东北移民屯田开垦,并允许日本在东北驻军,以防范俄罗斯的再次侵略,这就是日本关东军到中国东北来的原因。实际上,到九一八事变发生时,关东军已经在东北驻扎二十几年了。

解释似是而非,漏洞百出,弄清这些问题,需要从日俄战争开始说起。

日本为何发动日俄战争

1900年八国联军侵华期间,沙俄以保护铁路、侨民为借口,派十几万军队侵占我国东北。1902年4月8日，清政府与俄国订立《中俄交收东三省条约》，要求俄军分三期在18个月内撤走，但1903年春俄国不但没有按期撤军，反而增兵并向中国政府提出由俄国独占东北等无理要求。这样一来，俄国独占东北的计划就与怀着同样野心的日本发生了直接冲突。

日本明治维新后，开始走上资本主义道路，实行"富国强兵"政策，大力发展军队，对外实行扩张。1890年12月，担任首相的山县有朋提出"主权线""利益线"理论，将邻国的疆土作为自己的利益线，推行大陆政策，积极向朝鲜半岛和中国扩张。1894年日本发动甲午战争，打败清朝，强迫清政府于1895年4月17日签订了《马关条约》，其中一条就是中国割让辽东半岛给日本，后来由于三国干涉还辽，清政府增加三千万两"赎辽费"才把辽东半岛"赎回"。在三国干涉还辽中，最活跃的是沙俄。深感屈辱的日本卧薪尝胆，经过几年的积极准备后，决定与俄针锋相对，武力对决。

1904年2月10日，日本正式对俄宣战。

这场战争完全是交战双方为了争夺殖民霸权进行的一次非正义的帝国主义战争。软弱无力的清政府发表所谓"中立"上谕，对日俄的侵略行为局外旁观。交战双方根本没把中国的"中立"放在眼里，完全无视中国的存在，在中国的土地上大打出手。他们不仅践踏中国的主权，肆意抢掠，而且无情地蹂躏中国东北的土地，将东北人民推入战争的浩劫之中。

1905年9月5日，认输的沙俄与日本签订了《朴茨茅斯条约》，向日本转让辽东半岛的租借权和南满铁路及其相关权益。需要说明的是，这个条约的谈判清政府没有受邀参加，是日俄间的私相授受。

日俄订约后，日本又强迫清政府承认《朴茨茅斯条约》中有关中国的各项规定，于12月22日签订《中日会议东三省事宜正约》及附约。

日俄战后日本从1906年开始派兵守卫南满铁路沿线，10月设立关东都督府，府内设陆军部统管驻军。1919年4月，日本将关东都督府改为关东厅，将原关东都督府陆军部升格为关东军司令部。从此，关东军正式命名……

1931年关东军有一万人左右，九一八事变就是这支部队一手策划的。后来规模继续扩大，到全盛时期的1941年前后，自称拥兵百万，是日本陆军中最精锐的部队。

通过回顾日俄战争的过程及其影响，我们可以明白以下几个问题：

（一）中国没有请求日本帮助赶走在中国东北的沙俄军队，"中立"只是积弱状态下的被动选择。虽然中国和日本都希望沙俄军队离开东北，但目的完全不一样。中国是希望收回主权，日本是图谋据为己有。

（二）日俄战争后日本把东北大部归还中国是其根据当时的形势决定的，不是出于"好意"，当时除了日本、沙俄之外，美、英等国对东北也有着不同程度的利益索求，日本不得不克制自己的野心。看看日本1931年发动九一八事变全部占领东北便知：不是不要，时候不到。而且日俄战争后日本已经占据了东北南部军事、经济上最为重要的区域。

（三）日本关东军产生的情况比较特殊，虽然不是开着枪、开着炮强行在中国登陆的，但也是武力侵略的产物，是不平等条约的产物，不存在清政府为"防范俄罗斯的再次侵略"，允许日本驻军的情况。

（四）至于日本宣称为战争做出了重大牺牲，完全是为了制造战后持续占领东北的借口。对此，中国学者早就做过辛辣的批判："无论俄国或日本，都是外来侵略者，俄被日代，无非是虎去狼来。但日本帝国主义却从此创立了一个'理论'，叫做'满洲'（即东三省）是它以10万生命、20亿日元代价所得之地，必须掌握在它的手里，它理应成为这里的主宰。"

当时的日本有这样的荒谬主张，今天的日本，对这场早已硝烟散去的战争，又是怎么评价的呢？

日本如何评价日俄战争

现在的日本对日俄战争的评价基本是正面的。著名日本学者和田春树指出："日本于1945年战败之后，出现了反省本国战争的想法。但是，唯有日俄战争一直被认为是不令人羞耻的，是堂堂正正的。"在这方面，小说家司马辽太郎起了不小的作用，他撰写的小说《坂上之云》在日本社会有着巨大影响。他认为战争是日本在沙俄的逼迫下不得已而进行的，并非帝国主义战争，而是"祖国防卫战争"。不过，不经过别的国家同意，到其领土上进行"祖国防卫战争"，实在令人匪夷所思！

2015年8月14日，日本首相安倍晋三在纪念第二次世界大战结束70周年的谈话中，公开宣称"日俄战争鼓舞了许多处在殖民统治之下的亚洲和非洲的人们"。

当然，也有理性的声音。日本全国性历史研究者团体历史学研究会于同年9月14日发表声明，批评"安倍谈话"回避日本加害历史，企图单方面终止谢罪，强烈要求日本政府纠正错误历史认识。

……当下的日本，正在开展各种活动纪念明治维新150周年，日本应该借此机会，理性客观地回首这150年的所作所为……

不可否认，很多学者做了不少研究工作，但是，有两个方面仍需加强：

（一）展开日俄战争的全面研究。到目前为止，还没有比较全面的资料集出版,也没有一本系统的日俄战争史出版,这种状况亟须改变。

(二)加强日本侵华史的整体研究。有深度的学术研究是宣传和普及的基础,我们应该把日俄战争作为日本侵华史的一个重要部分进行研究,重视其内在连续性,同时推进国际合作。只有这样,才能对外有力回击日本有关的错误历史认识,对内彻底纠正各种不正确看法。

——高士华:《日本关东军是怎样来到东北的?》,《抗日战争研究》2018年第3期,第44—47页

(四)

全国同胞们,

尊敬的各位国家元首、政府首脑和联合国等国际组织代表,

尊敬的各位来宾,

全体受阅将士们,

女士们、先生们,同志们、朋友们:

今天,是一个值得世界人民永远纪念的日子。70年前的今天,中国人民经过长达14年艰苦卓绝的斗争,取得了中国人民抗日战争的伟大胜利,宣告了世界反法西斯战争的完全胜利,和平的阳光再次普照大地。

在这里,我代表中共中央、全国人大、国务院、全国政协、中央军委,向全国参加过抗日战争的老战士、老同志、爱国人士和抗日将领,向为中国人民抗日战争胜利作出重大贡献的海内外中华儿女,致以崇高的敬意!向支援和帮助过中国人民抵抗侵略的外国政府和国际友人,表示衷心的感谢!向参加今天大会的各国来宾和军人朋友们,表示热烈的欢迎!

女士们、先生们,同志们、朋友们!

中国人民抗日战争和世界反法西斯战争,是正义和邪恶、光明和黑暗、进步和反动的大决战。在那场惨烈的战争中,中国人民抗日战争开始时间最早、持续时间最长。面对侵略者,中华儿女不屈不挠、浴血奋战,彻底打败了日本军国主义侵略者,捍卫了中华民族5 000多年发展的文明成果,捍卫了人类和平事业,铸就了战争史上的奇观、中华民族的壮举。

中国人民抗日战争胜利,是近代以来中国抗击外敌入侵的第一次完全胜利。这一伟大胜利,彻底粉碎了日本军国主义殖民奴役中国的图谋,洗刷了近代以来中国抗击外来侵略屡战屡败的民族耻辱。这一伟大胜利,重新确立了中国在世界上的大国地位,使中国人民赢得了世界爱好和平人民的尊敬。这一伟大胜利,开辟了中华民族伟大复兴的光明前景,开启了古老中国凤凰涅槃、浴火重生的新

征程。

在那场战争中，中国人民以巨大民族牺牲支撑起了世界反法西斯战争的东方主战场，为世界反法西斯战争胜利作出了重大贡献。中国人民抗日战争也得到了国际社会广泛支持，中国人民将永远铭记各国人民为中国抗战胜利作出的贡献！

女士们、先生们，同志们、朋友们！

经历了战争的人们，更加懂得和平的宝贵。我们纪念中国人民抗日战争暨世界反法西斯战争胜利70周年，就是要铭记历史、缅怀先烈、珍爱和平、开创未来。

那场战争的战火遍及亚洲、欧洲、非洲、大洋洲，军队和民众伤亡超过1亿人，其中中国伤亡人数超过3 500万，苏联死亡人数超过2 700万。绝不让历史悲剧重演，是我们对当年为维护人类自由、正义、和平而牺牲的英灵、对惨遭屠杀的无辜亡灵的最好纪念。

战争是一面镜子，能够让人更好认识和平的珍贵。今天，和平与发展已经成为时代主题，但世界仍很不太平，战争的达摩克利斯之剑依然悬在人类头上。我们要以史为鉴，坚定维护和平的决心。

为了和平，我们要牢固树立人类命运共同体意识。偏见和歧视、仇恨和战争，只会带来灾难和痛苦。相互尊重、平等相处、和平发展、共同繁荣，才是人间正道。世界各国应该共同维护以联合国宪章宗旨和原则为核心的国际秩序和国际体系，积极构建以合作共赢为核心的新型国际关系，共同推进世界和平与发展的崇高事业。

为了和平，中国将始终坚持走和平发展道路。中华民族历来爱好和平。无论发展到哪一步，中国都永远不称霸、永远不搞扩张，永远不会把自身曾经经历过的悲惨遭遇强加给其他民族。中国人民将坚持同世界各国人民友好相处，坚决捍卫中国人民抗日战争和世界反法西斯战争胜利成果，努力为人类作出新的更大的贡献。

中国人民解放军是人民的子弟兵，全军将士要牢记全心全意为人民服务的根本宗旨，忠实履行保卫祖国安全和人民和平生活的神圣职责，忠实执行维护世界和平的神圣使命。我宣布，中国将裁减军队员额30万。

女士们、先生们，同志们、朋友们！

"靡不有初，鲜克有终。"实现中华民族伟大复兴，需要一代又一代人为之努力。中华民族创造了具有5 000多年历史的灿烂文明，也一定能够创造出更加灿烂的明天。

前进道路上,全国各族人民要在中国共产党领导下,坚持以马克思列宁主义、毛泽东思想、邓小平理论、"三个代表"重要思想、科学发展观为指导,沿着中国特色社会主义道路,按照"四个全面"战略布局,弘扬伟大的爱国主义精神,弘扬伟大的抗战精神,万众一心,风雨无阻,向着我们既定的目标继续奋勇前进!

　　让我们共同铭记历史所启示的伟大真理:正义必胜!和平必胜!人民必胜!

——习近平:《在纪念中国人民抗日战争暨世界反法西斯战争胜利70周年大会上的讲话》,https://politics.people.com/cn/n/2015/0903/c1024-27543345.html

第七章 为新中国而奋斗

学 习 提 示

　　本章有四节内容,叙述自抗日战争结束后到新中国建立前这一历史阶段,中国人民在中国共产党领导下为最终完成民族独立和人民解放的历史任务、建立人民共和国而进行的英勇斗争。通过本章学习,要求学生了解抗战胜利后的时局及其对中国历史发展的影响;认识国民党政权遭到广大人民反对并迅速走向崩溃的根本原因;理解"第三条道路"幻想破灭和中国共产党领导的多党合作政治协商格局形成的历史必然性;认识人民共和国的创建和共产党执政地位的确立是历史和人民的选择;了解中国新民主主义革命胜利的基本经验。

习 题 训 练

(一) 单项选择题

1. 抗战胜利后,美国对华政策的根本目标是(　　)。
　　A. 扶持蒋介石政府一党独裁　　　　B. 帮助中国发展经济
　　C. 在中国建立一个亲美政府　　　　D. 排挤老牌殖民国家在中国的势力

2. 1945年8月,中共中央在对时局的宣言中明确提出的口号是(　　)。
　　A. 和平、民主、团结　　　　　　　B. 巩固国内和平,实现民主改革
　　C. 打倒蒋介石,解放全中国　　　　D. 独立、自由、和平

3. 1945年8月至10月,国共双方举行的谈判是( )。
   A. 西安谈判   B. 重庆谈判
   C. 南京谈判   D. 北平谈判

4. 1945年10月10日,国共两党签署《政府与中共代表会谈纪要》,同意( )。
   A. 减租减息,发展生产   B. 长期合作,坚决避免内战
   C. 巩固和平,建设民主   D. 实施宪政,制定宪法

5. 1946年6月底,国民党军队挑起全国性内战的起点是( )。
   A. 大举围攻东北解放区   B. 大举围攻山东解放区
   C. 大举围攻陕甘宁解放区   D. 大举围攻中原解放区

6. 1947年6月至1947年6月一年的时间里,人民军队处于( )。
   A. 战略进攻阶段   B. 战略相持阶段
   C. 战略防御阶段   D. 战略决战阶段

7. 1947年10月10日,中国人民解放军总部发表宣言提出的口号是( )。
   A. 和平、民主、团结   B. 打倒蒋介石,解放全中国
   C. 将革命进行到底   D. 打过长江去,解放全中国

8. 1946年5月,中共中央发布的实现"耕者有其田"政策的重要文件是( )。
   A.《兴国土地法》
   B.《中国土地法大纲》
   C.《在晋绥干部会议上的讲话》
   D.《关于清算、减租及土地问题的指示》

9. 1947年,中国共产党在全国土地会议上制定和通过的重要文件是( )。
   A.《井冈山土地法》
   B.《兴国土地法》
   C.《中国土地法大纲》
   D.《关于清算、减租及土地问题的指示》

10. 1945年,在昆明发生的以"反对内战,争取和平"为主要口号的学生运动是( )。
   A. 一二·九运动   B. 一二·一运动
   C. 一二三〇运动   D. 五二〇运动

11. 1946年,北平学生发动的抗议驻华美军暴行的斗争运动是( )。
   A. 一二·九运动   B. 一二·一运动
   C. 一二三〇运动   D. 五二〇运动

12. 1947年5月开始,南京、北平、上海、杭州、武汉、广州等60多个大、中城市相

继爆发了（ ）。
A. 反贪污、反浪费 B. 反行贿、反受贿
C. 反教条、反本本 D. 反饥饿、反内战

13. 1947年，台湾省人民为反抗国民党当局的暴政举行了（ ）。
A. 一二·一运动 B. 二二八起义
C. 五二〇运动 D. 黑旗军起义

14. 1947年10月后，国统区爱国学生运动的主要斗争口号是（ ）。
A. 反饥饿 B. 反内战 C. 反迫害 D. 反独裁

15. 在1947年5月宣告成立的少数民族自治政府是（ ）。
A. 内蒙古自治政府 B. 宁夏回族自治政府
C. 广西壮族自治政府 D. 新疆维吾尔自治政府

16. 1946年5月4日，在重庆正式成立的民主党派是（ ）。
A. 中国民主同盟 B. 中国民主建国会
C. 中国民主促进会 D. 九三学社

17. 在1947年10月被国民党当局宣布为"非法团体"并明令"严加取缔"的民主党派是（ ）。
A. 中国民主同盟 B. 中国民主建国会
C. 台湾民主自治同盟 D. 中国国民党革命委员会

18. 1947年11月，在香港正式成立的民主党派是（ ）。
A. 中国民主同盟 B. 中国民主建国会
C. 台湾民主自治同盟 D. 中国国民党革命委员会

19. 1948年1月，宣告正式成立的民主党派是（ ）。
A. 中国民主政团同盟 B. 中国国民党革命委员会
C. 中国民主促进会 D. 中国民主建国会

20. 1948年1月，公开确认中国共产党"值得每个爱国的中国人赞佩"的民主党派是（ ）。
A. 中国民主同盟 B. 中国农工民主党
C. 中国民主促进会 D. 中国国民党革命委员会

21. 标志中国民主同盟站到新民主主义革命立场上来的会议是（ ）。
A. 民盟一届一中全会 B. 民盟一届二中全会
C. 民盟一届三中全会 D. 民盟一届四中全会

22. 1948年9月，中国人民解放军发起的重大战役是（ ）。
A. 辽沈战役 B. 淮海战役 C. 平津战役 D. 渡江战役

23. 1949年3月召开的中共七届二中全会解决的重大理论中最重要的一项是（　　）。

A. 指出了党的工作中心的转移

B. 提出了促进全国革命胜利的方针

C. 规定了革命胜利后党的基本政策

D. 强调党的工作路线

24. 毛泽东在《论人民民主专政》一文中指出,人民民主专政的主要基础是（　　）。

A. 工人阶级和农民阶级的联盟

B. 工人阶级和民族资产阶级的联盟

C. 农民阶级和城市小资产阶级的联盟

D. 城市小资产阶级和民族资产阶级的联盟

25. 1949年中国人民政治协商会议第一届全体会议在北京召开,会议通过了（　　）。

A.《中国人民政治协商会议共同纲领》

B.《对时局的声明》

C.《五四指示》

D.《施政纲领》

（二）多项选择题

1. 1946年1月10日政治协商会议在重庆开幕,出席会议的主要党派有（　　）。

A. 中国国民党　　　　　　B. 中国共产党

C. 中国民主同盟　　　　　D. 中国青年党

2. 美国政府支持国民党的反共政策,其原因是（　　）。

A. 避免共产党完全控制中国　　B. 遏制苏联、建立亲美政府

C. 在中国实施独裁统治　　　　D. 维护美国在中国的殖民主义利益

3. 1946年6月23日,在国民党当局制造的下关惨案中被打伤的民主进步人士包括（　　）。

A. 李公朴　　　B. 雷洁琼　　　C. 郭沫若　　　D. 马叙伦

4. 1947年3月至6月,中国人民解放军粉碎了国民党军队（　　）。

A. 对陕甘宁解放区的重点进攻　　B. 对东北解放区的重点进攻

C. 对中原解放区的重点进攻　　　D. 对山东解放区的重点进攻

5. 1947年6月底,揭开人民解放战争战略进攻的序幕是（　　）。

A. 刘邓大军跃进大别山　　　　B. 陈粟大军挺进苏鲁豫皖

C. 陈谢兵团挺进豫西　　　　　D. 林罗大军挺进东北

6. 1947年5月,国统区爱国学生运动的主要斗争口号是(　　)。
　A. 反饥饿　　　B. 反内战　　　C. 反迫害　　　D. 反独裁

7. 全国解放战争时期,在国民党统治区爆发的爱国学生运动有(　　)。
　A. 一二·九运动　　　　　　　B. 一二·一运动
　C. 一二三〇运动　　　　　　　D. 五二〇运动

8. 全国解放战争时期,为国统区民主运动斗争献出生命的中国民盟爱国人士是(　　)。
　A. 邓演达　　　B. 李公朴　　　C. 闻一多　　　D. 杜斌丞

9. 1948年,中共中央在纪念五一国际劳动节的口号中提出的主张包括(　　)。
　A. 召开政治协商会议　　　　　B. 召集人民代表大会
　C. 成立民主联合政府　　　　　D. 建立民族自治制度

10. 1948年11月至1949年1月的淮海战役中,担任总前委领导的是(　　)。
　A. 刘伯承　　　B. 陈毅　　　C. 粟裕　　　D. 邓小平

11. 1949年3月召开的中共七届二中全会指出了中国由(　　)。
　A. 农业国转变为工业国　　　　B. 新民主主义转变为社会主义
　C. 工业国转变为农业国　　　　D. 社会主义转变为共产主义

12. 毛泽东在《论人民民主专政》一文中指出,由新民主主义到社会主义主要依靠(　　)。
　A. 工人阶级　　　　　　　　　B. 农民阶级
　C. 城市小资产阶级　　　　　　D. 民族资产阶级

13. 在1949年中华人民共和国中央人民政府成立时,担任副主席职务的民主人士是(　　)。
　A. 李济深　　　B. 宋庆龄　　　C. 张澜　　　D. 黄炎培

14. 毛泽东指出,中国共产党在中国革命中战胜敌人主要的法宝是(　　)。
　A. 土地革命　　　　　　　　　B. 统一战线
　C. 武装斗争　　　　　　　　　D. 党的建设

(三) 辨析题

1. 在抗战胜利后,中国共产党争取和平民主的努力是毫无意义的。

2. 1947年国民党战略进攻的重点是全面进攻解放区。

3. 土地改革运动的深入开展,为打败蒋介石、建立新中国奠定了深厚的群众基础。
4. 在中国革命统一战线中存在两个联盟,其中劳动者的联盟是基本的、主要的。
5. 第二条战线是指解放战争时期国统区广大人民的起义。
6. 1949年元旦,蒋介石发表"求和"声明,希望与共产党和平谈判。

(四)简答题

1. 中国共产党必须打败蒋介石、能够打败蒋介石的主要原因。
2. 抗战胜利后,中国共产党与民主党派团结合作的主要体现。
3. 第三条道路的主张及结局。
4. 中国共产党领导的多党合作和政治协商制度形成的基础。

(五)论述题

1. 中国新民主主义革命取得胜利的主要原因。
2. 中国共产党领导中国革命取得胜利的基本经验。

参 考 答 案

(一)单项选择题

1. C 2. A 3. B 4. B 5. D 6. C 7. B 8. D 9. C 10. B 11. C 12. D 13. B
14. C 15. A 16. D 17. A 18. C 19. B 20. A 21. C 22. A 23. C 24. A 25. A

(二)多项选择题

1. ABCD 2. ABD 3. BD 4. AD 5. ABC 6. AB 7. BCD 8. BCD 9. ABC
10. ABCD 11. AB 12. AB 13. ABC 14. BCD

(三)辨析题

1. 错误。在抗战胜利后,中国共产党争取和平民主的努力,尽管最终未能阻止全面内战的爆发,但是,它使得各界群众增进了对中国共产党的了解,懂得了什么人应当对这场战争承担责任。这在政治上是一个重大的胜利。与此同时,在中国共产党积极争取下,中国人民毕竟争得了将近一年的和平的暂息时期。这也为扩大和巩固解放区、做好进行自卫战争的准备,提供了有利的条件。

2. 错误。 在1946年6月至1947年2月,国民党的主要战略要点是全面进攻解放区。1946年6月至10月,国民党侵占解放区城市153座;解放军收复城市48座,歼敌29.8万人。从1946年11月至1947年2月,国民党侵占解放区城市87座,解放军则收复和解放87座、歼敌41万人。接连的军事战略和进攻失败,使国民党军被迫放弃对解放区的全面进攻,而改为对陕北、山东两解放区的重点进攻。

3. 正确。 经过土地改革运动,广大农民分得土地并在政治上获得翻身以后,其政治觉悟和组织程度空前提高,农村生产力得到解放,工农联盟进一步巩固和加强。人民解放战争获得了源源不断的人力、物力的支援。经过这个运动,中国最主要的人民群众——农民进一步认识到,中国共产党是自身利益的坚决维护者,因而自觉地在党的周围团结起来。这就为打败蒋介石、建立新中国奠定了深厚的群众基础。

4. 正确。 中国革命统一战线中存在着两个联盟:一个是劳动者的联盟,主要是工人、农民和城市小资产阶级的联盟,其中工农联盟是基础;一个是劳动者与非劳动者的联盟,主要是劳动者与民族资产阶级的联盟,有时还包括与一部分大资产阶级的暂时的联盟。在这两个联盟中,前者是基本的、主要的;后者是辅助的、同时又是重要的。中国革命的发展必须坚决依靠第一个联盟,争取建立和扩大第二个联盟。

5. 错误。 在国民党统治区,以学生运动为先导的人民民主运动迅速发展起来,成为配合人民解放战争的第二条战线。国民党政府由于它的专制独裁统治和官员们的贪污腐败,大发国难财,抗战后期在大后方便已严重丧失人心。抗战胜利后,原沦陷区人民也很快对它失望。国民党之所以迅速失去民心,主要是由于它违背全国人民迫切要求休养生息、和平建国的意愿,执行反人民的内战政策。针对国民党的行为,1945年底开始,全国各地学生开始陆续发动"反内战、反迫害"的运动,促进了整个人民民主运动的高涨。

6. 错误。 1949年元旦,蒋介石发表"求和"声明,企图借"和平谈判"之际争取喘息时间,布置长江防线,以便卷土重来。1月14日,毛泽东以中共中央主席的名义发表关于时局的声明,严正指出:虽然中国人民解放军具有充足的力量和充分的理由,确有把握在不久的时间里,全部地消灭国民党反动政府的残余军事力量;但是为了迅速结束战争,实现真正和平,减少人民的痛苦,中国共产党愿意与南京国民政府及国民党地方政府和军事集团进行和平谈判。由于国民党政府拒绝在《国内和平协定》上签字,和谈失败。

(四) 简答题

1. 中国共产党必须打败蒋介石,是因为蒋介石发动的战争,是一个在美帝国主义指挥之下的反对中国民族独立和中国人民解放的反革命的战争。在这种时候,如果中国共产党表示软弱,表示退让,不敢坚决地起来用革命战争反对反革命战争,中国就将变成黑暗世界,中华民族的前途就会被断送。中国共产党能够打败蒋介石,是因为蒋介石军事力量的优势和美国的援助,只是临时起作用的因素;而蒋介石发动的战争的反人民性质,人心的向背,则是经常起作用的因素,在这方面,中国共产党占着优势。人民解放军的战争所具有的爱国的正义的、革命的性质,必然要获得全国人民的拥护。这就是战胜蒋介石的政治基础。

2. 中国各民主党派主张爱国、反对卖国,主张民主、反对独裁。这些方面同中国共产党的新民主主义革命政纲基本上是一致的。在战后进行国共谈判和召开政协会议时,民主党派作为"第三方面",主要是同共产党一起,反对国民党的内战、独裁政策,为和平民主而奔走呼号的。它们为政协会议的成功作出了自己的贡献,还为维护政协协议进行过不懈的努力。在国民党当局撕毁政协协议、发动全面内战时,民盟和其他民主党派的大多数人,在拒绝参加国民党一手包办的伪"国民大会"和虚假的"多党政府"以及反对国民党炮制的伪"宪法"等一系列重大问题上,是同共产党站在一起的。它们还积极参加和支持国民党统治区的爱国民主运动,在第二条战线的斗争中尽了自己的一份力量。

3. 抗日战争胜利后,某些民主党派的领导人物曾经鼓吹"中间路线"。他们认为,当时的形势是,国民党不能用武力消灭共产党,共产党也不能用武力推翻国民党,这似乎为实行中间路线提供了千载一时的机会。

中间路线的鼓吹者主张:在政治上,"必须实现英美式的民主政治",但不准地主官僚资本家操纵;在经济上,"应当实行改良的资本主义",但不容官僚买办资本横行。而实行的方法,则是走和平的改良的道路。他们所提倡的,是资产阶级共和国的方案;他们所主张的,实质上是旧民主主义的道路。

中国在战后面临的是两种命运、两个前途的尖锐斗争。客观形势决定了人们没有走中间路线的余地。持有中间路线想法的人们一接触到实际斗争,尤其是内战重起,就使他们只能在靠近共产党或靠近国民党中选择道路,而不能有其他道路。

4. 中国各民主党派在形成时,主要是以民族资产阶级、城市小资产阶级及其知识分子,以及其他爱国民主分子为社会基础。它们曾试图通过第三条道路争取在中国建立欧美式的资产阶级共和国。但历史经验表明,资产阶级共和国的方案在中国是行不通的。中国各民主党派和无党派民主人士的绝大多数人,经过实践的教育,确认了中国共产党关于通过建立人民共和国、走向社会主义的政治主张的正确性;认识到只有接受中国共产党的领导,才能在中国政治生活中有效地发挥积极作用,才有光明的前途。中国共产党领导的多党合作和政治协商制度,是在这个基础上形成的。中国这种崭新的政党制度的确立,符合中国历史发展的规律和中国人民的根本利益,也符合各民主党派和无党派民主人士的意愿。

(五) 论述题

1. 由于帝国主义、封建主义、官僚资本主义的残酷压迫,中国人民走上了反帝反封建反官僚资本主义斗争的伟大道路。工人、农民、城市小资产阶级群众是民主革命的主要力量。随着斗争的发展,民族资产阶级也逐步向共产党靠拢。各民主党派和无党派民主人士、各少数民族、爱国的知识分子和华侨等,都在这场斗争中发挥了积极的作用。没有广大人民和各界人士的广泛参加和大力支持,中国革命的胜利是不可能的。

中国共产党是用马克思主义的科学理论武装起来的,它是以马克思列宁主义基本原理与中国实践相结合的毛泽东思想作为一切工作的指针。因此，中国共产党能够制定出适合中国情况的、符合中国人民利益的纲领、路线、方针和政策，为中国人民的斗争指明正确的方向。中国共产党人在革命过程中始终英勇地站在斗争的最前线，并以行动表明了自己是最有远见，最富于牺牲精神，最坚定，而又最能虚心体察民情并依靠群众的坚强的革命者，从而赢得了广大中国人民的衷心拥护。

中国革命之所以能够赢得胜利，同国际无产阶级和人民群众的支持也是分不开的。为了中国人民解放事业，一些国际友人还直接参加了中国的革命斗争，有的已经长眠在中国的土地上。

2. 中国共产党在领导人民革命的过程中，积累了丰富的经验。毛泽东指出："统一战线，武装斗争，党的建设，是中国共产党在中国革命中战胜敌人的三个法宝，三个主要的法宝。"

第一，建立广泛的统一战线。由于中国人民受到帝国主义、封建主义和官僚资本主义的严重压迫，在中国建立革命统一战线的群众基础是十分广泛的。建立广泛的统一战线，是坚持和发展革命的政治基础。第二，坚持革命的武装斗争。由于中国没有资产阶级民主，反动统治阶级凭借武装力量对人民实行独裁恐怖统治，革命只能以长期的武装斗争作为主要形式。中国的武装斗争实质上是工人阶级领导的农民战争。中国共产党必须深入农村，发动和武装农民，在农村建立革命的根据地，以农村包围城市，才能逐步地争取革命的胜利。第三，加强共产党自身的建设。中国共产党遵循毛泽东建党学说，在长期的斗争实践中，把自己锻炼成了一个有纪律的、有马克思列宁主义理论武装的、采取自我批评方法的、联系人民群众的党，成为了掌握统一战线和武装斗争这两个武器以实行对敌冲锋陷阵的英勇战士，成为了全国各族人民拥戴的领导核心。

延 伸 阅 读

（一）

美国的白皮书，选择在司徒雷登业已离开南京、快到华盛顿、但是尚未到达的日子——八月五日发表，是可以理解的，因为他是美国侵略政策彻底失败的象征。司徒雷登是一个在中国出生的美国人，在中国有相当广泛的社会联系，在中国办过多年的教会学校，在抗日时期坐过日本人的监狱，平素装着爱美国也爱中国，颇能迷惑一部分中国人，因此被马歇尔看中，做了驻华大使，成为马歇尔系统中的风云人物之一。在马歇尔系统看来，他只有一个缺点，就是在他代表马歇尔系统的政策在中国当大使的整个时期，恰恰就是这个政策彻底地被中国人民打败了的时期，这个责任可不小。以脱卸责任为目的的白皮书，当然应该在司徒雷登将到未到的日子发表为适宜。

美国出钱出枪，蒋介石出人，替美国打仗杀中国人，借以变中国为美国殖民地的战争，组成了美国帝国主义在第二次世界大战以后的世界侵略政策的一个重大的部分。美国侵略政策的对象有好几个部分。欧洲部分，亚洲部分，美洲部分，这三个是主要的部分。中国是亚洲的重心，是一个具有四亿七千五百万人口的大国，夺取了中国，整个亚洲都是它的了。美帝国主义的亚洲战线巩固了，它就可以集中力量向欧洲进攻。美帝国主义在美洲的战线，它是认为比较地巩固的。这些就是美国侵略者的整个如意算盘。

可是，一则美国的和全世界的人民都不要战争；二则欧洲人民的觉悟，东欧各人民民主国家的兴起，特别是苏联这个空前强大的和平堡垒耸立在欧亚两洲之间，顽强地抵抗着美国的侵略政策，使美国的注意力大部分被吸引住了；三则，这是主要的，中国人民的觉悟，中国共产党领导的武装力量和民众组织力量已经空前地强大起来了。这样，就迫使美帝国主义的当权集团不能采取大规模地直接地武装进攻中国的政策，而采取了帮助蒋介石打内战的政策。

美国的海陆空军已经在中国参加了战争。青岛、上海和台湾，有美国的海军基地。北平、天津、唐山、秦皇岛、青岛、上海、南京都驻过美国的军队。美国的空军控制了全中国，并从空中拍摄了全中国战略要地的军用地图。在北平附近的安平镇，在长春附近的九台，在唐山，在胶东半岛，美国的军队或军事人员曾经和人民解放军接触过，被人民解放军俘虏过多次。陈纳德航空队曾经广泛地参战。美国的空军除替蒋介石运兵外，又炸沉了起义的重庆号巡洋舰。所有这些，都是直接参战的行动，只是还没有公开宣布作战，并且规模还不算大，而以大规模地出钱出枪出顾问人员帮助蒋介石打内战为主要的侵略方式。

美国之所以采取这种方式，是被中国和全世界的客观形势所决定的，并不是美帝国主义的当权派——杜鲁门、马歇尔系统不想直接侵略中国。在助蒋作战的开头，又曾演过一出美国出面调处国共两党争端的文明戏，企图软化中国共产党和欺骗中国人民，不战而控制全中国。和谈失败了，欺骗不行了，战争揭幕了。

对于美国怀着幻想的善忘的自由主义者或所谓"民主个人主义"者们，请你们看一看艾奇逊的话："和平来到的时候，美国在中国碰到了三种可能的选择：（一）它可以一干二净地撤退；（二）它可以实行大规模的军事干涉，帮助国民党毁灭共产党；（三）它可以帮助国民党把他们的权力在中国最大可能的地区里面建立起来，同时却努力促成双方的妥协来避免内战。"

为什么不采取第一个政策呢？艾奇逊说："我相信当时的美国民意认为，第一种选择等于叫我们不要坚决努力地先做一番补救工作,就把我们的国际责任,把我们对华友好的传统政策,统统放弃。"原来美国的所谓"国际责任"和"对华友好的传统政策",就是干涉中国。干涉就叫做担负国际责任,干涉就叫做对华友好,不干涉是不行的。艾奇逊在这里强奸了美国的民意,这是华尔街的"民意",不是美国的民意。

为什么不采取第二个政策呢?艾奇逊说:"第二种供选择的政策,从理论上来看,以及回顾起来,虽然都似乎是令人神往,却是完全行不通的。战前的十年里,国民党已经毁灭不了共产党。现在是战后了,国民党是削弱了,意志消沉了,失去了民心,这在前文已经有了说明。在那些从日本手里收复过来的地区里,国民党文武官员的行为一下子就断送了人民对国民党的支持,断送了它的威信。可是共产党却比以往无论什么时候都强盛,整个华北差不多都被他们控制了。从国民党军队后来所表现的不中用的惨况看来,也许只有靠美国的武力才可以把共产党打跑。对于这样庞大的责任,无论是叫我们的军队在一九四五年来承担,或者是在以后来承担,美国人民显然都不会批准。我们因此采取了第三种供选择的政策……"

好办法,美国出钱出枪,蒋介石出人,替美国打仗杀中国人,"毁灭共产党",变中国为美国的殖民地,完成美国的"国际责任",实现"对华友好的传统政策"。

……

美国确实有科学,有技术,可惜抓在资本家手里,不抓在人民手里,其用处就是对内剥削和压迫,对外侵略和杀人。美国也有"民主政治",可惜只是资产阶级一个阶级的独裁统治的别名。美国有很多钱,可惜只愿意送给极端腐败的蒋介石反动派。现在和将来据说很愿意送些给它在中国的第五纵队,但是不愿意送给一般的书生气十足的不识抬举的自由主义者,或民主个人主义者,当然更加不愿意送给共产党。送是可以的,要有条件。什么条件呢?就是跟我走。美国人在北平,在天津,在上海,都洒了些救济粉,看一看什么人愿意弯腰拾起来。太公钓鱼,愿者上钩。嗟来之食,吃下去肚子要痛的。

我们中国人是有骨气的。许多曾经是自由主义者或民主个人主义者的人们,在美国帝国主义者及其走狗国民党反动派面前站起来了。闻一多拍案而起,横眉怒对国民党的手枪,宁可倒下去,不愿屈服。朱自清一身重病,宁可饿死,不领美国的"救济粮"。唐朝的韩愈写过《伯夷颂》,颂的是一个对自己国家的人民不负责任、开小差逃跑、又反对武王领导的当时的人民解放战争、颇有些"民主个人主义"思想的伯夷,那是颂错了。我们应当写闻一多颂,写朱自清颂,他们表现了我们民族的英雄气概。

……

人民解放军横渡长江,南京的美国殖民政府如鸟兽散。……

……美国的白皮书,就是一部破产的记录。先进的人们,应当很好地利用白皮书对中国人民进行教育工作。

司徒雷登走了,白皮书来了,很好,很好。这两件事都是值得庆祝的。

——毛泽东:《别了,司徒雷登》(1949年8月18日),《毛泽东选集》(第四卷),人民出版社1991年版,第1491—1498页

(二)

中国人民解放事业中,除主战场以外,还有第二条战线,那就是国民党统治区的学生运动。

毛泽东在1947年5月30日所写的新华社评论中指出:"中国境内已有了两条战线。蒋介石进犯军和人民解放军的战争,这是第一条战线。现在又出现了第二条战线,这就是伟大的正义的学生运动和蒋介石反动政府之间的尖锐斗争。"把国民党统治区的学生运动和人民解放军的战争放在一起,称为"两条战线",这是一个很高的评价。人们可能要问:中国近代的学生运动有着光荣的传统,一直起着先锋和桥梁作用。五四运动、一二九运动都对中国的历史发展产生了重大影响,为什么毛泽东过去没有使用过"第二条战线"这个提法,而到此刻要谈"现在又出现了第二条战线"呢?

这需要从两方面来说明:一是当时的特定历史条件,中国正处在国共两党进行大决战的前夜,二是这次学生运动那种前所未有的规模和作用。

中国学生的状况和特点

为什么这时的学生运动能起这样的作用?顾名思义,学生运动的主体是学生。因此,回答这个问题不能不从这时中国青年学生的状况和特点说起。解放战争时期的中国青年学生和不少国家的同龄青年学生不同,有着在中国特定环境中形成的这样几个特点:

一、在半殖民地半封建社会的条件下,中国学生历来有着深重的爱国传统和强烈的民族意识。在刚刚过去的八年抗战中,他们和全国人民一起度过了苦难深重的岁月。抗战胜利后,他们曾经欢欣鼓舞地期待着和平建设新中国。凡是能够推动国家走向繁荣昌盛、民族复兴、人民过上安居乐业生活的事情,就能得到他们发自内心的支持和拥戴。与此相反,便会激起他们的愤怒和唾弃。蒋介石在抗战刚刚取得胜利的时刻,却不顾人们的强烈愿望,悍然发动内战。人民中间一切反对内战的呼声,不但不能有什么效果,反而遭到残酷的镇压。这不能

不最终决定绝大多数青年学生的政治取向。不认识这一点,便无法理解中国的学生运动为什么在抗战胜利后才3个来月,就会那样快地汹涌发展起来。

……青年学生有着较高的文化水平,求知心强,在高等学校中尤其如此。他们大多在大城市求学,见闻多,思想活跃,比一般人更容易接受新思想和新知识。当面对无数使他们困惑、痛苦或者感到彷徨的社会现实问题时,他们会如饥似渴地找各种新书来读,寻求问题的答案。鲁迅、邹韬奋的著作在青年学生中的影响大极了。抗战胜利初,中国共产党所办的报纸、杂志还可以公开发行,但不久就被封禁了,这以后,生活书店、读书出版社、新知书店出版的哲学社会科学书籍,如艾思奇的《大众哲学》、胡绳的《辩证法唯物论入门》、华岗的《社会发展史纲》、范文澜的《中国通史简编》、薛暮桥的《经济学》、许涤新的《现代中国经济教程》等,在学生中拥有大量读者。文艺方面如郭沫若、茅盾、巴金的作品,苏联的《钢铁是怎样炼成的》和《青年近卫军》等,对青年学生也产生重大影响。"据南京中(央)大(学)及上海复旦同学报告,复员来的同学订报的,《文汇报》超过半数。""据暨(南)大(学)调查,该校同学有过半数的是半年来到上海后受民主报刊的影响而进步的。"在进步学生中,还秘密流传着油印的或经伪装的毛泽东著作,如《中国革命和中国共产党》、《新民主主义论》等都是油印的。我第一次读到铅印的《在延安文艺座谈会上的讲话》,封面是叶圣陶著《文章讲话》。这些读书活动,使许多学生对问题从感性认识提高到理性认识,逐步接受了马克思列宁主义基本理论和中国共产党的基本主张。这是单从群众运动热烈场面中学不到的。

四、中国共产党在青年学生中有着长时期的影响和工作基础,并且一步一步取得领导地位。抗战中期(特别是皖南事变后),在国民党政府严厉镇压、进步青年活动异常困难的险恶环境中,中共中央对国民党统治区工作确定了"隐蔽精干,长期埋伏,积蓄力量,以待时机"的十六字方针。"中共中央南方局书记周恩来同志根据党中央的指示精神,结合国民党统治区的具体情况,号召进步青年'勤学、勤业、勤交友'。要大家转变作风。"这样做的结果,党组织隐蔽精干地保存下来。就是在日本军队占领的沦陷区,党组织不但顽强地坚持着,并且得到发展。以上海为例:"到抗日战争胜利结束时,学委系统在上海工作的党员有730余名。"他们团结、培养了大批积极分子,建立起不少工作阵地,为解放战争时期学生运动储备了力量,准备了骨干,积累了经验。

……中共中央上海局书记刘晓在运动初期这样分析:"群众在高潮前夜的特点是从极度不满现状开始,都想寻找出路,想改变现状,但斗争决心是不平衡的;正统思想已开始动摇但还未完全抛弃;到处寻找出路,但苦无所得。在这一时期我们的任务是坚决起来领导,广泛号召,从行动中增加他们的斗争勇气,逐渐坚定其决心,并指出正确出路,冲破某些已经久牢的传统思想。我们愈坚决,他们就愈坚决,因为这时群众基本上是倾向革命转变。"这个分析和提出的任务是冷静的、切合实际的。

——金冲及:《论解放战争时期的第二条战线》,《南京大学学报》2014年第1期,第5—27页

(三)

(一)梁先生在记者招待会上宣布"国共关系已有改进,并将继续改进"。如果说去年十月国民党宣布了政治解决的方针而没有进行谈判,现在中共代表林伯渠同志去渝以后才开始了谈判的话,这样说,关系是比以前有了一点微小的改进。可是,梁先生又说:"谈判了三个月之后,国共问题已经有了一部分解决了。"我可以负责声明,任何一个具体的即使是最微小的问题,都没有得到解决,举例如我们要求政府恢复渝延间西延间电台通信,释放各地被捕人员,停止在报纸上对中共造谣诬蔑的言论等事,都未见有任何解决,更不用说停止封锁边区进攻八路军新四军等事了。

(二)梁先生认为:"根本解决问题困难很多",又说:"政府的观点和共产党的观点事实上并无严重分歧。"这先全是一种给国内外关心两党谈判人士一种错觉的说法。实际,双方在解决问题的原则上,有着很大的距离。我们从西安事变以来,即不断向国民党建议,只有立即实行民主,才能增强团结抗战的力量,只有循民主的途径,才能公平合理的解决国共关系与解决国内其他一切政治问题。我们拥护统一,是拥护建立在民主基础上的统一。我们拥护蒋委员长与国民政府,是要求他坚决抗战与真正实行三民主义。这不仅是共产党一党的要求,而且是全国百分之九十九的广大人民的要求。但是国民党统治人士与政府的观点,则完全两样,他们始终不愿意立即实行民主,至今仍坚持国民党的一党统治与限制,削弱和消灭异己的方针,用一种自大和武断的精神,只强调别人应无条件的拥护政府,拥护统一,必不许问这种统一是否对抗战民主团结有利。这就是现时双方谈判所以相距甚远的真正原因。

……

(五)五月十七日,林伯渠同志偕张王两先生飞往重庆。二十一日,我党中央即有复示给林伯渠同志,嘱其向国民党中央提出关于解决目前若干急切问题的意见二十条。其中主要内容,关于全国政治制度者三条:

一、请政府实行民主政治与保障人民的言论出版集会结社及人身之自由。

二、承认中共及各爱国党派的合法地位,释放爱国政治犯。

三、实行名符其实的人民地方自治。

……

（六）梁先生最后说："目前正在处于泯除蒋委员长的条件和共产党的对案之间的分歧。"我党也希望真能很快的泯除这种分歧。梁先生再三声言，肯定中国不会再有内战，这是我党所十分欢迎的。但可惜目前事实，尚与梁先生所谈不甚一致，例如：

一、在陕甘宁边区周围，即使在最近数月，亦尚有零星的袭扰情形。

二、在华北，自今年一月二十八日起，阎锡山的第六十一军即取得敌寇同意，最后更订了协定，从汾西地区渡过汾河，侵占汾东地区，向我决死队、八路军大举进攻，直至现在，还未停止。

三、在华中，国民党李品仙部队最近仍不断向我鄂中、皖中、皖东抗日根据地的新四军部队进攻，而这些部队正在为牵制敌人向我平汉、粤汉两路进攻而战斗着。鄂中根据地最近正因营救了两个美国飞行人员得到了美国空军第十四航空队陈纳德将军的谢函。

四、在华南，东江抗日游击根据地今年曾先后救出六个美国飞行人员，可是这个区域的东江游击纵队，于五月间，又受到国民党军队罗懋勋部两千余人的进攻。

这些就是军事冲突并未停止，内战危机并未过去的证据。

总之，依照目前形势，要最后战胜日本强盗，国共两党必须团结，国共之间所存在的问题，必须从速解决。而这种解决，只有国民党的统治人士立即放弃一党独裁政治，立即放弃削弱与消灭异己的方针，立即实行民主政治，并从民主途径中，公平合理的解决国共关系，才能得到效果。我们共产党人，是以十分热烈的心情期待着这些的。

——《周恩来关于国共谈判问题答新华社记者问》(1944 年 8 月 12 日)，http://cpc.people.com.cn/GB/64184/64186/66645/4490651.html

下编 从新中国成立到社会主义现代化建设新时期(1949—2018)

综述
辉煌的历史进程

内 容 提 要

下编综述的内容分为四部分,概述中华人民共和国成立及其历史意义与社会性质的历史变化、中华人民共和国成立以来历史发展经历的五个发展阶段和两个发展时期及其相互关系、开创和发展中国特色社会主义的历史成就、中国特色社会主义进入新时代的新情况新变化。通过下编综述的学习,要求学生认识新中国诞生的伟大意义和新民主主义社会与社会主义社会的联系与区别、新中国成立以来历史进程的基本线索和两个时期的内在联系、中国特色社会主义的发展脉络、中国特色社会主义进入新时代的历史意义及奋斗目标。

习 题 练 习

(一) 单项选择题

1. 中华人民共和国的成立,标志着中国进入(　　)。
   A. 资本主义社会　　　　　　　B. 新民主主义社会
   C. 社会主义社会　　　　　　　D. 共产主义社会
2. 1949年中华人民共和国成立后,中国进入(　　)。
   A. 由旧民主主义到新民主主义的过渡时期
   B. 由新民主主义到社会主义的过渡时期
   C. 新民主主义革命到建设的过渡时期

D. 社会主义革命到建设的过渡时期

3. 在民主革命取得全国性胜利并完成土地革命后，中国国内存在的主要矛盾是（   ）。
   A. 农民阶级和地主阶级的矛盾　　B. 工人阶级和资产阶级的矛盾
   C. 人民大众和封建主义的矛盾　　D. 人民大众和资本主义的矛盾

4. 中国社会主义革命阶段开始的标志是（   ）。
   A. 中华人民共和国的成立　　　　B. 中共七届三中全会的召开
   C. 党在过渡时期总路线的提出　　D. 第一届全国人民代表大会的召开

5. 新民主主义社会形态的特点是（   ）。
   A. 固定的　　B. 不变的　　C. 过渡的　　D. 独立的

6. 在新民主主义向社会主义过渡时期，经济上处于领导地位的是（   ）。
   A. 私人资本主义经济　　　　　　B. 国家资本主义经济
   C. 社会主义性质的国营经济　　　D. 半社会主义性质的合作社经济

7. 中国进入新民主主义社会后在国际上面临的主要矛盾是（   ）。
   A. 新中国同殖民主义的矛盾　　　B. 新中国同帝国主义的矛盾
   C. 新中国同美国的矛盾　　　　　D. 新中国同英国的矛盾

8. 中华人民共和国成立后，从1949年到1956年的历史发展阶段属于（   ）。
   A. 基本完成社会主义改造的时期
   B. 开始全面建设社会主义的时期
   C. "文化大革命"的时期
   D. 改革开放和社会主义现代化建设的新时期

9. 我国社会主义基本制度确立的标志是（   ）。
   A. 中华人民共和国的成立
   B. 党在过渡时期总路线的提出
   C. 第一届全国人民代表大会的召开
   D. 社会主义三大改造的基本完成

10. 中华人民共和国成立后，从1956年到1966年的历史发展阶段属于（   ）。
    A. 基本完成社会主义改造的时期
    B. 开始全面建设社会主义的时期
    C. "文化大革命"的时期
    D. 改革开放和社会主义现代化建设的新时期

11. 中华人民共和国成立后，从1966年5月到1976年10月的历史发展阶段属于（   ）。

A. 基本完成社会主义改造的时期
B. 开始全面建设社会主义的时期
C. "文化大革命"的时期
D. 改革开放和社会主义现代化建设的新时期

12. 中华人民共和国成立后，从1978年至今的历史发展阶段属于(　　)。
    A. 基本完成社会主义改造的时期
    B. 开始全面建设社会主义的时期
    C. "文化大革命"的时期
    D. 改革开放和社会主义现代化建设的新时期

13. 在社会主义初级阶段，全党和全国的工作中心是(　　)。
    A. 阶级斗争　　　　　　　　B. 经济建设
    C. 坚持四项基本原则　　　　D. 坚持改革开放

14. 中国进入改革开放和社会主义现代化建设的新时期的标志是(　　)。
    A. 中共八大的召开　　　　　B. 中共十大的召开
    C. 中共十一届三中全会的召开　D. 中共十二届三中全会的召开

15. 领导中国人民成功开创了中国特色社会主义的是(　　)。
    A. 以毛泽东为主要代表的中国共产党人
    B. 以邓小平为主要代表的中国共产党人
    C. 以江泽民为主要代表的中国共产党人
    D. 以胡锦涛为主要代表的中国共产党人

16. 建设中国特色社会主义的总依据是(　　)。
    A. 中国人口多、底子薄
    B. 中国社会生产力落后
    C. 中国是世界上最大的发展中国家
    D. 中国将长期处于社会主义初级阶段

17. 新中国最大的历史成就是(　　)。
    A. 完成了社会主义的三大改造
    B. 建立起了独立的、比较完整的国民经济体系
    C. 作出了改革开放的重大决策
    D. 探索、开创、坚持、发展了中国特色社会主义

18. 标志着中国特色社会主义进入新时代的是(　　)。
    A. 中共十六大的召开　　　　B. 中共十七大的召开
    C. 中共十八大的召开　　　　D. 中共十九大的召开

19. 党和国家的生命线、人民的幸福线是指（　　）。
   A. 四项基本原则
   B. 党在社会主义初级阶段的基本路线
   C. 改革开放的政策
   D. 以经济建设为中心
20. "两个一百年"奋斗目标的历史交汇期是（　　）。
   A. 从2020年到2035年　　　　　B. 从2035年到21世纪中叶
   C. 党的十八大到十九大　　　　D. 党的十九大到二十大

（二）多项选择题

1. 中华人民共和国的成立标志着（　　）。
   A. 中国新民主主义革命取得了胜利
   B. 半殖民地半封建社会历史的结束
   C. 新民主主义社会在全国范围内的建立
   D. 社会主义制度的形成
2. 中国进入新民主主义社会后存在的经济成分包括（　　）。
   A. 国营经济和合作社经济　　　B. 个体经济
   C. 私人资本主义经济　　　　　D. 国家资本主义经济
3. 中国进入新民主主义社会后存在的三种主要经济成分是（　　）。
   A. 社会主义经济　　　　　　　B. 个体经济
   C. 私人资本主义经济　　　　　D. 官僚资本主义经济
4. 在中国新民主主义社会中，与三种基本的经济成分相对应的三种基本阶级力量是（　　）。
   A. 地主阶级　　　　　　　　　B. 工人阶级
   C. 农民及其他小资产阶级　　　D. 资产阶级
5. 在新民主主义社会中，三种基本经济成分及其相应阶级力量之间的矛盾集中地表现为（　　）。
   A. 农民阶级与地主阶级的矛盾　B. 资本主义与封建主义的矛盾
   C. 无产阶级与资产阶级的矛盾　D. 社会主义与资本主义的矛盾
6. 中国仍处于并将长期处于社会主义初级阶段，这是（　　）。
   A. 中国的基本国情
   B. 中国建设社会主义现代化不可逾越的历史阶段
   C. 建设中国特色社会主义的总依据

D. 制定路线、方针、政策的基本依据

7. 在民主革命取得全国性胜利后，中国存在的两种基本的矛盾是（　　）。
   A. 中华民族和帝国主义的矛盾　　B. 人民大众和封建主义的矛盾
   C. 新中国和帝国主义的矛盾　　　D. 工人阶级和资产阶级的矛盾

8. 新中国成立以后至今经历的历史发展阶段有（　　）。
   A. 基本完成社会主义改造的时期
   B. 开始全面建设社会主义的时期
   C. "文化大革命"的时期
   D. 改革开放和社会主义现代化建设的新时期

9. 近代以来中国面临着两大历史任务，新中国的成立标志着（　　）。
   A. 社会主义革命的结束
   B. 全面建设社会主义的开始
   C. 争取民族独立、人民解放的历史任务的基本完成
   D. 实现国家繁荣富强、人民共同富裕的历史任务的开始

10. 中国共产党领导人民进行社会主义有改革开放前后两个时期，这两个时期是（　　）。
    A. 相互联系的　　　　　　　　B. 有重大区别的
    C. 彼此割裂的　　　　　　　　D. 根本对立的

11. 新中国历史发展的主题和主线是（　　）。
    A. 建立新民主主义社会
    B. 建立社会主义社会
    C. 探索、开创、坚持和发展中国特色社会主义
    D. 为实现国家富强、民族振兴和人民幸福这一历史任务而奋斗

12. 中国特色社会主义进入了新时代是（　　）。
    A. 世情国情党情变化的必然结果
    B. 社会主要矛盾运动的必然结果
    C. 党的十八大以来党和国家事业发生历史性变革的结果
    D. 中国共产党人带领全国各族人民长期不懈奋斗的结果

13. 以毛泽东同志为核心的党的第一代中央领导集体带领全党全国和各族人民完成了新民主主义革命，进行了社会主义改造，确立了社会主义基本制度，这一基本制度的确立（　　）。
    A. 为当代中国一切发展进步奠定了根本政治前提和制度基础
    B. 是中国历史上最深刻最广泛的社会变革

C. 标志着马克思主义同中国实际第二次结合的完成

D. 使广大劳动人民真正成为国家的主人

14. 十一届三中全会以来,以邓小平为主要代表的中国共产党人,所取得的历史成就有(　　)。

A. 总结新中国成立以来正反两方面的经验

B. 提出"三个代表"重要思想

C. 实现全党工作中心向经济建设转移

D. 实行改革开放

15. 习近平新时代中国特色社会主义思想是(　　)。

A. 马克思主义中国化最新成果

B. 党和人民实践经验和集体智慧的结晶

C. 中国特色社会主义理论体系的重要组成部分

D. 全党全国人民为实现中华民族伟大复兴而奋斗的行动指南

(三) 辨析题

1. 1949年中华人民共和国成立,标志着中国进入社会主义社会。
2. 中华人民共和国的成立,标志着近代以来中华民族面临的两大历史任务的完成。
3. 中国社会主义建设改革开放前和改革开放后这两个时期,既相互联系又有重大区别。
4. 中共十八大以来,中国特色社会主义进入了新时代。

(四) 简答题

1. 新民主主义社会的主要特点和性质。
2. 中共八大、中共十三大、中共十九大对我国社会主义社会的主要矛盾的分析。
3. 我国社会主义建设的根本任务和党在社会主义初级阶段的基本路线。
4. 中国共产党领导的革命的两个阶段。

(五) 论述题

1. 中华人民共和国的成立开辟了中国历史的新纪元。
2. 中国特色社会主义进入新时代所面临的新情况、新变化。

参 考 答 案

（一）单项选择题

1. B 2. B 3. B 4. A 5. C 6. C 7. B 8. A 9. D 10. B 11. C 12. D 13. B
14. C 15. B 16. D 17. D 18. C 19. B 20. D

（二）多项选择题

1. ABC 2. ABCD 3. ABC 4. BCD 5. CD 6. ABCD 7. CD 8. ABCD 9. CD
10. AB 11. CD 12. ABCD 13. ABD 14. ACD 15. ABCD

（三）辨析题

1. 错误。中华人民共和国成立,标志着中国的新民主主义革命取得了基本的胜利,标志着半殖民地半封建社会的结束和新民主主义社会在全国范围内的建立。新民主主义社会是一个属于社会主义体系的过渡性的社会。1956年社会主义改造基本完成,标志着中国进入社会主义社会。

2. 错误。中华人民共和国的成立,标志着中国新民主主义革命取得了基本的胜利,也就是标志着近代以来中国面临的第一项历史任务,即求得民族独立和人民解放的任务基本上完成了。这就为实现第二项历史任务,即实现国家的繁荣富强和人民的共同富裕,创造了前提、开辟了道路。

3. 正确。这两个历史时期本质上都是中国共产党领导人民进行社会主义建设的实践探索。中国特色社会主义是在改革开放历史新时期开创的,但也是在新中国已经建立起社会主义基本制度,并进行了二十多年建设的基础上开创的。虽然这两个历史时期在进行社会主义建设的思想指导、方针政策、实际工作上有很大差别,但两者绝不是彼此割裂的,更不是根本对立的。

4. 正确。这个新时代,是承前启后、继往开来、在新的历史条件下继续夺取中国特色社会主义伟大胜利的时代,是决胜全面建成小康社会、进而全面建设社会主义现代化强国的时代,是全国各族人民团结奋斗、不断创造美好生活、逐步实现全体人民共同富裕的时代,是全体中华儿女勠力同心、奋力实现中华民族伟大复兴中国梦的时代,是我国日益走近世界舞台中央、不断为人类作出更大贡献的时代。

（四）简答题

1. 全国胜利并解决了土地问题以后,中国社会经济中存在着五种成分,即：社会主义性质的国营经济、半社会主义性质的合作社经济、农民和手工业者的个体经济、私人资本主义经济和国家资本主义经济。其中，主要的经济成分是三种，即社会主义经济、个体经济和私人资本主义经济。三种基本的经济成分及与之相应的三种基本的阶级力量（工人阶级、农民及其他小资产阶级、资产阶级）之间的矛盾，就集中地表现为无产阶级与资产阶级的矛盾、社会主义与资本主义的矛盾。新民主主义社会既有社会主义因素，又有资本主义因素，是一个属于社会主义体系的和逐步过渡到社会主义社会去的过渡性质的社会。

2. 1956年召开的中共八大指出，我国社会的主要矛盾"是人民对于经济文化迅速发展的需要同当前经济文化不能满足人民需要的状况之间的矛盾"。1987年召开的中共十三大指出："我们在现阶段所面临的主要矛盾，是人民日益增长的物质文化需要同落后的社会生产之间的矛盾。"2017年召开的中共十九大指出："经过长期努力，中国特色社会主义进入了新时代，这是我国发展新的历史方位。""我国社会主要矛盾已经转化为人民日益增长的美好生活需要和不平衡不充分的发展之间的矛盾。"

3. 我国社会主义建设的根本任务，是进一步解放生产力，发展生产力，逐步实现社会主义现代化，并且为此而改革生产关系和上层建筑中不适应生产力发展的方面和环节。中国共产党在社会主义初级阶段的基本路线是：领导团结全国各族人民，以经济建设为中心，坚持四项基本原则，坚持改革开放，自力更生，艰苦创业，为把我国建设成为富强民主文明和谐美丽的社会主义现代化强国而奋斗。

4. 中国共产党领导的革命，包括新民主主义革命和社会主义革命两个阶段。党领导人民进行新民主主义革命的目的，是要建立以中国工人阶级为领导的中国各个革命阶级联合专政的新民主主义社会，然后，再使之发展到第二个阶段，以建立社会主义社会。

（五）论述题

1. 第一，帝国主义列强压迫中国、奴役中国人民的历史从此结束，中华民族一洗一百多年来蒙受的屈辱，开始以崭新的姿态自立于世界民族之林。占人类总数四分之一的中国人从此站立起来了。第二，本国封建主义、官僚资本主义统治的历史从此结束，长期以来受尽压迫和欺凌的广大中国人民在政治上翻了身，第一次成为新社会、新国家的主人。一个真正属于人民的共和国建立起来了。第三，军阀割据、战乱频仍、匪患不断的历史从此结束，国家基本统一，民族团结，社会政治局面趋向稳定，各族人民开始过上安居乐业的生活。人民可以集中力量从事经济、政治、文化、社会等方面建设的时期开始到来了。第四，为实现由新民主主义向社会主义的过渡，并在社会主义道路上实现中华民族的复兴，创造了政治前提。第五，中国共产党成为全国范围内的执政党。它可以运用国家政权凝聚和调集全国力量，巩固民族独立和人民解放的成果，解放并发展社会生产力，以造福于各族人民，造福于整个中华民族。

2. 一是党的十八大以来，在新中国成立特别是改革开放以来我国发展取得重大成就基础上，党和国家事业发生历史性变革，我国发展站在新的历史起点上，新起点需要新气象新作为；二是世界进入大变革大调整时期，面临千年未有之大变局，如何在乱局中保持定力、在变局中抓住机遇，对我们统筹国际国内两个大局提出了更高要求；三是中国共产党执政面临的社会环境和现实条件发生深刻变化,发展理念和方式有重大转变,发展水平和要求更高;四是我国社会的主要矛盾已经转化为人民日益增长的美好生活需要和不平衡不充分的发展之间的矛盾,经济建设仍然是中心任务,但需要更加注重全面协调可持续发展,需要着力解决好发展不平衡不充分问题;五是从党的十九大到二十大,是"两个一百年"奋斗目标的历史交汇期,我们要在全面建成小康社会、实现第一个百年目标之后,开启全面建设社会主义现代化国家新征程、向第二个百年目标进军。

延 伸 阅 读

(一)

我看了起草小组的提纲,感到铺得太宽了。要避免叙述性的写法,要写得集中一些。对重要问题要加以论断,论断性的语言要多些,当然要准确。

中心的意思应该是三条。

第一,确立毛泽东同志的历史地位,坚持和发展毛泽东思想。这是最核心的一条。不仅今天,而且今后,我们都要高举毛泽东思想的旗帜。十一届五中全会为刘少奇同志平反的决定传达下去以后,一部分人中间思想相当混乱。有的反对给刘少奇同志平反,认为这样做违反了毛泽东思想;有的则认为,既然给刘少奇同志平反,就说明毛泽东思想错了。这两种看法都是不对的。必须澄清这些混乱思想。对毛泽东同志、毛泽东思想的评价问题,党内党外和国内国外都很关心,不但全党同志,而且各方面的朋友都在注意我们怎么说。

要写毛泽东思想的历史,毛泽东思想形成的过程。延安时期那一段,可以说是毛泽东思想比较完整地形成起来的一段。毛泽东思想中关于新民主主义革命的理论,包括党的建设的理论和处理党内关系的原则,在延安整风前后,都比较完整地形成了。六届七中全会通过的若干历史问题决议,主要是批判三次"左"倾路线,对照着讲以毛泽东同志为代表的正确路线,没有专门讲毛泽东思想的全部内容。现在这一次,要正确地评价毛泽东思想,科学地确立毛泽东思想的指导地位,就要把毛泽东思想的主要内容,特别是今后还要继续贯彻执行的内容,用比较概括的语言写出来。"文化大革命"的十年,毛泽东同志是犯了错误的。在讲到毛泽东同志、毛泽东思想的时候,要对这一时期的错误进行实事求是的分析。

第二,对建国三十年来历史上的大事,哪些是正确的,哪些是错误的,要进行实事求是的分析,包括一些负责同志的功过是非,要做出公正的评价。

第三,通过这个决议对过去的事情做个基本的总结。还是过去的话,这个总结宜粗不宜细。总结过去是为了引导大家团结一致向前看。争取在决议通过以后,党内、人民中间思想得到明确,认识得到一致,历史上重大问题的议论到此基本结束。当然,议论过去,将来也难以完全避免,但只是在讨论当前工作的时候,联系着谈谈过去有关的事情。现在要一心一意搞四化,团结一致向前看。做到这点不那么容易。决议要力求做好,能使大家的认识一致,不再发生大的分歧。这样,即使谈到历史,大家也会觉得没有什么不同意见可说了,要说也只是谈谈对决议内容、对过去经验教训的体会。

总的要求,或者说总的原则、总的指导思想,就是这么三条。其中最重要、最根本、最关键的,还是第一条。

——《对起草〈关于建国以来党的若干历史问题的决议〉的意见》(1980年3月19日),《邓小平文选》(第二卷),人民出版社1994年版,第291—293页

(二)

新中国成立以后的四十二年间党的历史,总起来可以说有前后两个时期。前一个时期是十一届三中全会以前的二十九年,后一个时期是在这以后的十三年。

这十三年来,我国的社会主义事业在各方面取得了远远超过前二十九年的成就。在这期间固然也有些小的曲折,但是党总是能够及时地纠正偏向,解决问题,取得新的经验。实践证明,从十一届三中全会以后,党的路线、方针、政策是正确的。

历史不能割断。近十三年是和前二十九年分不开的。如果没有前二十九年的成就为基础,就不可能有近十三年的更高的成就。更重要的是,如果没有前二十九年的经验,就不可能在十一届三中全会后走上正确的道路。十一届三中全会后的路线、方针、政策是吸取了前二十九年的好的经验,也取鉴于前二十九年的反面经验,然后才能得到的。

在前二十九年中,除开始七年比较顺利以外,可以说,走过的道路十分坎坷。我们党甚至犯过两次大的错误,因而使社会主义事业遭到两次大的挫折。一次发生在以"大跃进"为标志的1958年到1960年,另一次发生在以"文化大革命"为标志的1966年到1976年。这两次大错误、大挫折都是由于我们党在独立地寻找中国自己的社会主义道路的过程中发生严重偏差而造成的。

怎样对待这些错误呢？如果因为我们党犯过错误就把我们党说得一无是处，一团漆黑，这是完全不对的，因为这不符合事实。但另一方面，如果不正视这些错误，认真地研究这些错误，从错误中得到经验教训，也是完全错误的。

二十九年中的两次大错误、大挫折都是"左"的指导思想的表现。在那二十九年中，党曾几次不适当地进行反右的斗争。但不能因此而认为右的错误就不要防止和纠正。我们党在新民主主义革命时期犯过右的错误，有过纠正右的错误的经验。在十一届三中全会以后我们党也多次及时地纠正确实存在的右的倾向，这种倾向如果任其发展也会有极大危害。许多外国党的经验也使我们看到右的倾向的严重危害性。历史经验告诉我们，在社会主义建设时期，右的倾向足以导致放弃社会主义、放弃党的领导，所以是必须防止和反对的。"左"的倾向，在我国的历史条件下，一方面往往表现为急躁冒进、急于求成，不顾客观条件，不顾客观规律，盲目地追求生产关系的先进和生产力的高速发展；另一方面往往表现为不对社会经济政治情况作客观的全面的调查分析，任意片面强调阶级斗争，使阶级斗争扩大化。实际上，"左"的倾向不能达到发展和进步，而只能造成混乱和倒退。"左"的倾向会无中生有地制造"阶级斗争"，搞乱自己的队伍，也不能用正确的方法去处理和解决在一定范围内确实存在的阶级矛盾和阶级斗争。因此，在社会主义建设中，"左"的倾向同样足以导致放弃社会主义、放弃党的领导，因此也是必须防止和反对的。

没有一个党是不犯错误的，重要的问题是能否从错误中学习，取得教训。既要从自己所犯的错误中学习，也要从别人所犯的错误中学习。自己所犯的错误往往是更好的教科书。犯大错误当然是很坏的事情，但是由于在大错误中反映的问题往往特别深刻，这个教科书也就特别值得认真学习。错误能够成为正确的先导，但不是无条件地成为正确的先导。关键在于要善于总结经验。

中国共产党是伟大、光荣、正确的党，这并不是因为它从来不犯错误，而是因为它从来能够总结错误的经验，从错误中学习，通过错误的教训更提高对客观规律的认识，纠正错误，使错误成为正确的先导。

——中共中央党史研究室著、胡绳主编：《中国共产党的七十年》，中共党史出版社1991年版，第489—490页

（三）

路是一步一步走过来的，跨出第一步，才有第二步。我们党领导的革命、建设、改革，也是一脉相承、薪火相传、生生不息的壮丽事业。新中国取得的一切成就，都是在新民主主义革命胜利基础上接续奋斗、接力探索的结果。以党的十一

届三中全会为标志,新中国历史分为改革开放前后两个历史时期。无数事实表明,这两个历史时期都是不能否定的。

(一)改革开放前的历史,是党领导全国各族人民进行社会主义革命和建设并取得巨大成就的历史

我们党自诞生之日起,就以实现中华民族伟大复兴为己任,肩负起争取民族独立、人民解放和实现国家富强、人民富裕这两大历史任务。党领导人民完成新民主主义革命,实现了中国人民梦寐以求的民族独立、人民解放。这就为在中国建立社会主义制度、进行社会主义建设扫清了障碍,为实现国家富强、人民富裕进而实现中华民族伟大复兴提供了根本政治前提。

改革开放前的奋斗探索,是承接新民主主义革命胜利成果而开始的新的伟大历史进军。新中国成立后,以毛泽东同志为核心的党的第一代中央领导集体领导人民建立和巩固人民民主专政的国家政权,创造性地实现从新民主主义到社会主义的转变,全面确立社会主义基本制度,成功实现了中国历史上最深刻最伟大的社会变革。党不失时机地提出过渡时期总路线,经过社会主义改造,建立起社会主义基本经济制度。党还领导人民建立起人民代表大会制度、中国共产党领导的多党合作和政治协商制度、民族区域自治制度,确立了马克思主义在意识形态领域的指导地位。社会主义制度的确立,符合中国国情和人民根本利益,为当代中国一切发展进步奠定了根本制度基础。

社会主义制度基本建立后,如何在中国建设社会主义,是党面临的崭新课题。党曾经号召学习苏联经验,但很快察觉到苏联模式的局限。毛泽东同志提出把马克思列宁主义同中国实际进行"第二次结合"的任务,要以苏联的经验教训为鉴戒,独立探索适合中国国情的社会主义建设道路。经过实践探索,党积累了领导社会主义建设的重要经验。党团结带领人民全力推进社会主义建设,取得了巨大成就。对改革开放前历史时期的探索成果和巨大成就,必须充分肯定。

毋庸讳言,由于党领导社会主义事业的经验不多,党的领导对形势的分析和对国情的认识有主观主义偏差,也犯过把阶级斗争扩大化、在所有制问题上急于求纯和在经济建设上急于求成的错误。在后来的实践中,由于党在指导思想上"左"倾错误的发展,又发生了"文化大革命"这样全局性的、长时间的严重错误,使党的探索进程遭受严重挫折,给党、国家和各族人民带来严重灾难。这些刻骨铭心的教训,是我们永远不能忘却的。也就是说,不能否定改革开放前的历史时期,那是从整体上说的,并不意味着要忽视甚至掩盖"文化大革命"前和"文化大革命"的错误。对于"文化大革命"前的错误,党的十一届六中全会通过《关于建国以来党的若干历史问题的决议》(以下简称"历史决议")已经作出科学分析和

客观评价；对于"文化大革命"，"历史决议"更是从根本上作出彻底否定的明确结论，指出"'文化大革命'不是也不可能是任何意义上的革命或社会进步"。这些，都是我们必须继续坚持的。

改革开放前的历史时期是同毛泽东同志紧密联系在一起的。不能否定改革开放前的历史时期，也并不意味着要忽视甚至掩盖毛泽东同志晚年的错误。同时，也不能人为夸大毛泽东同志晚年的错误，更不能全盘否定毛泽东同志和毛泽东思想，如果这样做，既违背历史事实和人民意愿，也势必造成十分严重的政治后果。邓小平同志指出："对毛泽东同志的评价，对毛泽东思想的阐述，不是仅仅涉及毛泽东同志个人的问题，这同我们党、我们国家的整个历史是分不开的。要看到这个全局。"邓小平同志郑重地提出这个重大问题，其基本精神同"历史决议"是完全一致的。"历史决议"指出："毛泽东同志是伟大的马克思主义者，是伟大的无产阶级革命家、战略家和理论家。他虽然在'文化大革命'中犯了严重错误，但是就他的一生来看，他对中国革命的功绩远远大于他的过失。他的功绩是第一位的，错误是第二位的。"我们要深刻领会这一论断的精神实质，理直气壮地肯定毛泽东同志的历史地位和毛泽东思想，实事求是地评价改革开放前的历史时期。

（二）改革开放后的历史，是党领导全国各族人民成功开创和发展中国特色社会主义的历史

1978年党的十一届三中全会重新确立解放思想、实事求是的思想路线，作出把党和国家工作中心转移到经济建设上来、实行改革开放的历史性决策，实现了新中国成立以来党的历史上具有深远意义的伟大转折。以邓小平同志为核心的党的第二代中央领导集体顺应时代要求和人民期待，以巨大的政治勇气和理论勇气推进改革开放，并明确提出必须搞清楚什么是社会主义、怎样建设社会主义这个重大理论和实践问题。邓小平同志指出："我们的经验教训有许多条，最重要的一条，就是要搞清楚这个问题。"正因为这样尖锐地提出问题，才有了邓小平同志对这些重大问题的深入探索和开创性科学回答。1981年，党的十一届六中全会作出"历史决议"，标志着党胜利地完成了指导思想上的拨乱反正。1982年，邓小平同志在党的十二大上发出"走自己的道路，建设有中国特色的社会主义"的响亮号召。经过实践探索，党进一步提出了社会主义初级阶段理论，确立了党在社会主义初级阶段的基本路线，深刻揭示了社会主义的本质。邓小平同志深刻总结历史经验和新鲜经验，第一次比较系统地初步回答了在中国这样一个经济文化比较落后的国家如何建设社会主义、如何巩固和发展社会主义的一系列基本问题，用新的思想观点继承和发展了马克思列宁主义、毛泽东思想，开拓了马克思主义新境界，把对社会主义的认识提高到新的科学水平，成功开创了

中国特色社会主义。

中国特色社会主义是不断发展、与时俱进的。党的十三届四中全会以后，以江泽民同志为核心的党的第三代中央领导集体成功地把中国特色社会主义推向21世纪。新世纪新阶段，以胡锦涛同志为总书记的党中央成功地在新的历史起点上坚持和发展了中国特色社会主义。党的十八大以来，以习近平同志为总书记的党中央团结带领全国各族人民，实现了夺取中国特色社会主义新胜利的良好开局。30多年来，党领导人民坚持和拓展中国特色社会主义道路，坚持和丰富包括邓小平理论、"三个代表"重要思想、科学发展观在内的中国特色社会主义理论体系，坚持和完善中国特色社会主义制度，使中国特色社会主义焕发出勃勃生机和旺盛活力。

中国特色社会主义一经根植于中华大地，便显示出强大的生命力和感召力，成为引领当代中国发展进步的光辉旗帜。30多年来，党领导人民谱写了改革开放和社会主义现代化建设新的壮丽篇章。经济建设、政治建设、文化建设、社会建设、生态文明建设取得举世瞩目的巨大成就，党的自身建设大大加强。我国社会生产力、综合国力大幅提升，科技实力、国防实力显著增强。1978年至2012年，国内生产总值由3 645亿元增长到51.93万亿元，成为世界第二大经济体。人民生活实现了从温饱不足到总体小康的历史性跨越。今天的中国，人民意气风发，发展日新月异，社会活力迸发，国际地位显著提高。在中国这样一个人口众多、经济文化十分落后的东方大国，在如此短的时间内，以如此快的速度，呈现如此大的变化，这的确是了不起的成就。在此过程中出现一些人们普遍关注而亟待解决的问题是正常的、不奇怪的，决不能因此而否定改革开放后的历史时期。早在1981年，"历史决议"就曾指出："三中全会以来，我们党已经逐步确立了一条适合我国情况的社会主义现代化建设的正确道路。这条道路还将在实践中不断充实和发展，但是它的主要点，已经可以从建国以来正反两方面的经验、特别是'文化大革命'的教训中得到基本的总结。"从那以后，党和国家又走过了32年。30多年来，党始终清醒地认识、科学地应对前进道路上出现的问题，坚持用发展的思路解决发展中遇到的困难，用改革的办法解决改革中出现的问题，依靠人民攻坚克难、继续前进，使中国特色社会主义道路越走越宽广。实践雄辩地证明，中国特色社会主义是当代中国发展进步的根本方向和唯一正确道路，只有中国特色社会主义才能发展中国。改革开放后的历史时期的正确方向和巨大成就，必须充分肯定。

——中共中央党史研究室：《正确看待改革开放前后两个历史时期——学习习近平总书记关于"两个不能否定"的重要论述》，《人民日报》2013年11月8日第6版

（四）

正确认识我国社会主义所处的历史阶段，是建设中国特色社会主义面临的基本问题，是制定和执行正确的路线、方针、政策的根本依据。习近平同志在省部级主要领导干部"学习习近平总书记重要讲话精神，迎接党的十九大"专题研讨班开班式上发表的重要讲话强调，全党要牢牢把握社会主义初级阶段这个最大国情，牢牢立足社会主义初级阶段这个最大实际，更准确地把握我国社会主义初级阶段不断变化的特点。这表明，牢牢把握社会主义初级阶段这个最大国情包含两方面内容：一方面，要认识到我国正处于并将长期处于社会主义初级阶段；另一方面，要认识到我国社会主义初级阶段出现了许多新特点，中国特色社会主义进入了新的发展阶段。只有深入理解和正确把握这两个方面，才能更好坚持党的基本路线，在继续推动经济发展的同时，更好解决我国社会出现的各种问题，更好实现各项事业全面发展，更好发展中国特色社会主义事业，更好推动人的全面发展、社会全面进步。

社会主义初级阶段理论是着眼于中国实践的重大理论创新

我国是在经济文化比较落后的基础上经由新民主主义进入社会主义的。如何把握我国社会主义所处的历史阶段，在马克思主义经典作家的著作中没有现成的答案。马克思认为，从推翻资产阶级政权到实现共产主义社会要经历三个阶段：从资本主义向共产主义的过渡时期；共产主义的第一阶段（即通称的社会主义社会）；共产主义的第二阶段（即通称的共产主义社会）。至于社会主义社会本身要经历哪些阶段，特别是经济文化比较落后的国家进入社会主义社会以后要经历哪些阶段，马克思没有也不可能作出具体说明。列宁曾经提出过"初级形式的社会主义"和"发达的社会主义"等概念，但囿于历史条件，也不可能提出社会主义初级阶段理论。毛泽东同志在上世纪50年代末60年代初研读苏联政治经济学教科书时，曾提出过社会主义社会可以区分为"不发达"和"比较发达"两个阶段，但后来他关注的重点发生了转移，没有继续探索下去。

改革开放以来，我们党逐步创立并不断完善社会主义初级阶段理论。1981年，党的十一届六中全会通过的《关于建国以来党的若干历史问题的决议》首次明确提出：我国的"社会主义制度还是处于初级的阶段"。党的十三大召开前夕，邓小平同志提出："社会主义本身是共产主义的初级阶段，而我们中国又处在社会主义的初级阶段，就是不发达的阶段。"党的十三大报告系统阐述了社会主义初级阶段理论，明确指出：社会主义初级阶段"不是泛指任何国家进入社会主义都会经历的起始阶段，而是特指我国在生产力落后、商品经济不发达条件下建设社会主义必然要经历的特定阶段。我国从五十年代生产资料私有制的社会主义改造基本完成，到社会主义现代化的基本实现，至少需要上百年时间，都属于社会主义初级阶段。这个阶段，既不同于社会主义经济基础尚未奠定的过渡时期，又不同于已经实现社会主义现代化的阶段"。党的十三大报告还揭示了社会主义初级阶段的基本矛盾和根本任务，提出了党在社会主义初级阶段的基本路线。党的十五大报告明确提出了党在社会主义初级阶段的基本纲领。

社会主义初级阶段理论的创立和发展，解决了经济文化比较落后的国家进入社会主义社会之后的历史方位、主要矛盾和根本任务等重大问题，与"左"和右的错误倾向划清了界限。这是中国共产党的重大理论创新，也是中国特色社会主义理论的逻辑起点和重要组成部分。它既是对马克思列宁主义、毛泽东思想的重大发展，也是对世界社会主义的重大贡献。

社会主义初级阶段仍是当今中国的最大国情和最大实际

从上世纪 50 年代中期至今，我国进入社会主义初级阶段已经 60 多年了。我国在生产力、经济基础、上层建筑、人民生活和国际地位等方面都发生了巨大而深刻的变化。改革开放以来，我国经济以年均 9% 以上的速度增长，到 2010 年已跃升为世界第二大经济体，对世界经济发展的影响力、拉动力不断增强；我国人均国内生产总值已由 300 美元跃升到 2016 年的 8 000 多美元，由低收入国家进入中等偏上收入国家行列；我国进出口贸易总额在世界上名列前茅，已由资本净流入国变为资本净流出国；2015 年，我国竞争力指数和创新指数在全球主要国家和地区的排名分别为第二十八位和二十九位。我国所有制结构发生了有利于发展生产力和提高人民生活水平的深刻变化，社会主义上层建筑也在不断巩固与完善。与此同时，我国国际地位大幅提升。每当遇到重大国际问题，世界各国都想倾听中国声音、了解中国方案。中国特色社会主义的航船在国际风云变幻中破浪前进。概括起来说，我国社会主义建设取得骄人成就，我国社会发展呈现新的阶段性特征，我国社会主义初级阶段出现了许多新特点。

然而，从历史和现实、理论和实践、国内和国际等角度进行深入思考，我国现在仍处于并将长期处于社会主义初级阶段。列宁指出："只有把社会关系归结于生产关系，把生产关系归结于生产力的水平，才能有可靠的根据把社会形态的发展看作自然历史过程。"他还指出："劳动生产率，归根到底是使新社会制度取得胜利的最重要最主要的东西。"就劳动生产率而言，尽管改革开放以来我国劳动生产率有了显著提高，但与发达国家相比还有较大差距。2014 年，我国全员劳动生产率仅相当于美国的 19.8%、日本的 29.8%。就人均国内生产总值而言，2015 年，我国排在世界第七十多位，仍未达到世界人均水平。就科技创新能力而言,尽管我国近年来在军工、航天和计算机等领域成就斐然,但总体科技创新能力仍然不强,许多关键领域的核心技术依然受制于人。就人民生活水平而言,我国广大人民的生活水平虽有显著提高并初步达到了小康标准,但还有4 000多万农村贫困人口尚未脱贫。撇开其他方面不论,仅从经济状况来看,正如习近平同志所指出的那样:"我国仍处于并将长期处于社会主义初级阶段的基本国情没有变"。

——郭飞:《牢牢把握社会主义初级阶段这个最大国情》(深入学习贯彻习近平同志"7·26"重要讲话精神),《人民日报》2017年8月31日第7版

第八章
社会主义基本制度在中国的确立

学 习 提 示

本章的内容分为三节,主要叙述1949年至1956年期间,中国共产党领导中国人民为完成从新民主主义向社会主义过渡进行准备、为实现国家繁荣富强选择社会主义发展道路、为确立社会主义制度开展生产资料所有制改造及工业化建设的历史。通过本章的学习,要求学生认识中国新民主主义社会的性质和特点、中国走社会主义发展道路的历史必然性、中国社会主义革命的特点、社会主义基本制度在中国确立的深远意义。

试 题 训 练

(一) 单项选择题

1. 中华民族实现了空前的团结和统一的标志是(　　)。
   A. 中华人民共和国的成立　　　　B. 中共七届三中全会的召开
   C. 西藏的和平解放　　　　　　　D. 土地改革的完成
2. 从中华人民共和国成立到社会主义改造基本完成,是我国从新民主主义到社会主义的过渡时期,这一时期,个体经济向社会主义集体经济过渡的形式是(　　)。
   A. 国营经济　　　　　　　　　　B. 私人资本主义经济
   C. 合作社经济　　　　　　　　　D. 国家资本主义经济

3. 我国对个体手工业进行社会主义改造的主要方式是( )。
   A. 赎买   B. 统购统销
   C. 公私合营   D. 合作化

4. 1953年9月,彭德怀在一份报告中说,抗美援朝战争的胜利证明:西方侵略者几百年来只要在东方一个海岸上架起几尊大炮就可霸占一个国家的时代一去不复返了。这场战争的胜利( )。
   A. 结束了西方列强霸权主义的历史
   B. 打破了美国军队不可战胜的神话
   C. 奠定了民族独立人民解放的基础
   D. 赢得了近代以来中华民族反抗外敌入侵的第一次完全胜利

5. 新中国建立初期,社会主义国营经济建立的主要途径是通过( )。
   A. 没收官僚资本   B. 征用外国资本
   C. 赎买民族资本   D. 合并公营资本

6. 世界上第一个同中华人民共和国建立外交关系的国家是( )。
   A. 苏联   B. 朝鲜   C. 越南   D. 蒙古

7. 新中国成立初期与苏联签订的条约是( )。
   A.《中苏友好同盟条约》   B.《中苏同盟互助条约》
   C.《中苏友好条约》   D.《中苏友好同盟互助条约》

8. 在抗美援朝战争开始后,担任中国人民志愿军司令员兼政治委员是( )。
   A. 朱德   B. 彭德怀   C. 陈毅   D. 刘伯承

9. 1951年底到1952年春,中国共产党在党政机构工作人员中开展的运动是( )。
   A. 肃反运动   B. 整风、整党运动
   C. "三反"运动   D. "五反"运动

10. 1952年上半年,中共中央决定开展打击不法资本家的( )。
   A. 镇压反革命运动   B. 工商业调整运动
   C. "三反"运动   D. "五反"运动

11. 新中国开始实行发展国民经济的第一个五年计划是在( )。
   A. 1950年   B. 1951年
   C. 1952年   D. 1953年

12. 新中国实行发展国民经济第一个五年计划的中心环节的是( )。
   A. 优先发展轻工业   B. 优先发展重工业
   C. 重点发展农村经济   D. 重点发展城市经济

13. 中国共产党在过渡时期总路线的主体是实现（　　）。
    A. 社会主义工业化
    B. 对农业的社会主义改造
    C. 对手工业的社会主义改造
    D. 对资本主义工商业的社会主义改造

14. 中国共产党在过渡时期总路线的主要内容是"一化三改造"，其中"一化"是指（　　）。
    A. 社会主义工业化   B. 社会主义工业电气化
    C. 社会主义农业合作化   D. 社会主义农业机械化

15. 中共中央正式提出党在过渡时期总路线是在（　　）。
    A. 1949 年   B. 1952 年   C. 1953 年   D. 1956 年

16. 我国对个体农业社会主义改造的过渡性经济组织形式中,具有社会主义萌芽性质的是（　　）。
    A. 互助组   B. 初级农业生产合作社
    C. 高级农业生产合作社   D. 人民公社

17. 我国对个体农业社会主义改造的过渡性经济组织形式中,具有半社会主义性质的是（　　）。
    A. 互助组   B. 初级农业生产合作社
    C. 高级农业生产合作社   D. 人民公社

18. 我国对个体农业社会主义改造的过渡性经济组织形式中,具有完全社会主义性质的是（　　）。
    A. 互助组   B. 初级农业生产合作社
    C. 高级农业生产合作社   D. 人民公社

19. 我国对个体农业社会主义改造所坚持的原则是（　　）。
    A. 自愿和互利   B. 动员和鼓励
    C. 示范和推广   D. 发展和巩固

20. 我国对个体手工业社会主义改造的过渡性经济组织形式是（　　）。
    A. 生产合作小组、供销合作社、生产合作社
    B. 供销合作社、生产合作小组、生产合作社
    C. 生产合作小组、生产合作社、供销合作社
    D. 生产合作社、生产合作小组、供销合作社

21. 新中国建立后针对资本主义工商业的政策是（　　）。
    A. 利用、限制、改造   B. 保护、巩固、发展

C. 管制、征用、没收 　　　　　　D. 联营、合作、监督
22. 我国对资本主义工商业进行社会主义改造的方式是(　　)。
    A. 合作化　　　　　　　　　　B. 国家资本主义
    C. 股份制　　　　　　　　　　D. 公私协作
23. 我国对资本主义工商业进行社会主义改造实行的政策是(　　)。
    A. 无偿没收　　B. 有偿征用　　C. 和平赎买　　D. 公私联营
24. 我国对资本主义工商业社会主义改造实行的高级形式国家资本主义是(　　)。
    A. 加工订货　　B. 统购包销　　C. 经销代销　　D. 公私合营
25. 我国在资本主义工商业改造的个别企业公私合营阶段,企业利润的分配办法是(　　)。
    A. 公私平分　　　　　　　　　B. "四马分肥"
    C. 定股定息　　　　　　　　　D. "劳资对半"
26. 中华人民共和国第一届全国人民代表大会第一次会议召开的时间是(　　)。
    A. 1953 年　　B. 1954 年　　C. 1955 年　　D. 1956 年
27. 制定并通过第一部《中华人民共和国宪法》的会议是(　　)。
    A. 第一届全国人民代表大会　　B. 第二届全国人民代表大会
    C. 第三届全国人民代表大会　　D. 第四届全国人民代表大会
28. 我国在 1955 年 8 月成立的少数民族自治区是(　　)。
    A. 内蒙古自治区　　　　　　　B. 新疆维吾尔自治区
    C. 宁夏回族自治区　　　　　　D. 西藏自治区
29. 我国在 1958 年 10 月成立的少数民族自治区是(　　)。
    A. 内蒙古自治区　　　　　　　B. 新疆维吾尔自治区
    C. 宁夏回族自治区　　　　　　D. 西藏自治区
30. 我国在 1965 年 9 月成立的少数民族自治区是(　　)。
    A. 内蒙古自治区　　　　　　　B. 广西壮族自治区
    C. 宁夏回族自治区　　　　　　D. 西藏自治区

(二) 多项选择题

1. 新中国成立初期,中国共产党执政面临的严峻考验是(　　)。
   A. 能不能保卫住人民胜利的成果,巩固新生的人民政权
   B. 能不能战胜严重的经济困难,迅速恢复和发展国民经济
   C. 能不能巩固民族独立,维护国家主权和安全

D. 能不能经受住执政的考验,继续保持谦虚、谨慎、不骄、不躁的作风和艰苦奋斗的作风

2. 从中华人民共和国成立到社会主义改造基本完成,是我国从新民主主义到社会主义的过渡时期。这一时期中国社会的阶级构成主要包括(　　)。
   A. 工人阶级　　　　　　　　B. 农民阶级
   C. 民族资产阶级　　　　　　D. 城市小资产阶级

3. 新中国成立初期,中国共产党和人民政府着重开展的工作是(　　)。
   A. 完成民主革命遗留任务
   B. 领导国民经济恢复工作
   C. 巩固民族独立,维护国家主权和安全
   D. 加强中国共产党的自身建设

4. 针对美国遏制新中国的情况,中国共产党提出的外交方针是(　　)。
   A. "另起炉灶"　　　　　　　B. "打扫干净屋子再请客"
   C. "一边倒"　　　　　　　　D. "全方位"

5. 1951年底到1952年,中国共产党在党政机构工作人员中开展运动的内容是(　　)。
   A. 反贪污　　　　　　　　　B. 反浪费
   C. 反主观主义　　　　　　　D. 反官僚主义

6. 1952年上半年,中共中央决定开展的打击不法资本家的运动是(　　)。
   A. 反对行贿和反对偷税漏税　B. 反对盗窃国家财产
   C. 反对偷工减料　　　　　　D. 反对盗窃国家经济情报

7. 1949年至1952年,新中国开展的重大运动包括(　　)。
   A. 土地改革运动　　　　　　B. 镇压反革命运动
   C. "三反"运动　　　　　　　D. "五反"运动

8. 新中国开始向社会主义过渡采取的实际步骤主要是(　　)。
   A. 没收官僚资本以确立国营经济的领导地位
   B. 进一步鼓励私人资本主义经济发展
   C. 将资本主义纳入国家资本主义的轨道
   D. 引导个体农民逐步走上互助合作的道路

9. 中国共产党在过渡时期总路线的主要内容是逐步实现(　　)。
   A. 社会主义工业化
   B. 对农业的社会主义改造
   C. 对手工业的社会主义改造

D. 对资本主义工商业的社会主义改造

10. 新中国在发展国民经济第一个五年计划指导下,重点建设的钢铁基地是(　　)。
　　A. 鞍山　　　　B. 包头　　　　C. 上海　　　　D. 武汉

11. 新中国在发展国民经济第一个五年计划指导下,首创建立的重要企业包括(　　)。
　　A. 长春第一汽车制造厂　　　　B. 沈阳机床厂
　　C. 北京电子管厂　　　　　　　D. 沈阳飞机制造厂

12. 新中国在发展国民经济第一个五年计划指导下,建成的沟通西藏和内地联系的公路有(　　)。
　　A. 青藏公路　　B. 川藏公路　　C. 康藏公路　　D. 新藏公路

13. 我国引导农民走向社会主义的几种过渡性经济组织形式包括(　　)。
　　A. 互助组　　　　　　　　　B. 初级农业生产合作社
　　C. 人民公社　　　　　　　　D. 高级农业生产合作社

14. 在新民主主义向社会主义过渡时期,中国民族资产阶级仍然具有的两面性是(　　)。
　　A. 革命性、妥协性
　　B. 落后性、腐朽性
　　C. 剥削工人取得利润
　　D. 拥护宪法和愿意接受社会主义改造

15. 我国对资本主义工商业社会主义改造实行的初级形式国家资本主义包括(　　)。
　　A. 加工订货　　B. 统购包销　　C. 经销代销　　D. 公私联营

16. 我国对资本主义工商业社会主义改造实行的高级形式国家资本主义包括(　　)。
　　A. 统购包销　　　　　　　　B. 经销代销
　　C. 个别企业公私合营　　　　D. 全行业公私合营

17. 我国对资本主义工商业改造的个别企业公私合营阶段,企业利润的分配方面包括(　　)。
　　A. 国家所得税　　　　　　　B. 企业公积金
　　C. 工人福利费　　　　　　　D. 股金红利

18. 在新中国建立后成立的少数民族自治区有(　　)。
　　A. 新疆维吾尔自治区　　　　B. 广西壮族自治区

C. 宁夏回族自治区　　　　　　　　D. 西藏自治区

19. 20世纪50年代中期,社会主义改造基本完成,标志着(　　　)。

   A. 社会主义制度在我国已经确立
   B. 我国进入了社会主义初级阶段
   C. 我国步入了社会主义改革时期
   D. 我国实现了新民主主义向社会主义过渡

20. 从1953年开始,在过渡时期总路线的指引,中国共产党领导人民开始进行有计划的社会主义建设和有系统的社会主义改造。当时中国之所以要着力进行和可能进行社会主义改造,主要是因为(　　　)。

   A. 资本主义国家的封锁和遏制,社会主义国家的同情和援助
   B. 资本主义经济力量弱小,发展困难
   C. 对个体农业进行社会主义改造,是保证工业发展、实现国家工业化的一个必要条件
   D. 社会主义性质的国营经济力量相对来说比较强大

21. 中国共产党开创的有中国特色的合作化道路,其基本原则和方针是(　　　)。

   A. 走先合作化、后机械化的道路,社会改造和技术改造相结合
   B. 坚持自愿互利的原则和典型示范、逐步推广的方法
   C. 是否增产是衡量合作社办得好不好的标准
   D. 采取从互助到初级社再到高级社的由低到高的组织形式

(三)辨析题

1. 中华人民共和国成立后头三年的主要任务是对生产资料私有制的社会主义改造。
2. 中国共产党在过渡时期的总路线和总任务是实现三大改造。
3. 我国对资本主义工商业的社会主义改造采取的政策是和平赎买。

(四)简答题

1. 新中国成立初期,中国共产党执政面临的严峻考验和主要任务。
2. 新中国在成立初期恢复国民经济的主要工作。
3. 新中国成立初期开始向社会主义过渡采取的实际步骤。
4. 中国共产党在过渡时期的总路线反映了历史的必然。
5. 我国社会主义改造的主要内容及其基本完成的意义。

（五）论述题

1. 我国对农业社会主义改造的基本原则和方针及其改造完成的意义。
2. 我国对资本主义工商业采取和平赎买的政策内容和成功意义。

参 考 答 案

（一）单项选择题

1. C　2. C　3. D　4. B　5. A　6. A　7. D　8. B　9. C　10. D　11. D　12. B　13. A　14. A　15. C　16. A　17. B　18. C　19. A　20. A　21. A　22. B　23. C　24. D　25. B　26. B　27. A　28. B　29. C　30. D

（二）多项选择题

1. ABCD　2. ABCD　3. ABCD　4. ABC　5. ABD　6. ABCD　7. ABCD　8. ACD　9. ABCD　10. ABD　11. ABCD　12. ACD　13. ABD　14. CD　15. ABCD　16. CD　17. ABCD　18. ABCD　19. ABD　20. BCD　21. ABCD

（三）辨析题

1. 错误。中华人民共和国成立后，仍然存在着大量的民主革命遗留下的任务。当时，解放全中国的任务还没有完成；国民党从大陆撤退时遗留下的大量军队、政治土匪和特务分子以及其他反动分子还有待肃清，新解放区尚未进行土改。此外，生产力水平低下，经济文化十分落后，财政经济严重困难，形势错综复杂。因此，中华人民共和国成立后头三年的主要任务是完成民主革命遗留的任务，尽快地恢复国民经济，在全国范围内建立和巩固新民主主义的政治制度和经济制度。

2. 错误。中国共产党在过渡时期的总路线和总任务，是要在一个相当长的时期内，逐步实现国家的社会主义工业化，并逐步实现国家对农业、对手工业和对资本主义工商业的社会主义改造。这是一条"一化三改""一体两翼"的总路线，即社会主义建设同社会主义改造同时并举的总路线，体现了发展生产力和变革生产关系的有机统一。

3. 正确。从必要性看，对民族资产阶级采取与对官僚资产阶级不同的利用、限制、改造的政策，用和平的方法逐步改造他们，是由民族资产阶级在社会主义革命时期具有的两面性决定的。对其实行和平赎买政策，可以在一定时期利用资本主义工商业的积极作用，争取民族资产阶级及其知识分子,并减少他们接受社会主义改造的阻力。从可能性看,新中国成立后政治、经济等方面发生的重大变化为和平改造提供了有力的保证。从具体实现步骤上看,把国家资本主义作为改造资本主义工商业的主要形式,最终逐步实现对所有制和对人的双重改造。

(四) 简答题

1. 严峻考验:第一,能不能保卫住人民胜利的成果,巩固新生的人民政权。第二,能不能战胜严重的经济困难,迅速恢复和发展国民经济。第三,能不能巩固民族独立,维护国家主权和安全。第四,能不能经受住执政的考验,继续保持谦虚、谨慎、不骄、不躁的作风和艰苦奋斗的作风。主要任务:第一,完成民主革命的遗留任务。第二,领导国民经济恢复工作。第三,巩固民族独立,维护国家主权和安全。第四,加强中国共产党的自身建设。

2. 没收官僚资本,在企业内部开展民主改革和生产改革,确立起社会主义性质的国营经济在国民经济中的领导地位,使人民政权拥有了相当重要的经济基础。同时,开展了稳定物价的斗争和统一全国财政经济的工作。到1950年3月物价基本稳定,从而治愈了旧中国无法医治的顽症,解除了人民过了几十年的因物价飞涨而带来的痛苦生活,使国家和国营经济掌握了市场的主导权;初步建立起集中统一的国家财政管理体制,以利于统一调度全国的财力、物力,集中力量办好大事。到1952年底,国民经济得到全面恢复和初步发展。

3. 第一,没收官僚资本,确立社会主义性质的国营经济的领导地位。这就为全面进行社会主义改造奠定了重要的物质基础。第二,开始将资本主义纳入国家资本主义轨道。新中国在利用资本主义工商业的过程中,已经开始对它进行适当的限制,并把其中的大部分引上了初级形式的国家资本主义的道路。第三,引导个体农民在土地改革后逐步走上互助合作的道路。1952年,全国已有40%的农户参加了互助组,少数农户还参加了半社会主义或社会主义性质的农业生产合作社。

4. 第一,社会主义性质的国营经济力量相对来说比较强大,它是实现国家工业化的主要基础。国家的社会主义工业化,是国家独立和富强的当然要求和必要条件。第二,资本主义经济力量弱小,发展困难,不可能成为中国工业起飞的基础。第三,对个体农业进行社会主义改造,是保证工业发展、实现国家工业化的一个必要条件。必须通过实行农业合作化来增产粮食和其他农产品以满足日益增长的人民生活和工业发展的需要。第四,当时的国际环境也促使中国选择社会主义。新中国成立以后,长期受到美国等西方资本主义国家经济上、外交上和军事上的严密封锁和遏制;只有社会主义国家和第二次世界大战后为争取民族独立而斗争的国家同情中国,只有苏联能够援助中国。

5. 我国社会主义改造的主要内容是逐步实现国家的社会主义工业化,并逐步实现国家对农业、对手工业和对资本主义工商业的社会主义改造。这三大改造在1956年基本完成。随着社会主义改造的基本完成,社会主义的基本经济制度建立起来了,这是中国进入社会主义社会的最主要的标志。社会主义改造使社会生产力从旧的生产关系的束缚中解放出来,对生产力的发展直接起到了促进作用。通过社会主义改造,中国完成了由新民主主义到社会主的过渡,实现了历史上最伟大最深刻的社会变革。

(五) 论述题

1. 第一,在中国的条件下,可以走先合作化、后机械化的道路。在土地改革基本完成后,及时将"组织起来"作为农村工作的一件大事来抓。第二,充分利用和发挥土改后农民的两种生产积极性,通过互助组、初级农业生产合作社、高级农业生产合作社这种由低到高的互助合作的组织形式,实行积极发展、稳步前进、逐步过渡的方针。第三,农业互助合作的发展,要坚持自愿和互利的原则,采取典型示范、逐步推广的方法,发展一批,巩固一批。第四,要始终把是否增产作为衡量合作社是否办好的标准。第五,要把社会改造同技术改造相结合。在实现农业合作化以后,国家应努力用先进的技术和装备发展农业经济。

在农业合作化运动期间,农业生产力不断发展,全国农业总产值平均每年递增4.8%。农民安居乐业,生产有所发展,生活有所改善。中国农村在发展稳定的气氛中完成了从几千年的分散个体劳动向集体所有、集体经营的历史性转变。这是中国历史上一次伟大的社会变革、社会进步。

2. 中共中央在《关于资本主义工商业改造问题的决议》中指出:"我们对于资产阶级,第一是用赎买和国家资本主义的方法,有偿地而不是无偿地,逐步地而不是突然地改变资产阶级的所有制;第二是在改造他们的同时,给予他们以必要的工作安排;第三是不剥夺资产阶级的选举权,并且对于他们中间积极拥护社会主义改造而在这个改造事业中有所贡献的代表人物给以恰当的政治安排。在资产阶级没有别的出路的条件下,这是他们能够接受的方案。"

对资产阶级实行赎买,这是马克思、恩格斯提出的设想。中国共产党把这种设想付诸实施并取得成功,资产阶级中的绝大多数人公开表示接受这样的方案。这既有利于发挥他们在经营管理方面的特长,又可以为使他们成为自食其力的劳动者创造条件。我国对资本主义工商业社会主义改造的胜利完成,是我国和世界社会主义历史上最光辉的胜利之一。

延 伸 阅 读

(一)

中华人民共和国成立后,中国共产党成为一个领导人民掌握全国政权的执政党。"执政党的地位,使我们党面临着新的考验。"尤其是在新中国成立后初期的头几年,党遭遇了多方面的困难和风险,甚至严重危及执政地位。以毛泽东为核心的党的第一代领导集体,以高度的历史责任感和使命感,对如何有效防范各种风险、确保执政安全作出了有益的探索,为在新的历史条件下提高党建的科学化水平,提供了丰富的历史经验和有益的启示。

一、新中国成立初期党执政面临的严峻形势和风险
……

（一）就世情来看,中国共产党在执政初期一直面临着险峻的国际形势和周边环境

……政治上,美国政府拒不承认并要求其"友邦"也拒绝承认新中国政府,阻止恢复中国在联合国的合法席位,推行所谓"两个中国"的错误政策,阻挠中国参加国际事务,力图压缩新中国政府的国际空间。经济上,美国政府悍然宣布管制中华人民共和国在美国辖区内的公私财产,并禁止一切在美国注册的船只开往中国港口。随后美国国会还通过了对中国的贸易实行禁运的"巴特尔法案",企图在经济上扼住新中国的咽喉。军事上,美国继续支持国民党残余势力反对新中国政府,朝鲜内战爆发后还派兵进驻台湾和台湾海峡,并将战火烧到中国边境。美国还先后同一些国家成立了东南亚条约组织并缔结美台防御条约,开始在中国周边筑起一个所谓的防御体系。美国的政治孤立、经济封锁和军事包围,对新中国形成了巨大的威胁与压力。……

（二）就国情来说,党在执政初期面临着新旧社会交替带来的风险

……在执政之初,党依然面临着紧张的军事形势、国民党残余的破坏、衰弱破败的经济形势,以及紧张且混乱的社会秩序。单从军事方面来看,人民解放战争虽已取得基本胜利,但国民党还有上百万军队在华南、西南和沿海岛屿负隅顽抗。从执政初期的经济形势来看,新中国继承的是一个十分落后的千疮百孔的烂摊子,其中最为严重的考验,则是物价飞涨和国家财政困难两大问题。……

（三）从党情来看,党在执政以后面临着新的更加严峻的考验

……据1949年下半年的统计,在当时326万多地方党员中,文化程度普遍很低。其中文盲、半文盲占69%,小学文化程度占27.66%,中学文化程度占3.02%,大学以上文化程度仅占0.32%。很多干部包括老干部虽然具有高度的政治觉悟和历史使命感,"但也有缺点,就是文化水平低,技术知识少,业务能力差,因而应付新的工作有困难"。……

从执政党的作风建设来看,党执政以后,固然获得了更多为人民服务的条件,但也增加了脱离群众甚至腐败变质的危险。据安子文《关于结束"三反"运动和处理遗留问题的报告》提到的数据,在全国县以上机关参加"三反"运动的总共383.6万人(军队除外)中,共查处贪污分子和犯贪污错误的达120.3万多人。其

中共产党员 19.6 万多人,占贪污总人数的 16.3%;贪污 1 000 万元(旧币)以上的 105 916 人,占贪污总人数的 8.8%。这些数据足以说明新中国建立初期出现了腐败高频的局面。

二、新中国成立初期中国共产党防范和抵御执政风险的实践经验
……

(一)以史为镜,居安思危,牢记"两个务必"

早在革命胜利前夕,毛泽东就已将视线投向了党执政后如何经受住胜利与执政的考验等重大问题。1945 年他同民主人士黄炎培探讨执政周期律问题;延安整风运动期间他将郭沫若的《甲申三百年祭》列为整风文件,要求全党干部深刻汲取李自成政权败亡的教训;1949 年 3 月在著名的中共中央七届二中全会上,毛泽东告诫全党要牢记"两个务必";在中共中央机关离开西柏坡进驻北京时,他同周恩来谈"进京赶考"问题,期待全党同志能够经受住执政后的各种诱惑和风险的考验。……

(二)恢复和发展国民经济,为防范执政风险奠定坚实的物质基础

新中国成立初期,面对飞速上涨的物价和极其困难的财政经济状况,党和人民政府依靠国营经济的力量和老区农民的支持,立刻采取措施,相继组织了同投机资本作斗争的两大"战役",先是"银元之战",而后又进行了"米棉之战"。"两白一黑之战"的胜利,有效稳定了全国的金融系统和物价。

为了从根本上稳定物价,争取实现国家财政经济状况的基本好转,党中央实行国家财政经济工作的统一管理和统一领导,决定统一全国的财政收入、物资调度和现金管理。同时,政府还采取紧缩编制、加强税收、厉行增产节约、调整工商业、恢复和发展内外贸易等重大举措,并取得了明显的效果。……

(三)正确处理和化解各种矛盾,妥善协调各方利益,为防范执政风险营造和谐的社会环境和氛围

维护党的执政安全,要镇压危害社会和谐的敌对势力,此外,"为了孤立和打击当前的敌人,就要把人民中间不满意我们的人变成拥护我们"。为此,毛泽东提出了"不要四面出击"的战略思想,……对于如何争取、团结非敌对势力的社会阶级和阶层,以及妥善处理彼此间的利益冲突,中央制定了六条具体措施:一是合理地调整工商业,调整税收,以改善同民族资产阶级的关系。二是使工厂开工,解决失业问题。三是实行减租减息、剿匪反霸和土地改革。四是给小手工者找出路,维持他们的生活。五是教育和改造知识分子。六是团结少数民族。……

(四)加强执政党作风建设,坚持不懈地反对官僚主义和党内腐败现象,始终保持党同人民群众的血肉联系,为防范执政风险提供绵绵不竭的动力

……1950年4月19日,中央签发了《关于在报纸刊物上展开批评和自我批评的决定》。1951年11月至1952年5月,党中央用半年时间开展"三反"运动,有效打击了机关中领导者与被领导者相脱离的官僚主义。1953年1月5日,毛泽东在为中共中央起草的《中央关于反对官僚主义、反对命令主义、反对违法乱纪的指示》中,要求各级领导机关必须充分重视,迅速开展"新三反"斗争。……

……新中国成立后,毛泽东以极大的决心领导全党开展反贪污的运动,对于腐败分子决不姑息迁就。不但于1952年2月1日对公安部行政处长宋德贵处以极刑,而且还毫不留情地打掉了刘青山、张子善这两只"大老虎"。……

(五)积极争取和平的国际环境与和睦的周边环境,坚决反对和粉碎美帝国主义的战争威胁

……毛泽东在开国大典上宣布:"凡愿遵守平等、互利及互相尊重领土主权等项原则的任何外国政府,本政府均愿与之建立外交关系。"在具体的外交策略上,中央提出要不断提高应对国际局势和处理复杂国际事务的能力,"外交不能乱搞,不能冲动。遇事要仔细想,分析研究"。在正确的外交方针和策略的指导下,中华人民共和国成立之初便迎来了第一次建交高潮,……

——周术国:《新中国成立初期中国共产党防范和抵御执政风险的经验与启示》,《江西社会科学》2013年第6期,第18—21页

(二)

中国经济在五十年代的最重要事件就是选择了社会主义。……

中国共产党从来把实现社会主义作为自己的政纲。它认为,中国要确保国家的独立和统一,发展国民经济,实现繁荣富强,使劳动人民免遭剥削和贫困,只有社会主义才是唯一的出路。但它并没有在取得政权的时候打算马上这样做,而是到一九五二——一九五三年间才根据毛泽东的建议决定作出这个选择的,随后在一九五四年被确定在由第一次全国人民代表大会所通过的宪法里。……

一九四九年,解放战争结束和人民共和国成立的一年,中国经济破敝不堪。与过去中国经济发展的最高年份相比,工业总产值减少了百分之五十左右,粮食减少百分之二十五,棉花减少百分之四十八。从一九三七年六月到一九四九年五月,国民党政府所发行的通货,膨胀了成千亿倍,物价上涨了成千亿倍。……人们怀疑,共产党在解放区的经验和本领够不够解决这样的全国性的大灾难?

但是中国创造了奇迹。人民共和国成立八个月,即一九五○年五月以后,中国物价开始稳定。一九五○年财政收支基本平衡,一九五一年和一九五二年财政还略有节余。一九五二年与一九四九年相比,工业总产值增长百分之一百四

十五,比战前最高年份增长百分之二十二点三;农业总产值增长百分之五十三点四,比战前最高年份增长百分之十八点五。粮食、棉花、电力、煤、钢、机床、纱、布、纸等主要产品产量都有明显增加或大幅度增加。

这个奇迹是怎样出现的?我们了解了这个过程,也就能大致了解中国怎样选择社会主义的过程。

中国经济的恢复过程中有四个起作用的基本因素。

第一个基本因素是中国政府实行了全国财政经济的统一。

这里包括统一财政收支,统一货币和现金管理,统一国营贸易和重要物资的调度。所以要实行这种统一,首先当然是为了把凡能集中使用的力量都集中起来,以便战胜当时所面临的严重困难。同时,也是为了使中国这样一个地大人多、贫穷落后的国家,能够把仅有的一点物质力量管好用好,足以维持全国的统一安定,有能力调剂各地区的余缺和应付各种意外,并且有计划有步骤地恢复和发展经济,保障和逐步改善人民生活。……

财政经济工作上的这种高度统一,加上后面说到的国营经济的迅速发展,以后被很自然地逐步引向计划经济的轨道。……后来的经验也表明,一定程度的统一或计划性,以及拥有相应的物质手段或宏观调控能力,对于国民经济的稳定发展始终是必要的,在遇到经济严重困难的六十年代前期,曾经再一次实行高度统一的体制。这是中国选择社会主义的重要关键。

决定中国选择社会主义的第二个基本因素是中国国营经济的日益强大。

国营经济是没收国民党官僚资本的结果。解放前夕,国民党官僚资本约占全国工矿业、交通运输业固定资产的百分之八十。人民政府接管了属于官僚资本的工业企业,使国营工业的产值在一九四九年占全国工业产值的百分之三十四点七,到一九五二年,这一比重增加到百分之五十六。国营批发商业占全国批发商业营业总额的份额,一九四九年到一九五二年由百分之二十三增加到百分之六十。银行基本上由国家经营。

新中国的国营经济一开始就被认为是社会主义经济。它决不能与三四十年代的国民党时期或历史上更早的官营经济同日而语。……国营企业忠实于政府规定的各项制度、纪律和计划,不但使各种重要工业产品产量迅速超过战前的最高水平,而且开发了一大批新产品、新工艺、新技术、新产业和新的工业地区。国营企业职工生活稳定而充满热情,有各种权利、保障和福利,被社会尊称为老大哥,在他们中间出现了一大批技术能手和劳动模范。

……第一个五年计划的主要任务要由国营经济承担,这当然需要大大扩大国营经济。这是中国选择社会主义的第二个基本因素。

第三个基本因素是资本主义经济的弱小和发展困难。

中国资本主义经济，在官僚资本被人民政府没收以后，已经很弱小。为了在长期战争结束以后求得生存，不能不依靠政府和国营经济的支持。政府也采取有力的措施来帮助工厂商店开业，既为了恢复经济，也为了防止失业。但是两者之间又存在着许多难以解决的矛盾。

……物价稳定以后，资本主义工商业面临新的严重困难，消费者不再象通货膨胀时期那样抢购消费品，一大批工厂商店不能适应人民消费结构的变化和国家订货的需要。它们特别缺乏原材料和流动资金。在这种情况下，它们不得不接受政府所实行的一系列调整或改组的政策。大部分工业企业承办加工业务、接受国家的订货和收购包销产品，而商业企业开始为国营商业代销。改组结果产生了一九五一年的中国资本主义经济史上前所未有的"黄金时代"，工厂和商店的户数都增加了十分之一以上。

资本主义工商业的迅速发展，加剧了它们与政府、国营经济乃至社会的矛盾。大部分工商业主偷税漏税，在生产和经营中偷工减料或采取其他诈骗行为，并为此而大量行贿，从而导致一九五二年上半年的"五反"运动：反行贿、反偷税漏税、反盗窃国家资财、反偷工减料、反盗窃国家经济情报。人们开始认识到，资本主义工商业不仅需要进一步改组，而且需要通过国家资本主义的过渡形式逐步改造为社会主义。

……资本主义工商业的这种进退两难的情况，是中国选择社会主义的第三个基本因素。

第四个基本因素是新中国的国际环境。

新中国是在推翻为西方国家所支持的国民党统治的激烈斗争中产生出来的。……中国受到了长期的外交上、经济上和军事上的严密封锁。中国不但不可能从资本主义大国得到什么援助，而且连普通的贸易和交往都很困难。……当时只有社会主义国家和战后为独立而斗争的国家同情中国，只有苏联能够援助中国，这种援助在中国的第一个五年计划中占有十分重要的地位。……苏联的社会主义制度对中国具有重大的榜样作用。……

就五十年代中国经济和中国历史的全局而论，重要的是，无论早几年或迟几年，保留多少私有成份，经营管理上和计划方法上具有多大程度应有的灵活多样性，总之，对社会主义的选择是不可避免的。

——胡乔木：《中国在五十年代怎样选择了社会主义》(1989年10月)，中共中央文献研究室综合研究组：《老一代革命家论党史与党史研究》，陕西人民出版社1993年版，第353—361页

（三）

新民主主义社会和社会主义初级阶段,既有联系,又有区别。

……从1949年新中国成立到1956年,一共七年,这时的中国还不能说是社会主义国家,而是新民主主义国家;1956年,社会主义制度在中国基本上建立起来,从这时起中国就进入社会主义初级阶段,这个阶段大约需要100年,也就是到21世纪中叶,中国基本实现社会主义现代化,我们现在正处在这个阶段中。

……

新民主主义社会,本来就是一个向社会主义发展的过渡性质的阶段。1949年人民政协讨论《共同纲领》,有人提出既然如此,就应该明确地把这个前途规定出来。周恩来当时回答:"筹备会讨论中,大家认为这个前途是肯定的,毫无疑问的,但应该经过解释、宣传特别是实践来证明给全国人民看……所以现在暂时不写出来,不是否定它,而是更加郑重地看待它。而且这个纲领中经济的部分里面,已经规定要在实际上保证向这个前途走去。"

可见,说新民主主义社会是一个过渡性质的阶段,是要走向社会主义的,并不是过渡时期总路线突然提出来的新问题。

新民主主义社会和社会主义初级阶段的根本区别在哪里?最重要的是看公有制经济在整个国民经济中是否处于主体的地位。

新中国成立、建立起新民主主义国家时,公有制经济远没有处于主体地位。虽然由于没收了官僚资本主义企业,把它变成社会主义的国有经济,在整个国民经济中已处于领导地位,但那时的中国还是一个落后的农业国家,加上长期战争的破坏,生产力水平十分低下。拿工业和农业的总产值比较一下,就可以看到:1949年,农业总产值是326亿元,工业总产值只有140亿元,而且大部分国土的土地改革还没有进行,还保存着地主土地所有制;到1952年,农业总产值增长到484亿元,工业总产值增长到349亿元,仍低于农业。虽然经过土改,农村经济中占支配地位的仍是一片汪洋大海似的个体小生产者的私有经济。这是当时的基本国情。直到1956年,工业总产值才超过农业总产值。再看城市工商业:1949年,工业总产值的公私比重为43.8%和56.2%之比;商业经营总值中的公私比重为44.4%和55.6%之比;私营的比重都明显大于公营。

总之,在新民主主义社会中,无论城市或农村,公有制经济都没有占主体地位,在广大农村中尤其如此。这自然称不上社会主义初级阶段。从这里也可以看出社会主义初级阶段同新民主主义社会的根本区别所在。

……

从新中国成立那天起，事实上已经在逐步向社会主义过渡，也就是说，社会主义经济成分一直在不断发展，它在国民经济中的比重正在一天天增长，这是过渡的基本途径。……

过渡时期总路线的基本内容，通常称为"一体两翼"或"一化三改"。主体是社会主义工业化，两翼是对农业、手工业和资本主义工商业的社会主义改造。

其中最重要的、又恰恰被不少人忽略或遗忘的是：在中国建立起社会主义制度的主体是靠社会主义工业化。经历过那段历史的人都记得：从1953年起，在中国大地上掀起了历史上从来不曾有过的热气腾腾的大规模经济建设。多少人的青春年华无私地奉献给它。作为它的骨干的156项重点工程中，包括：鞍钢的三大工程、武钢、包钢、北满钢厂、富拉尔基重型机器厂、白银有色金属公司、洛阳拖拉机厂、第一汽车制造厂、哈尔滨仪表厂、洛阳矿山机械厂、兰州炼油厂、沈阳和南昌的飞机修理厂等等。这些都属于全体中国人民所有。没有它们，就谈不上在中国建立社会主义制度，也就没有以后的社会主义现代化可言。

不能把中国社会主义制度的建立看成主要是对资本主义工商业进行社会主义改造的结果，或者过多地把注意力集中在这一点上。旧中国留下的民族工商业力量实在很薄弱，在三座大山的压迫下到解放前已近奄奄一息。1956年底清产核资时核定的私人资本共24亿1 864万元，其中工业16亿9 345万元，商业和饮食业5亿8 639万元。当然，由于种种原因，当时有低估的问题。……但即便算高一点——低了一半，也没有到50亿元。而且这些私营企业十分分散，企业大多很小。……

拿它同社会主义工业化比较一下：第一个五年计划中，国家对基本建设的投资是427亿4 000万元（其中工业投资248亿5 000万元，占58.2%；其次是运输和邮电等基础设施，82亿1 000万元，占19.2%）。实际执行的结果，全民所有制固定资产的投资为611亿5 800万元。资金从哪里来？以1953年到1957年计算，全民所有制企业的上缴利润占国家财政收入增加的74.7%。

……比一比就可以知道：中国之所以能建立起社会主义基本制度，首先是靠全国人民流血流汗苦干出来的，而不是靠"赎买"得到的。忽视主体，只谈两翼，不说是本末倒置，至少是主次不分。

……

中国在建立社会主义基本制度时，当然也有缺点以至失误。主要是两条：一是后期走得过快过急，因此工作就做得粗，留下不少后遗症；二是对社会主义社会追求"纯而又纯"，其实无论奴隶社会、封建社会、资本主义社会都不是"纯而又纯"的，社会主义社会也不可能、不应该这样。

……

　　总之,那时中国成为社会主义国家、开始进入社会主义初级阶段的基本条件已经具备,公有制经济的主体地位已经确立。这是中华民族历史发展进程中的伟大变革,是中国开始全面的大规模的社会主义建设、以后又迈向社会主义现代化的伟大起点。对它的历史意义应该给予充分的估计。在它的后期虽然有过缺点和失误,那是可以在社会主义的自我发展和自我完善中来解决的,不用开回头车。

　　——金冲及:《新民主主义社会和社会主义初级阶段》,《党的文献》2008年第5期,第59—62页

第九章
社会主义建设在探索中曲折发展

学 习 提 示

本章有三节内容,叙述从1956年到1976年这一阶段,中国社会主义建设在探索起步时取得的良好进展、在探索过程中呈现的起伏经历、二十年曲折发展赢得的重大成就和获得的宝贵经验以及留下的主要教训。通过本章学习,要求学生认识中国共产党探索中国社会主义建设道路付出的艰辛努力和积极意义;认识中国社会主义建设在探索过程中经历曲折、特别是经历"文化大革命"这样严重曲折的深刻原因;认识中国社会主义建设尽管遭受了曲折,但依然取得了一系列为未来发展打下坚实基础的重大成果。

试 题 训 练

(一) 单项选择题

1. 中国开始进入全面建设社会主义的历史阶段是在(　　)。
    A. 1949年中华人民共和国成立后
    B. 1952年土地改革胜利结束后
    C. 1953年党在过渡时期总路线提出后
    D. 1956年社会主义改造基本完成后

2. 在1956年4月提出实现马克思主义同中国实际"第二次结合"任务的是(　　)。
    A. 毛泽东　　　B. 刘少奇　　　C. 周恩来　　　D. 邓小平

3. 我国社会主义制度的确立是为了（　　）。
   A. 努力提高经济水平
   B. 经济文化上达到世界上的先进水平
   C. 给保护和发展生产力创造更有利条件
   D. 向现代科学进军

4. 1956年,毛泽东发表《论十大关系》所围绕的基本方针是（　　）。
   A. 走中国特色社会主义道路
   B. 自力更生为主和争取外援为辅
   C. 调动一切积极因素为社会主义事业服务
   D. 正确处理人民内部矛盾

5. 1956年,毛泽东发表的提出走中国自己社会主义建设道路思想的著作是（　　）。
   A.《关于中华人民共和国宪法草案》
   B.《论无产阶级专政的历史经验》
   C.《论十大关系》
   D.《关于正确处理人民内部矛盾的问题》

6. 1956年召开的中共八大指出,我国国内主要矛盾的实质是（　　）。
   A. 生产关系和生产力之间的矛盾
   B. 无产阶级同资产阶级之间的矛盾
   C. 社会主义道路和资本主义道路之间的矛盾
   D. 先进的社会主义制度同落后的社会生产力之间的矛盾

7. 1956年召开的中共八大指出,全国人民当前的主要任务是（　　）。
   A. 正确处理人民内部矛盾
   B. 实现社会主义四个现代化
   C. 把我国推进到社会主义社会
   D. 集中力量发展社会生产力,实现国家工业化

8. 1956年召开的中共八大确认的我国经济建设的指导方针是（　　）。
   A. 独立自主,艰苦创业
   B. 在多快好省中力争上游
   C. 自力更生为主,争取外援为辅
   D. 既反保守又反冒进即在综合平衡中稳步前进

9. 1956年,在中共八大上提出"三个主体,三个补充"思想的是（　　）。
   A. 毛泽东　　　　B. 陈云　　　　C. 周恩来　　　　D. 邓小平

10. 在中共八大召开后的1956年12月,毛泽东提出了（　　）。

A. "双重监督"的思想　　　　　　B. "十大关系"的思想
C. "健全法制"的思想　　　　　　D. "新经济政策"的思想

11. 1957年2月,毛泽东在扩大的最高国务会议上发表的重要报告是(　　)。
　　A.《关于中华人民共和国宪法草案》
　　B.《论无产阶级专政的历史经验》
　　C.《论十大关系》
　　D.《关于正确处理人民内部矛盾的问题》

12. 1957年6月全面开展起来的一场全国规模的群众性运动是(　　)。
　　A. 肃反运动　　　　　　　　　B. 整风运动
　　C. 反右派运动　　　　　　　　D. 人民公社化运动

13. 1957年冬季掀起的农田水利建设高潮揭开了(　　)。
　　A. "五反"运动的序幕　　　　　B. 农业合作化运动的序幕
　　C. "大跃进"运动的序幕　　　　D. 人民公社化运动的序幕

14. 1958年通过了"鼓足干劲、力争上游、多快好省地建设社会主义"总路线的会议是(　　)。
　　A. 中共八大一次会议　　　　　B. 中共八大二中全会
　　C. 中共八大二次会议　　　　　D. 中共八届三中全会

15. 全国范围农村人民公社化运动高潮的掀起是在(　　)。
　　A. 1958年1月的南宁会议后　　B. 1958年3月的成都会议后
　　C. 1958年8月的北戴河会议后　D. 1958年11月的郑州会议后

16. 在1959年中共中央召开的庐山会议上遭到错误批判的是(　　)。
　　A. 彭德怀　　　B. 刘少奇　　　C. 周恩来　　　D. 邓小平

17. 1959年中共八届八中全会召开后,在全党范围开展的错误斗争是(　　)。
　　A. 反右派斗争　　　　　　　　B. "反右倾"斗争
　　C. 反冒进斗争　　　　　　　　D. 反"左"倾斗争

18. 1962年1、2月间,中共中央召开的统一全党认识、对全面贯彻调整国民经济的八字方针起了重要作用的会议是(　　)。
　　A. 庐山会议　　　　　　　　　B. 中共八届九中全会
　　C. "七千人大会"　　　　　　　D. 中共八届十中全会

19. 中国共产党和政府第一次向全国人民提出实现"四个现代化"的奋斗目标是在(　　)。
　　A. 第一届全国人民代表大会　　B. 第二届全国人民代表大会
　　C. 第三届全国人民代表大会　　D. 第四届全国人民代表大会

20. 1963年至1965年间,中共中央领导进行的运动是( )。
　　A. 人民公社化运动　　　　　　B. 城乡社会主义教育运动
　　C. 批林批孔运动　　　　　　　D. 反击右倾翻案风运动

21. 毛泽东发动"文化大革命"的导火线是( )。
　　A.《评新编历史剧〈海瑞罢官〉》的发表
　　B."二十三条"的发表
　　C."五·一六通知"的发表
　　D.《炮打司令部——我的一张大字报》的发表

22. 1966年8月召开的中共八届十一中全会通过了成为"文化大革命"指导方针的( )。
　　A."六十条"　　　　　　　　　B."二十三条"
　　C."五·一六通知"　　　　　　D."十六条"

23. 1969年召开的将"文化大革命"的错误理论和实践合法化的会议是( )。
　　A. 中共八届十一中全会　　　　B. 中共八届十二中全会
　　C. 中共九大　　　　　　　　　D. 中共十大

24. 在客观上宣告了"文化大革命"的理论和实践失败的是( )。
　　A."一月风暴"的出现　　　　　B. 林彪反革命集团的覆灭
　　C."天安门事件"的爆发　　　　D. 江青反革命集团的垮台

25. "文化大革命"结束的标志是( )。
　　A."一月风暴"的出现　　　　　B. 林彪反革命集团的覆灭
　　C."天安门事件"的爆发　　　　D. 江青反革命集团的垮台

26. 新中国建立后发生的一次全局性、长时间的严重"左"倾错误是( )。
　　A. 反右斗争扩大化　　　　　　B."大跃进"
　　C. 人民公社化运动　　　　　　D."文化大革命"

27. 新中国第一颗原子弹试验成功的时间是( )。
　　A. 1964年10月　　　　　　　B. 1966年10月
　　C. 1967年6月　　　　　　　　D. 1970年4月

28. 新中国第一颗氢弹试验成功的时间是( )。
　　A. 1964年10月　　　　　　　B. 1966年10月
　　C. 1967年6月　　　　　　　　D. 1970年4月

29. 新中国成功发射第一颗人造地球卫星的时间是( )。
　　A. 1964年10月　　　　　　　B. 1966年10月
　　C. 1967年6月　　　　　　　　D. 1970年4月

30. 新中国恢复在联合国合法席位的时间是（　　）。
   A. 1949 年　　　　　　　　　　B. 1966 年
   C. 1971 年　　　　　　　　　　D. 1978 年

（二）多项选择题

1. 毛泽东在《论十大关系》中提出，处理共产党和民主党派关系的方针是（　　）。
   A. 长期共存　　　　　　　　　B. 互相监督
   C. 肝胆相照　　　　　　　　　D. 荣辱与共

2. 毛泽东在《论十大关系》中提出的社会主义文化建设新方针是（　　）。
   A. 古为今用　　　　　　　　　B. 洋为中用
   C. 百花齐放　　　　　　　　　D. 百家争鸣

3. 1957年2月，毛泽东在扩大的最高国务会议上发表《关于正确处理人民内部矛盾的问题》的讲话，强调指出（　　）。
   A. 社会主义社会充满着矛盾
   B. 社会主义社会的基本矛盾仍然是生产关系和生产力之间、上层建筑和经济基础之间的矛盾
   C. 社会主义社会的矛盾可以通过社会主义制度本身得到解决
   D. 把正确处理人民内部矛盾作为国家政治生活的主题

4. 毛泽东在《关于正确处理人民内部矛盾的问题》中指出，社会主义社会的基本矛盾是（　　）。
   A. 敌我之间的矛盾　　　　　　B. 人民内部之间的矛盾
   C. 生产关系和生产力之间的矛盾　　D. 上层建筑和经济基础之间的矛盾

5. 毛泽东在《关于正确处理人民内部矛盾的问题》中指出的两类不同性质的矛盾是（　　）。
   A. 敌我之间的矛盾　　　　　　B. 人民内部之间的矛盾
   C. 生产力和生产关系之间的矛盾　　D. 经济基础和上层建筑之间的矛盾

6. 1957年4月27日，中共中央决定开展全党整风运动要反对的错误倾向是（　　）。
   A. 主观主义　　　　　　　　　B. 宗派主义
   C. 自由主义　　　　　　　　　D. 官僚主义

7. 在1957年反右派运动严重扩大化过程中采取的错误斗争方式包括（　　）。
   A. 大鸣　　　B. 大放　　　C. 大辩论　　　D. 大字报

8. 1957年召开的中共八届三中全会认为当前国内的主要矛盾仍然是(　　)。
   A. 无产阶级和资产阶级
   B. 社会主义道路和资本主义道路的矛盾
   C. 生产力和生产关系的矛盾
   D. 经济基础和上层建筑的矛盾

9. 1957年到1959年,我国社会主义建设过程中的"左"倾错误主要有(　　)。
   A. "反右倾"　　　　　　　　　B. 总路线
   C. "大跃进"　　　　　　　　　D. 人民公社化

10. 在1958年11月至1959年6月间,中共中央召开的纠正"左"倾错误的会议包括(　　)。
   A. 第一次郑州会议　　　　　　B. 武昌会议
   C. 中共八届六中全会　　　　　D. 第二次郑州会议

11. 1961年1月,中共八届九中全会正式制定的针对国民经济的方针是(　　)。
   A. 调整　　　B. 巩固　　　C. 充实　　　D. 提高

12. 周恩来在第四届全国人民代表大会第一次会议上重申,我国社会主义建设要实现(　　)。
   A. 农业现代化　　　　　　　　B. 工业现代化
   C. 国防现代化　　　　　　　　D. 科学技术现代化

13. 在1967年2月与江青为首的"中央文革小组"的错误做法进行抗争的老一辈革命家有(　　)。
   A. 谭震林　　　B. 陈毅　　　C. 叶剑英　　　D. 李富春

14. 在"文化大革命"的十年动乱中先后被粉碎的反革命集团是(　　)。
   A. 高岗反革命集团　　　　　　B. 林彪反革命集团
   C. 饶漱石反革命集团　　　　　D. 江青反革命集团

15. 在1976年10月被一举粉碎的反革命集团的主要成员是(　　)。
   A. 江青　　　B. 张春桥　　　C. 王洪文　　　D. 姚文元

16. 在1976年10月粉碎"四人帮"斗争中起重要作用的党和国家领导人包括(　　)。
   A. 邓小平　　　B. 华国锋　　　C. 叶剑英　　　D. 李先念

17. 毛泽东指出,社会主义这个阶段可分为(　　)。
   A. 不发达的社会主义　　　　　B. 初级阶段的社会主义
   C. 比较发达的社会主义　　　　D. 高级阶段的社会主义

18. 陈云提出的"三个主体"和"三个补充"重要思想的主要内容是(　　)。

A. 国家经营和集体经营是主体,一定数量的个体经营为补充
B. 公有制是主体,一定数量的私有制经济为补充
C. 计划生产是主体,一定范围的自由生产为补充
D. 国家市场是主体,一定范围的自由市场为补充

19. 20世纪60至70年代,中国在尖端科学技术领域取得的重大成就有( )。
A. 第一颗原子弹试验成功　　　　B. 第一颗氢弹试验成功
C. 第一枚中远程导弹发射成功　　D. 第一颗人造地球卫星发射成功

20. 在社会主义民主政治建设方面,毛泽东提出的"六又"政治局面是( )。
A. 又有专政又有民主
B. 又有纪律又有自由
C. 又有集中又有民主
D. 又有统一意志、又有个人心情舒畅、生动活泼

(三)辨析题

1. 毛泽东在《论十大关系》中,提出了优先发展重工业的中国工业化道路的思想。
2. 在中共八大上,陈云提出了"三个主体,三个补充"的思想。
3. 中国共产党在"七千人大会"上正式提出了实现"四个现代化"的宏伟目标。
4. 社会主义社会国家政治生活的主题是正确处理敌我矛盾和人民内部矛盾。
5. 独立的、比较完整的工业体系和国民经济体系的建立,从根本上解决了我国工业"从无到有"的问题。

(四)简答题

1. 中共八大对国内主要矛盾和主要任务的分析。
2. 毛泽东关于社会主义社会基本矛盾的分析。
3. 毛泽东为首的第一代领导集体提出的社会主义现代化建设的战略目标和步骤。

(五)论述题

1. 毛泽东关于正确区分社会主义社会两类不同性质矛盾的学说及其意义。
2. "文化大革命"发生的社会历史原因。
3. 对中国共产党在探索社会主义建设道路过程中所犯的错误的科学分析。
4. 新中国社会主义建设取得的主要成就。

参 考 答 案

(一) 单项选择题

1. D 2. A 3. C 4. C 5. C 6. D 7. D 8. D 9. B 10. D 11. D 12. C 13. C
14. C 15. C 16. A 17. B 18. C 19. C 20. B 21. A 22. D 23. C 24. B 25. D
26. D 27. A 28. C 29. D 30. C

(二) 多项选择题

1. AB 2. CD 3. ABCD 4. CD 5. AB 6. ABD 7. AB 8. AB 9. ACD
10. ABCD 11. ABCD 12. ABCD 13. ABCD 14. BD 15. ABCD 16. BCD 17. AC
18. ACD 19. ABCD 20. BCD

(三) 辨析题

1. 错误。 1956年4月,毛泽东在中央政治局扩大会议上作《论十大关系》的报告。这个报告,总结经济建设的初步经验,借鉴苏联建设的经验教训,对中国工业化道路的问题作出了创造性的论述,强调在把重工业作为国内建设重点的同时,要更多地发展农业、轻工业,并处理好经济建设与国防建设、沿海工业与内地工业的关系。它是以毛泽东为主要代表的中国共产党人开始探索中国自己的社会主义建设道路的标志,为中共八大的召开作了理论准备。

2. 正确。 在中共八大上,陈云提出了富有独创性的"三个主体,三个补充"思想,即国家经营和集体经营是主体,一定数量的个体经营为补充;计划生产是主体,一定范围的自由生产为补充;国家市场是主体,一定范围的自由市场为补充的思想。这个思想为大会所采纳,并写入大会决议,成为探索适合中国特点的经济体制的重要步骤。

3. 错误。 1962年,中共中央召开的县级以上党政军领导干部七千余人参加的扩大中央工作会议,被称为"七千人大会"。刘少奇向大会提交了书面报告,毛泽东发表了长篇讲话。会议恢复和发扬了党内的民主精神和自我批评精神,统一了全党的认识,对全面贯彻调整经济的八字方针起了极其重要的作用。而正式提出了实现"四个现代化"宏伟目标的是第三届全国人民代表大会第一次会议。

4. 错误。 社会主义社会存在着敌我矛盾和人民内部矛盾两类不同性质的矛盾,由于人民内部矛盾处于突出的地位,并大量地、广泛地存在于社会生活的各个方面,因此社会主义社会国家政治生活的主题是解决人民内部矛盾。不能用解决敌我矛盾的方法去解决人民内部矛盾,只能用民主的、说服的、教育的、"团结—批评—团结"的方法去解决。

5. 正确。基本建立了独立的、比较完整的工业体系和国民经济体系,是从根本上解决了工业化中"从无到有"的问题。独立的、比较完整的工业体系和国民经济体系的建立,使中国在赢得政治上的独立后赢得了经济上的独立,为中国以后的发展奠定了牢固的物质技术基础,而且也为中国同包括西方发达国家在内的世界各国在平等互利的原则下发展对外贸易和经济往来创建了前提。

(四) 简答题

1. 1956年召开的中共八大指出:社会主义改造完成后,国内的主要矛盾已经不再是工人阶级和资产阶级的矛盾,而是人民对于经济文化迅速发展的需要同当前经济文化不能满足人民需要的状况之间的矛盾。全国人民的主要任务是集中力量发展社会生产力,实现国家工业化,逐步满足人民日益增长的物质和文化需要。还有阶级斗争,还要加强人民民主专政,但根本任务已经是在新的生产关系下面保护和发展生产力。

2. 1957年,毛泽东在《关于正确处理人民内部矛盾的问题》中指出,社会主义社会的基本矛盾仍然是生产力和生产关系、经济基础和上层建筑之间的矛盾。这些矛盾可以经过社会主义制度本身的自我调整和自我完善不断地得到解决。这实际上为进行改革,使社会主义制度得到完善和发展奠定了理论基石。

3. 社会主义现代化建设的战略目标,是要把中国建设成为一个具有现代农业、现代工业、现代国防和现代科学技术的强国。为此,应当采取"两步走"的发展战略,第一步,建成一个独立的、比较完整的工业体系和国民经济体系;第二步,全面实现农业、工业、国防和科学技术的现代化,使中国的经济走在世界前列。

(五) 论述题

1. 1957年,毛泽东在《关于正确处理人民内部矛盾的问题》中概括提出了区分和处理敌我和人民内部两类矛盾的学说。他指出:在社会主义制度下,人民的根本利益是一致的,但还存在着敌我矛盾和人民内部矛盾。必须区分社会主义社会两类不同性质的矛盾,把正确处理人民内部矛盾作为国家政治生活的主题。不能用解决敌我矛盾的方法去解决人民内部矛盾,只能用民主的、说服的、教育的、"团结—批评—团结"的方法去解决。毛泽东提出正确处理人民内部矛盾问题的重要指导思想是:团结全国各族人民进行一场新的战争——向自然界开战,发展我们的经济,发展我们的文化,使全体人民比较顺利地走过目前的过渡时期,巩固我们的新制度,建设我们的新国家。这一学说是对科学社会主义理论的重要发展,对中国社会主义事业具有长远的指导意义。

2. 首先,我们党过去长期处于战争和激烈的阶级斗争的环境中,对于迅速到来的新生的社会主义社会和全国规模的社会主义建设事业,缺乏充分的思想准备和科学研究;对于什么是社会主义、怎样建设社会主义的问题,并没有完全搞清楚。其次,由于中国共产党的历史特点,在社会主义改造基本完成之后,在观察和处理社会主义发展进程中出现的政治、经济、文化等方面的新矛盾新问题时,容易把已经不属于阶级斗争的问题仍然看作是阶级斗争,并且面对新条件下的阶级斗争,又习惯于沿用过去熟习而这时已不能照搬的进行大规模急风暴雨式群众性斗争的旧方法和旧经验,从而导致阶级斗争的严重扩大化。第三,党的民主集中制和集体领导制度遭到严重破坏,致使党无法依靠制度的和集体的力量及时地发现并纠正错误,难于防止和制止像"文化大革命"这样全局性错误的发生和发展。

3. 第一,中国共产党在犯严重错误的时候,其性质和宗旨都没有改变。中国共产党并没有被摧毁而且还能维持统一,中国社会主义制度的根基仍然保存着,社会主义经济建设还在进行,国家仍然保持统一并且在国际上发挥着重要的影响。第二,中国共产党能够紧紧依靠广大党员、干部和人民群众,并在广大群众的支持和帮助下,发现错误,抵制错误,纠正错误。中国共产党和广大人民群众在"文化大革命"中同"左"倾错误和林彪、江青两个反革命集团的斗争是艰难曲折的,并且一直没有停止过,中国共产党团结广大干部群众最终战胜了他们。第三,毛泽东在全局上坚持"文化大革命"的错误,但也制止和纠正过一些具体错误。

4. 一是独立的、比较完整的工业体系和国民经济体系的基本建立。这是这一时期最大的建设成就,从根本上解决了工业化中"从无到有"的问题。独立的、比较完整的工业体系和国民经济体系的建立,使中国在赢得了政治上的独立之后赢得了经济上的独立,为中国以后的发展奠定了牢固的物质技术基础而且也为中国同包括西方发达国家在内的世界各国在平等互利的原则下发展对外贸易和经济往来创建了前提。二是人民生活水平的提高与文化、医疗、科技事业的发展。新中国在短短的时间里取得巨大的成就,是同中国共产党的领导,同举国上下艰苦奋斗和勤俭建国的创业精神分不开的。三是国际地位的提高与国际环境的改善。新中国从建立之日起,就把捍卫民族独立、国家主权和维护世界和平、促进人类进步事业作为对外工作的目标,努力为国内和平建设创造良好的外部环境。

延 伸 阅 读

(一)

建国三十二年历史的基本估计

建国三十二年来,我们取得的主要成就是:

一、建立和巩固了工人阶级领导的、以工农联盟为基础的人民民主专政即无产阶级专政的国家政权。

二、实现和巩固了全国范围(除台湾等岛屿以外)的国家统一,根本改变了旧中国四分五裂的局面。

三、战胜了帝国主义、霸权主义的侵略、破坏和武装挑衅,维护了国家的安全和独立,胜利地进行了保卫祖国边疆的斗争。

　　四、建立和发展了社会主义经济,基本上完成了对生产资料私有制的社会主义改造,基本上实现了生产资料公有制和按劳分配。

　　五、在工业建设中取得重大成就,逐步建立了独立的比较完整的工业体系和国民经济体系。

　　六、农业生产条件发生显著改变,生产水平有了很大提高,基本上保证了人民吃饭穿衣的需要。

　　七、城乡商业和对外贸易都有很大增长。

　　八、教育、科学、文化、卫生、体育事业有很大发展。

　　九、人民解放军在新的历史条件下得到壮大和提高,由单一的陆军发展成为包括海军、空军和其他技术兵种在内的合成军队。

　　十、在国际上,始终不渝地奉行社会主义的独立自主的外交方针,倡导和坚持了和平共处五项原则,同全世界一百二十四个国家建立了外交关系,同更多的国家和地区发展了经济、贸易和文化往来,在国际事务中发挥着越来越重大的积极作用。

　　新中国建立的时间不长,我们取得的成就只是初步的。由于我们党领导社会主义事业的经验不多,党的领导对形势的分析和对国情的认识有主观主义的偏差,"文化大革命"前就有过把阶级斗争扩大化和在经济建设上急躁冒进的错误。后来,又发生了"文化大革命"这样全局性的、长时间的严重错误。这就使得我们没有取得本来应该取得的更大成就。但是,三十二年来我们取得的成就还是主要的,忽视或否认我们的成就,忽视或否认取得这些成就的成功经验,同样是严重的错误。我们的成就和成功经验是党和人民创造性地运用马克思列宁主义的结果,是社会主义制度优越性的表现,是全党和全国各族人民继续前进的基础。"坚持真理,修正错误",这是我们党必须采取的辩证唯物主义的根本立场。过去采取这个立场,曾使我们的事业转危为安、转败为胜。今后继续采取这个立场,必将引导我们取得更大的胜利。

　　开始全面建设社会主义的十年

　　党在这十年中积累了领导社会主义建设的重要经验。毛泽东同志在1957年春提出必须正确区分和处理社会主义社会两类不同性质的社会矛盾,把正确处理人民内部矛盾作为国家政治生活的主题。接着,他提出要"造成一个又有集中又有民主,又有纪律又有自由,又有统一意志,又有个人心情舒畅、生动活泼,那样一种政治局面"的要求。1958年,他又提出要把党和国家的工作重点转到技术革命和社会主义建设上来。这些都是"八大"路线的继续发展,具有长远的指导意义。毛泽东同志在领导纠正"大跃进"和人民公社化运动中的错误时提出了不能剥夺农民,不能超越阶段,反对平均主义,强调发展商品生产、遵守价值规律和做好综合平衡,主张以农轻重为序安排国民经济计划等观点;刘少奇同志提出了许多生产资料可以作为商品进行流通和社会主义社会要有两种劳动制度、两种教育制度的观点;周恩来同志提出了我国知识分子绝大多数已经是劳动人民的知识分子,科学技术在我国现代化建设中具有关键性作用等观点;陈云同志提出了计划指标必须切合实际,建设规模必须同国力相适应,人民生活和国家建设必须兼顾,制定计划必须做好物资、财政、信贷平衡等观点;邓小平同志提出了关于整顿工业企业,改善和加强企业管理,实行职工代表大会制等观点;朱德同志提出了要注意发展手工业和农业多种经营的观点;邓子恢等同志提出了农业中要实行生产责任制的观点。所有这些,在当时和以后都有重大的意义。党中央在调整国民经济过程中陆续制定的农村人民公社工作条例草案和有关工业、商业、教育、科学、文艺等方面的工作条例草案,比较系统地总结了社会主义建设的经验,分别规定了适合当时情况的各项具体政策,至今对我们仍然有重要的借鉴作用。

总之,我们现在赖以进行现代化建设的物质技术基础,很大一部分是这个期间建设起来的;全国经济文化建设等方面的骨干力量和他们的工作经验,大部分也是在这个期间培养和积累起来的。这是这个期间党的工作的主导方面。

这十年中,党的工作在指导方针上有过严重失误,经历了曲折的发展过程。

1957年反右派斗争被严重地扩大化了,把一批知识分子、爱国人士和党内干部错划为"右派分子",造成了不幸的后果。

1958年,党的八大二次会议通过的社会主义建设总路线及其基本点,其正确的一面是反映了广大人民群众迫切要求改变我国经济文化落后状况的普遍愿望,其缺点是忽视了客观的经济规律。"大跃进"运动和农村人民公社化运动,使得以高指标、瞎指挥、浮夸风和"共产风"为主要标志的"左"倾错误严重地泛滥开来。庐山会议后期,毛泽东同志错误地发动了对彭德怀同志的批判,进而在全党错误地开展了"反右倾"斗争。这场斗争在政治上使党内从中央到基层的民主生活遭到严重损害,在经济上打断了纠正"左"倾错误的进程,使错误延续了更长时间。

1960年冬,党中央和毛泽东同志开始纠正农村工作中的"左"倾错误,并且决定对国民经济实行"调整、巩固、充实、提高"的方针,随即在刘少奇、周恩来、陈云、邓小平等同志的主持下,制定和执行了一系列正确的政策和果断的措施,这是这个历史阶段中的重要转变。1962年1月召开的有七千人参加的扩大的中央工作会议，初步总结了"大跃进"中的经验教训，开展了批评和自我批评。会议前后又为"反右倾"运动中被错误批判的大多数同志进行了甄别平反。此外，还给被划为"右派分子"的大多数人摘掉了"右派分子"帽子。由于这些经济和政治的措施，从1962年到1966年国民经济得到了比较顺利的恢复和发展。

但是，"左"倾错误在经济工作的指导思想上并未得到彻底纠正，而在政治和思想文化方面还有发展。1963年至1965年间，在部分农村和少数城市基层开展的社会主义教育运动，虽然对于解决干部作风和经济管理等方面的问题起了一定作用，但由于把这些不同性质的问题都认为是阶级斗争或者是阶级斗争在党内的反映，在1964年下半年使不少基层干部受到不应有的打击，在1965年初又错误地提出了运动的重点是整所谓"党内走资本主义道路的当权派"。在意识形态领域，也对一些文艺作品、学术观点和文艺界学术界的一些代表人物进行了错误的、过火的政治批判，在对待知识分子问题、教育科学文化问题上发生了愈来愈严重的"左"的偏差，并且在后来发展成为"文化大革命"的导火线。不过，这些错误当时还没有达到支配全局的程度。

由于全党和全国各族人民的主要注意力从1960年冬以后一直是在贯彻执行调整经济的正确方针，社会主义建设逐步地重新出现欣欣向荣的景象。

这十年中的一切成就，是在以毛泽东同志为首的党中央集体领导下取得的。这个期间工作中的错误，责任同样也在党中央的领导集体。毛泽东同志负有主要责任，但也不能把所有错误归咎于毛泽东同志个人。

"文化大革命"的十年

"文化大革命"是毛泽东同志发动和领导的。他的主要论点是：一大批资产阶级的代表人物、反革命的修正主义分子，已经混进党里、政府里、军队里和文化领域的各界里，相当大的一个多数的单位的领导权已经不在马克思主义者和人民群众手里。党内走资本主义道路的当权派在中央形成了一个资产阶级司令部，它有一条修正主义的政治路线和组织路线，在各省、市、自治区和中央各部门都有代理人。过去的各种斗争都不能解决问题，只有实行"文化大革命"，公开地、全面地、自下而上地发动广大群众来揭发上述的黑暗面，才能把被走资派篡夺的权力重新夺回来。这实质上是一个阶级推翻一个阶级的政治大革命，以后还要进行多次。这些论点曾被概括成为所谓"无产阶级专政下继续革命的理论"，从而使"无产阶级专政下继续革命"一语有了特定的含义。毛泽东同志发动"文化大革命"的这些"左"倾错误论点，明显地脱离了作为马克思列宁主义普遍原理和中国革命具体实践相结合的毛泽东思想的轨道，必须把它们同毛泽东思想完全区别开来。

历史已经判明,"文化大革命"是一场由领导者错误发动,被反革命集团利用,给党、国家和各族人民带来严重灾难的内乱。

对于"文化大革命"这一全局性的、长时间的"左"倾严重错误,毛泽东同志负有主要责任。但是,毛泽东同志的错误终究是一个伟大的无产阶级革命家所犯的错误。他在全局上一直坚持"文化大革命"的错误,但也制止和纠正过一些具体错误,保护过一些党的领导干部和党外著名人士,使一些负责干部重新回到重要的领导岗位。他领导了粉碎林彪反革命集团的斗争,对江青、张春桥等人也进行过重要的批评和揭露,不让他们夺取最高领导权的野心得逞。这些都对后来我们党顺利地粉碎"四人帮"起了重要作用。在"文化大革命"中,我们党没有被摧毁并且还能维持统一,国务院和人民解放军还能进行许多必要的工作,有各族各界代表人物出席的第四届全国人民代表大会还能召开并且确定了以周恩来、邓小平同志为领导核心的国务院人选,我国社会主义制度的根基仍然保存着,社会主义经济建设还在进行,我们的国家仍然保持统一并且在国际上发挥重要影响。这些重要事实都同毛泽东同志的巨大作用分不开。

"文化大革命"所以会发生并且持续十年之久,还有复杂的社会历史原因。主要的是:

一、社会主义运动的历史不长,社会主义国家的历史更短,社会主义社会的发展规律有些已经比较清楚,更多的还有待于继续探索。我们党过去长期处于战争和激烈阶级斗争的环境中,对于迅速到来的新生的社会主义社会和全国规模的社会主义建设事业,缺乏充分的思想准备和科学研究。由于我们党的历史特点,在社会主义改造基本完成以后,在观察和处理社会主义社会发展进程中出现的政治、经济、文化等方面的新矛盾新问题时,容易把已经不属于阶级斗争的问题仍然看做是阶级斗争,并且面对新条件下的阶级斗争,又习惯于沿用过去熟习而这时已不能照搬的进行大规模急风暴雨式群众性斗争的旧方法和旧经验,从而导致阶级斗争的严重扩大化。同时,这种脱离现实生活的主观主义的思想和做法,由于把马克思、恩格斯、列宁、斯大林著作中的某些设想和论点加以误解或教条化,反而显得有"理论根据"。此外,苏联领导人挑起中苏论战,并把两党之间的原则争论变为国家争端,对中国施加政治上、经济上和军事上的巨大压力,迫使我们不得不进行反对苏联大国沙文主义的正义斗争。在这种情况的影响下,我们在国内进行了反修防修运动,使阶级斗争扩大化的迷误日益深入到党内,以致党内同志间不同意见的正常争论也被当作是所谓修正主义路线的表现或所谓路线斗争的表现,使党内关系日益紧张化。

二、党在面临着工作重心转向社会主义建设这一新任务因而需要特别谨慎的时候,毛泽东同志的威望也达到高峰。他逐渐骄傲起来,逐渐脱离实际和脱离群众,主观主义和个人专断作风日益严重,日益凌驾于党中央之上,使党和国家政治生活中的集体领导原则和民主集中制不断受到削弱以至破坏。这种现象是逐渐形成的,党中央对此也应负一定的责任。

——参见《关于建国以来党的若干历史问题的决议》(1981年6月27日中国共产党第十一届中央委员会第六次全体会议一致通过),http://cpc.people.com.cn/GB/64162/71380/71387/71588/4854598.html,有删减

(二)

一、研究毛泽东等探索的时间界定

1956年,我国建立起社会主义的基本制度,党的八大宣布了这一伟大胜利。从这时起到1978年的党的十一届三中全会,是我们进入社会主义初级阶段,却没有自觉其为初级阶段的时期。

本文所要论述的正是从1956年进入社会主义初级阶段后到1976年十一届三中全会前(且不算1977年到1978年)这一阶段的历史。这20年的历史,正是以毛泽东为核心的中共第一代领导集体苦苦探索中国建设社会主义道路的历史。

党史上将这20年划分为"前10年"("开始全面建设社会主义的10年")和"后10年"(即"文化大革命"的10年)。我们试将其分成三个阶段来研究,即:探索的正确发展阶段,探索的曲折发展阶段,探索走入歧途的阶段。

二、探索开始时的时代背景

1956年,国内外形势出现重大变化,为我们党探索适合中国国情的社会主义建设道路,提供了客观的必要性和现实的可能性。

从国内情况看,随着"三大改造"取得决定性的胜利,社会主要矛盾发生了变化,党和国家的工作重点应当转移到社会主义经济建设上来。但是,在经济和文化落后的国家中,社会主义建设应该怎么搞,这是整个国际共运中尚未很好地解决的问题。

恰在这时,国际共运形势发生了巨大变化。1956年2月举行的苏共第二十次代表大会,尖锐地揭露了斯大林在领导苏联社会主义建设中的严重错误以及对他的个人崇拜所造成的严重后果。这不但冲破了长期以来人们对斯大林的神化观念,也暴露了苏联社会主义模式的弊端。

正是在这个国际、国内社会大变动的历史背景下,促使中国共产党人必须慎重考虑中国社会主义建设到底应该走什么样的道路的问题。

三、探索的正确发展阶段

1956年党的八大一次会议前后,是毛泽东等探索的正确发展时期。所谓"前"是前到1956年4月毛泽东《论十大关系》的讲话,这是探索的开始;所谓"后"是后到1957年2月毛泽东发表《关于正确处理人民内部矛盾的问题》一文。这个阶段的主要成果有如下方面:

(一)提出了探索的根本指导思想,即:建设社会主义必须根据本国情况走自己的道路;同时确定了基本方针:调动国内外一切积极因素,为社会主义建设服务。

(二)正确揭示了我国的社会矛盾,确定了工作重点和主要任务。八大决议指出:我国社会主要矛盾的实质"就是先进的社会主义制度同落后的生产力之间的矛盾。党和全国人民的当前的主要任务,就是要集中力量来解决这个矛盾,把我国尽快地从落后的农业国变为先进的工业国。"

(三)制定了既反保守又反冒进,即在综合平衡中稳步前进的经济建设的正确方针,随后发展为按农、轻、重的顺序安排国民经济和"以农业为基础,以工业为主导"的国民经济建设的总方针。

(四)对经济体制改革进行了具有积极意义的初步尝试。

此外,还提出了扩大民主、健全法制,正确处理人民内部矛盾,和民主党派"长期共存、互相监督"的方针;在思想文化建设上宣布知识分子"已经是工人阶级的一部分",提出"向科学进军"和"百花齐放、百家争鸣"的方针;规定了加强执政党的建设的方针,等等。

这一阶段的探索,时间虽短,却能取得如此重大的成就,一个很重要的突出的原因,是党中央领导集体保持了清醒的头脑和实事求是、民主讨论问题的作风,坚持了党的民主集中制原则。

四、探索的曲折发展阶段

这个阶段是从1957年下半年到1966年"文化大革命"爆发前,约8年半时间。其突出的特点是出现了党的指导思想上两个趋向并存的局面,一个是比较正确的趋向,即八大趋向的继续;一个是错误的趋向。

比较正确的趋向主要是指:1959年庐山会议以前八九个月的纠"左"努力、1960年冬天提出"八字方针"和以后5年调整经济的努力。这期间,党形成了一些正确的和比较正确的理论观点和方针政策,积累了一些正确的和比较正确的实践经验,经济调整也取得了一定成果。主要有如下几点:

(一)提出了关于社会主义的理论观点和中国发展的战略目标。把社会主义制度的建立和社会主义社会的建成作了区分,认为社会主义的发展可分为"不发达的"和"比较发达的"不同阶段；中国要建设起强大的社会主义经济，"要花一百多年"，并正式提出了要实现"工业现代化、农业现代化、科学技术现代化和国防现代化"的四个现代化的战略目标。

（二）提出了综合平衡，发展国民经济以农、轻、重为序，进而提出对国民经济实行"调整、巩固、充实、提高"的著名的"八字"方针，对农业、工业、科学、教育、文化政策都进行了调整，取得了较大成果。

（三）坚持实事求是的传统，通过七千人大会，使党内民主精神和自我批评精神得到发扬，从而使经济的调整和政治关系的调整都得以顺利进行。

（四）对工业、农业经济体制改革进行了若干有益的尝试。

（五）坚持"自力更生为主，争取外援为辅"的原则；提出了社会主义国家防止和平演变的重大问题和措施。

错误的发展趋向，主要是指经济建设上急于求成的"大跃进"、从反右派斗争扩大化到庐山会议"反右倾"、再到八届十中全会以后阶级斗争扩大化的"左"倾错误。

这段时间的主要错误可以概括为两个方面：

一方面是在阶级斗争问题上犯了扩大化的错误，并在实践和理论上不断升级。

另一方面是在经济建设的规模和速度问题上，犯了急于求成、盲目冒进的"左"的错误。

这个阶段中的两个趋向也并不是截然分开的，许多时候都是互相渗透和交织的，不但共存于全党的共同探索中，而且往往共存于同一个人的认识发展过程中。

五、探索陷入歧途的阶段

这就是所谓"文化大革命"阶段，其时间是从1966年5月到1976年10月。

"文化大革命"在党的历史发展过程中，是"左"倾错误占统治地位时间最长、危害最大的时期，是各种社会矛盾以尖锐形式充分暴露的时期，因而也是经验教训极为深刻的时期。邓小平总结说："我们根本否定'文化大革命'，但应该说'文化大革命'也有一'功'，它提供了反面教训。没有'文化大革命'的教训，就不能制定十一届三中全会以来的思想、政治、组织路线和一系列政策。"

——参见黄少群、吴智棠：《略论中共第一代领导集体对社会主义建设道路的艰辛探索》，载《党的文献》1997年第4期，第47—50页，有删减

（三）

习近平指出，邓小平同志开创了中国特色社会主义，第一次比较系统地初步

回答了在中国这样经济文化比较落后的国家如何建设社会主义、如何巩固和发展社会主义的一系列基本问题,用新的思想观点,继承和发展了马克思主义,开拓了马克思主义新境界,把对社会主义的认识提高到新的科学水平。

习近平强调,中国特色社会主义是社会主义而不是其他什么主义,科学社会主义基本原则不能丢,丢了就不是社会主义。一个国家实行什么样的主义,关键要看这个主义能否解决这个国家面临的历史性课题。历史和现实都告诉我们,只有社会主义才能救中国,只有中国特色社会主义才能发展中国,这是历史的结论、人民的选择。随着中国特色社会主义不断发展,我们的制度必将越来越成熟,我国社会主义制度的优越性必将进一步显现,我们的道路必将越走越宽广。我们就是要有这样的道路自信、理论自信、制度自信,真正做到"千磨万击还坚劲,任尔东西南北风"。

习近平指出,我们党领导人民进行社会主义建设,有改革开放前和改革开放后两个历史时期,这是两个相互联系又有重大区别的时期,但本质上都是我们党领导人民进行社会主义建设的实践探索。中国特色社会主义是在改革开放历史新时期开创的,但也是在新中国已经建立起社会主义基本制度、并进行了20多年建设的基础上开创的。虽然这两个历史时期在进行社会主义建设的思想指导、方针政策、实际工作上有很大差别,但两者决不是彼此割裂的,更不是根本对立的。不能用改革开放后的历史时期否定改革开放前的历史时期,也不能用改革开放前的历史时期否定改革开放后的历史时期。要坚持实事求是的思想路线,分清主流和支流,坚持真理,修正错误,发扬经验,吸取教训,在这个基础上把党和人民事业继续推向前进。

习近平强调,马克思主义必定随着时代、实践和科学的发展而不断发展,不可能一成不变,社会主义从来都是在开拓中前进的。坚持和发展中国特色社会主义是一篇大文章,邓小平同志为它确定了基本思路和基本原则,以江泽民同志为核心的党的第三代中央领导集体、以胡锦涛同志为总书记的党中央在这篇大文章上都写下了精彩的篇章。现在,我们这一代共产党人的任务,就是继续把这篇大文章写下去。坚持马克思主义,坚持社会主义,一定要有发展的观点。我们的事业越前进、越发展,新情况新问题就会越多,面临的风险和挑战就会越多,面对的不可预料的事情就会越多。我们必须增强忧患意识,做到居安思危,懂就是懂,不懂就是不懂;懂了的就努力创造条件去做,不懂的就要抓紧学习研究弄懂,来不得半点含糊。

习近平指出,共产党员特别是党员领导干部要做共产主义远大理想和中国特色社会主义共同理想的坚定信仰者和忠实践行者。我们既要坚定走中国特色社会主义道路的信念,也要胸怀共产主义的崇高理想,矢志不移贯彻执行党在社会主义初级阶段的基本路线和基本纲领,做好当前每一项工作。革命理想高于天。没有远大理想,不是合格的共产党员;离开现实工作而空谈远大理想,也不是合格的共产党员。衡量一名共产党员、一名领导干部是否具有共产主义远大理想,是有客观标准的,那就要看他能否坚持全心全意为人民服务的根本宗旨,能否吃苦在前、享受在后,能否勤奋工作、廉洁奉公,能否为理想而奋不顾身去拼搏、去奋斗、去献出自己的全部精力乃至生命。一切迷惘迟疑的观点,一切及时行乐的思想,一切贪图私利的行为,一切无所作为的作风,都是与此格格不入的。

——《习近平在新进中央委员会的委员、候补委员学习贯彻党的十八大精神研讨班开班式上发表重要讲话强调 毫不动摇坚持和发展中国特色社会主义 在实践中不断有所发现有所创造有所前进》,http://politics.people.com.cn/n/2013/0106/c1024-20100407.html

第十章
中国特色社会主义的开创与持续发展

学习提示

本章有四部分内容,概述"文化大革命"结束后,中国发生的历史性的伟大转折和改革开放的起步,改革开放和现代化建设新局面的展开,中国特色社会主义事业的跨世纪发展,在新的历史起点上推进中国特色社会主义等问题。通过本章学习,要求学生了解中共十一届三中全会以来中国改革开放与现代化建设稳步推进的历史概况,认识中国特色社会主义道路的形成轨迹和基本内容;认识中国特色社会主义理论体系——邓小平理论、"三个代表"重要思想和科学发展观的基本内涵和指导意义;认识中国改革开放与现代化建设的伟大成绩和成功经验,并且了解今后中国特色社会主义广阔的发展前景。

习题练习

(一)单项选择题

1. 1976年"文化大革命"结束后,造成党和国家的工作在徘徊中前进局面的根源在于(　　)。
    A. "以阶级斗争为纲"的错误方针　　B. "批林批孔"的错误方针
    C. "反击右倾翻案风"的错误方针　　D. "两个凡是"的错误方针

2. 1978年在我国出现的一场马克思主义思想解放运动是（　　）。

　　A. 社会主义教育运动

　　B. 揭批"四人帮"运动

　　C. 关于真理标准问题的大讨论

　　D. 关于计划经济和市场经济的大讨论

3. 1978年12月，邓小平在中共中央工作会议上发表的重要报告是（　　）。

　　A.《实践是检验真理的唯一标准》

　　B.《解放思想，实事求是，团结一致向前看》

　　C.《必须旗帜鲜明地坚持四项基本原则》

　　D.《关于建国以来党的若干历史问题的决议》

4. 新中国成立以来党的历史上具有深远意义的伟大转折的标志是（　　）。

　　A. 中共十一届三中全会的召开　　B. 中共十一届六中全会的召开

　　C. 中共十二届三中全会的召开　　D. 中共十二届六中全会的召开

5. 1981年，中共十一届六中全会通过了（　　）。

　　A.《关于党的若干历史问题的决议》

　　B.《关于建国以来党的若干历史问题的决议》

　　C.《关于经济体制改革的决定》

　　D.《关于科学技术体制改革的决定》

6. 中共十一届三中全会后，中国农村在经济体制改革中推行的制度是（　　）。

　　A. 个体经营制度　　　　　　　　B. 互助合作制度

　　C. 家庭联产承包责任制度　　　　D. 生产队为基础的集体经营制度

7. 邓小平在中共十二大上首次明确提出了（　　）。

　　A. 建设有中国特色社会主义

　　B. 建设富强民主文明的社会主义现代化国家

　　C. 党在社会主义初级阶段的基本路线

　　D. 党在社会主义初级阶段的基本纲领

8. 我国经济体制改革转向以城市为重点全面展开的标志是（　　）。

　　A.《关于经济体制改革的决定》的实施

　　B.《关于科学技术体制改革的决定》的实施

　　C.《关于教育体制改革的决定》的实施

　　D.《政治体制改革总体设想》的实施

9. 随着对外开放的进一步扩大，中共中央和国务院在1988年决定建立的经济特区是（　　）。

A. 深圳经济特区 B. 珠海经济特区
C. 厦门经济特区 D. 海南经济特区

10. 中国共产党第一次完整提出党在社会主义初级阶段基本路线的会议是（　　）。
    A. 中共十二大 B. 中共十三大
    C. 中共十四大 D. 中共十五大

11. 中共十三大明确将党在社会主义初级阶段的基本路线概括为（　　）。
    A. "一个中心、两个基本点"
    B. "四个坚持"
    C. 一手抓物质文明、一手抓精神文明
    D. 建设中国特色社会主义经济、政治和文化

12. 中国共产党顺利实现第二代中央领导集体向第三代中央领导集体过渡的会议是（　　）。
    A. 中共十一届三中全会 B. 中共十二届三中全会
    C. 中共十三届四中全会 D. 中共十四届四中全会

13. 随着对外开放的进一步扩大，中共中央和国务院在1990年作出的战略举措是（　　）。
    A. 建立厦门经济特区 B. 建立珠海经济特区
    C. 开发、开放海南经济特区 D. 开发、开放上海浦东新区

14. 1997年召开的中共十五大明确提出了（　　）。
    A. 党在社会主义初级阶段的基本路线
    B. 党在社会主义初级阶段的基本纲领
    C. 建设中国特色社会主义的基本经验
    D. 建设中国特色社会主义的基本规律

15. 中国共产党将邓小平理论作为党的指导思想写入党章是在（　　）。
    A. 中共十二大 B. 中共十三大
    C. 中共十四大 D. 中共十五大

16. 1995年1月，江泽民发表了发展两岸关系、推进祖国和平统一八项主张的（　　）。
    A.《告台湾同胞书》
    B.《实现两岸和平统一的九项方针》
    C.《一个国家、两种制度》
    D.《为促进祖国统一大业的完成而继续奋斗》

17. 1998年,中共中央决定在县级以上党政领导班子、领导干部中深入开展( )。

    A. 讲学习、讲政治、讲正气的教育   B. 讲政治、讲作风、讲文明的教育

    C. 讲学习、讲觉悟、讲作风的教育   D. 讲思想、讲行为、讲素质的教育

18. 中国共产党将"三个代表"重要思想作为党的指导思想写入党章是在( )。

    A. 中共十四大   B. 中共十五大

    C. 中共十六大   D. 中共十七大

19. 2002年召开的中共十六大总结概括了( )。

    A. 党在社会主义初级阶段的基本路线

    B. 党在社会主义初级阶段的基本纲领

    C. 建设中国特色社会主义的基本经验

    D. 建设中国特色社会主义的理论体系

20. 中国共产党正式提出了坚持以人为本、全面协调可持续的科学发展观的重要会议是( )。

    A. 中共十六届三中全会   B. 中共十六届四中全会

    C. 中共十六届五中全会   D. 中共十六届六中全会

21. 中国共产党明确提出构建社会主义和谐社会战略任务的重要会议是( )。

    A. 中共十六届三中全会   B. 中共十六届四中全会

    C. 中共十六届五中全会   D. 中共十六届六中全会

22. 中国共产党明确提出大力建设创新型国家的任务的重要会议是( )。

    A. 中共十六届三中全会   B. 中共十六届四中全会

    C. 中共十六届五中全会   D. 中共十六届六中全会

23. 1984年10月,中共十二届三中全会通过了( )。

    A.《关于加快农业发展若干问题的决定》

    B.《关于经济体制改革的决定》

    C.《关于科学技术体制改革的决定》

    D.《关于教育体制改革的决定》

24. 正式制定我国社会主义现代化建设"三步走"战略部署的是( )。

    A. 中共十二大   B. 中共十三大

    C. 中共十四大   D. 中共十五大

25. 中国恢复对香港行使主权的时间是( )。

    A. 1997年7月1日   B. 1997年12月20日

C. 1999 年 7 月 1 日 D. 1999 年 12 月 20 日

26. 中国恢复对澳门行使主权的时间是（　　）。
A. 1997 年 7 月 1 日 B. 1997 年 12 月 20 日
C. 1999 年 7 月 1 日 D. 1999 年 12 月 20 日

（二）多项选择题

1. 1979 年 3 月，邓小平在中央理论工作务虚会上首次明确提出必须坚持（　　）。
A. 社会主义道路 B. 人民民主专政
C. 共产党的领导 D. 马克思列宁主义、毛泽东思想

2. 1979 年 4 月，中共中央工作会议提出的针对国民经济的方针是（　　）。
A. 调整 B. 改革 C. 整顿 D. 提高

3. 中共十一届三中全会后对外开放开始起步，1980 年中央决定设立（　　）。
A. 深圳经济特区 B. 珠海经济特区
C. 汕头经济特区 D. 厦门经济特区

4. 1980 年 1 月，邓小平在《目前的形势和任务》中提出的中国人民长期奋斗的三件大事是（　　）。
A. 推进体制改革 B. 维护世界和平
C. 实现祖国统一 D. 加紧现代化建设

5. 1985 年 2 月，中共中央和国务院决定开辟的沿海经济开放区是（　　）。
A. 长江三角洲 B. 珠江三角洲
C. 闽南厦门漳州泉州三角地区 D. 沿渤海湾特区

6. 进入 20 世纪 80 年代，我国多层次、有重点、点面结合对外开放格局的构成包括（　　）。
A. 经济特区 B. 沿海开放城市
C. 沿海经济开放区 D. 内地

7. 中共十二届六中全会确定的我国社会主义现代化建设的总体布局是（　　）。
A. 以经济建设为中心 B. 坚定不移地进行经济体制改革
C. 坚定不移地进行政治体制改革 D. 坚定不移地加强精神文明建设

8. 邓小平在同江泽民等谈话时提出的中国社会主义农业改革和发展的"两个飞跃"是（　　）。
A. 废除人民公社，实行家庭联产承包责任制

B. 发展乡镇企业
C. 实施科教兴农战略
D. 发展集体经济

9. 1994年5月,江泽民在进一步强调正确处理改革、发展、稳定的关系时指出(　　)。
   A. 发展是目标　　B. 改革是动力　　C. 改革是保障　　D. 稳定是前提

10. 中共十四届六中全会《关于加强社会主义精神文明建设若干重要问题的决议》,强调要(　　)。
    A. 以科学的理论武装人　　　　　　B. 以正确的舆论引导人
    C. 以高尚的精神塑造人　　　　　　D. 以优秀的作品鼓舞人

11. 20世纪90年代后期我国改革开放和现代化建设经受的风险考验主要有(　　)。
    A. 1997年爆发的亚洲金融危机
    B. 1998年发生的历史上罕见的洪涝灾害
    C. 1999年北约袭击中国驻南斯拉夫使馆
    D. 1999年"法轮功"邪教组织非法聚众闹事

12. 1998年,中共中央决定在县级以上党政领导班子、领导干部中深入开展教育的内容是(　　)。
    A. 讲学习　　　B. 讲政治　　　C. 讲正气　　　D. 讲文明

13. 下列关于科学发展观的论述正确的是(　　)。
    A. 第一要义是发展　　　　　　　　B. 核心是以人为本
    C. 基本要求是全面协调可持续　　　D. 根本方法是统筹兼顾

14. 中共十六届六中全会通过了《中共中央关于构建社会主义和谐社会若干重大问题的决定》,决定的相关内容有(　　)。
    A. 社会和谐是中国特色社会主义的本质属性
    B. 构建社会主义和谐社会是不断化解社会矛盾的持续过程
    C. 首次将"和谐"列入现代化建设的奋斗目标
    D. 和谐社会是中国共产党领导全体人民共同建设、共同享有的和谐社会

15. 构建社会主义和谐社会战略思想提出后,中国特色社会主义事业的总体布局包括(　　)。
    A. 经济建设　　B. 政治建设　　C. 文化建设　　D. 社会建设

16. 中共十六届五中全会提出,建设社会主义新农村的要求是生产发展和(　　)。

A. 生活宽裕　　　　　　　　B. 乡风文明
C. 村容整洁　　　　　　　　D. 管理民主

17. 中共十七大报告明确指出（　　　）。
    A. 经济建设为中心是兴国之要　　B. 四项基本原则是立国之本
    C. 改革开放是强国之路　　　　　D. 始终坚持"一个中心、两个基本点"

18. 1992年初,在关乎中国改革开放和社会主义现代化建设前途命运的关键时刻,邓小平在视察武昌、深圳、珠海、上海等地时,发表了重要谈话。谈话的主要内容有（　　　）。
    A. 革命是解放生产力,改革也是解放生产力
    B. 不坚持社会主义,不改革开放,不发展经济,不改善人民生活,只能是死路一条
    C. 走社会主义道路,就是要逐步实现共同富裕
    D. 计划多一点还是市场多一点,不是社会主义与资本主义的本质区别

19. 我国在改革开放新时期开始形成的基层民主自治体系的主要内容包括（　　　）。
    A. 农村村民委员会　　　　　　B. 城市居民委员会
    C. 企业职工代表大会　　　　　D. 学校学生代表大会

20. 1979年党的十一届四中全会通过的《中共中央关于加快农业发展若干问题的决定》指出:"我国农业近二十年来的发展速度不快,它同人民的需要和四个现代化的需要之间存在着极其尖锐的矛盾。"当时我国农业和农村经济发展面临的主要问题有（　　　）。
    A. 农民的温饱问题尚未完全解决　　B. 农村的土地改革尚未完成
    C. 人民公社体制亟待改革　　　　　D. 乡镇企业管理体制亟待改革

21. 1976年,针对当时存在的是否还要坚持毛泽东思想的问题,邓小平指出:"有些同志说,我们只拥护'正确的毛泽东思想',而不拥护'错误的毛泽东思想'。这种说法也是错误的。""这种说法"之所以错误,是因为（　　　）。
    A. 没有把毛泽东思想与毛泽东的思想区分开来
    B. 没有把毛泽东思想与中国特色的社会主义理论区分开来
    C. 没有把毛泽东晚年的错误与思想科学体系区分开来
    D. 没有把毛泽东与党的其他领导人的思想贡献区分开来

22. 1978年12月18日到22日,党的十一届三中全会在北京召开,会议的主要任务是确定把全党的工作重心转移到社会主义现代化建设上来,这次全会是新中国成立以来党的历史上具有深远意义的伟大转折,全会结束了粉碎

"四人帮"后两年党和国家工作在徘徊中前进的局面,标志着中国共产党(　　)。

A. 重新确立了马克思主义的思想路线、政治路线、组织路线

B. 开始了在思想、政治、组织等领域的全面拨乱反正

C. 形成了以邓小平为核心的党的中央领导集体

D. 揭开了社会主义改革开放的序幕

(三)辨析题

1. 1978年关于真理标准问题的大讨论是一场思想解放运动。
2. 中共十一届三中全会是新中国成立以来党的历史上具有深远意义的伟大转折。
3. 改革开放是中国共产党在新的时代条件下带领人民进行的新的伟大革命。

(四)简答题

1. 《关于建国以来党的若干历史问题的决议》及其意义。
2. 我国社会主义现代化建设的"三步走"发展战略。
3. 中共十一届三中全会以来取得的十大成就。
4. 构建社会主义和谐社会的提出及其意义。

(五)论述题

1. 中共十一届三中全会的历史贡献和重大意义。
2. 《关于建国以来党的若干历史问题的决议》中对毛泽东和毛泽东思想历史地位的科学评价。
3. 邓小平南方谈话的主要内容及其意义。

参 考 答 案

(一)单项选择题

1. D 2. C 3. B 4. A 5. B 6. C 7. A 8. A 9. D 10. B 11. A 12. C 13. D 14. B 15. D 16. D 17. A 18. C 19. C 20. A 21. B 22. C 23. B 24. B 25. A

26. D

（二）多项选择题

1. ABCD　**2.** ABCD　**3.** ABCD　**4.** BCD　**5.** ABC　**6.** ABCD　**7.** ABCD　**8.** AD　**9.** ABD　**10.** ABCD　**11.** ABCD　**12.** ABC　**13.** ABCD　**14.** ABCD　**15.** ABCD　**16.** ABCD　**17.** ABCD　**18.** ABCD　**19.** ABC　**20.** AC　**21.** AC　**22.** ABCD

（三）辨析题

1. 正确。1978年5月开始的关于真理标准问题的大讨论，强调实践是检验真理的唯一标准，冲破了"两个凡是"的思想束缚。这是一场马克思主义的思想解放运动，成为拨乱反正和改革开放的思想先导，为党重新确立实事求是的思想路线，纠正长期以来的"左"倾错误，实现历史性的转折作了思想理论准备。

2. 正确。中共十一届三中全会结束了粉碎"四人帮"后党和国家工作在徘徊中前进的局面，标志着中国共产党重新确立了马克思主义的思想路线、政治路线、组织路线，开始了在思想、政治、组织等领域的全面拨乱反正，形成了以邓小平为核心的党的中央领导集体，揭开了社会主义改革开放的序幕，标志着中国从此进入了改革开放和社会主义现代化建设的历史新时期。

3. 正确。改革开放是党在新的时代条件下带领人民进行的新的伟大革命，目的就是要解放和发展社会生产力，实现国家现代化，让中国人民富裕起来，振兴伟大的中华民族；就是要推动我国社会主义制度自我完善和发展，赋予社会主义新的生机活力，建设和发展中国特色社会主义；就是要在引领当代中国发展进步中加强和改进党的建设，保持和发展党的先进性，确保党始终走在时代前列。

（四）简答题

1. 1981年中共十一届六中全会通过的《关于建国以来党的若干历史问题的决议》，科学地评价了毛泽东和毛泽东思想的历史地位，从根本上否定了"文化大革命"的理论和实践，对新中国成立以来的重大历史事件作出了基本结论；并进一步指明了中国社会主义事业和党的工作继续前进的方向。这一决议的通过，标志着党和国家在指导思想上拨乱反正工作的胜利完成。

2. 中共十三大正式制定了社会主义现代化建设"三步走"的战略部署：第一步，实现国民生产总值比1980年翻一番，解决人民的温饱问题；第二步，到20世纪末，使国民生产总值再增长一倍，人民生活达到小康水平；第三步，到21世纪中叶，人均国民生产总值达到中等发达国家水平，人民生活比较富裕，基本实现现代化。

3. 一是综合国力和国际竞争力显著提高。二是人民生活总体上实现了由温饱到小康的历史性跨越。三是经济体制改革和对外开放取得重大进展。四是社会主义民主政治建设稳步推进。五是社会主义精神文明建设成效显著。六是民族政策和宗教政策得到全面贯彻。七是国防和军队建设迈出新步伐。八是祖国统一大业取得重大进展。九是积极开展全方位外交。十是党的建设新的伟大工程全面推进。

4. 2004年9月,中共十六届四中全会提出构建社会主义和谐社会的战略任务。2006年10月,中共十六届六中全会审议通过了《中共中央关于构建社会主义和谐社会若干重大问题的决定》。构建社会主义和谐社会战略思想的提出,使中国特色社会主义事业的总体布局由经济建设、政治建设、文化建设"三位一体"发展为经济建设、政治建设、文化建设、社会建设"四位一体",丰富和发展了马克思主义关于社会主义社会建设的理论。

(五) 论述题

1. 1978年12月召开的中共十一届三中全会,冲破了长期"左"的错误的严重束缚,彻底否定了"两个凡是"的错误方针,作出了把工作重点转移到社会主义现代化建设上来和实行改革开放的战略决策,重新确立了马克思主义的思想路线、政治路线和组织路线。全会恢复了党的民主集中制的优良传统,审查解决了历史上遗留的一批重大问题和一些重要领导人的功过是非问题。中共十一届三中全会是新中国成立以来党的历史上具有深远意义的伟大转折。它结束了粉碎"四人帮"后党和国家工作在徘徊中前进的局面,开始了在思想、政治、组织等领域的拨乱反正,形成了以邓小平为核心的党的中央领导集体,标志着中国进入了改革开放和社会主义现代化建设的历史新时期。

2. 决议指出:毛泽东同志是伟大的马克思主义者,是伟大的无产阶级革命家、战略家和理论家。他的功绩是第一位的,错误是第二位的。他为中国共产党和中国人民解放军的创立和发展,为中国各族人民解放事业的胜利,为中华人民共和国的缔造和中国社会主义事业的发展,建立了永远不可磨灭的功勋。毛泽东思想是马克思列宁主义在中国的运用和发展,是被实践证明了的关于中国革命和建设的正确的理论原则和经验总结,是中国共产党集体智慧的结晶。决议对毛泽东思想的科学体系和活的灵魂作了概括,强调毛泽东思想是我们党的宝贵的精神财富,它将长期指导我们的行动。

3. 邓小平强调,党的基本路线要管一百年,动摇不得;改革开放胆子要大一些,敢于试验;判断的标准,应该主要看是否有利于发展社会主义社会的生产力,是否有利于增强社会主义国家的综合国力,是否有利于提高人民的生活水平。邓小平指出,计划多一点还是市场多一点,不是社会主义与资本主义的本质区别。计划和市场都是经济手段。社会主义的本质是解放生产力,发展生产力,消灭剥削,消除两极分化,最终达到共同富裕。邓小平强调,发展才是硬道理。抓住时机,发展自己,关键是发展经济;要坚持两手抓,两手都要硬。邓小平南方谈话,科学地总结了十一届三中全会以来党的基本实践和基本经验,对整个社会主义现代化建设事业产生了重大而深远的影响。

延伸阅读

（一）

建立中国共产党、成立中华人民共和国、推进改革开放和中国特色社会主义事业，是五四运动以来我国发生的三大历史性事件，是近代以来实现中华民族伟大复兴的三大里程碑。

以毛泽东同志为主要代表的中国共产党人，把马克思列宁主义基本原理同中国革命具体实践结合起来，创立了毛泽东思想，团结带领全党全国各族人民，经过长期浴血奋斗，完成了新民主主义革命，建立了中华人民共和国，确立了社会主义基本制度，成功实现了中国历史上最深刻最伟大的社会变革，为当代中国一切发展进步奠定了根本政治前提和制度基础。在探索过程中，虽然经历了严重曲折，但党在社会主义革命和建设中取得的独创性理论成果和巨大成就，为在新的历史时期开创中国特色社会主义提供了宝贵经验、理论准备、物质基础。

党的十一届三中全会以后，以邓小平同志为主要代表的中国共产党人，团结带领全党全国各族人民，深刻总结我国社会主义建设正反两方面经验，借鉴世界社会主义历史经验，创立了邓小平理论，作出把党和国家工作中心转移到经济建设上来、实行改革开放的历史性决策，深刻揭示社会主义本质，确立社会主义初级阶段基本路线，明确提出走自己的路、建设中国特色社会主义，科学回答了建设中国特色社会主义的一系列基本问题，制定了到21世纪中叶分三步走、基本实现社会主义现代化的发展战略，成功开创了中国特色社会主义。

党的十三届四中全会以后，以江泽民同志为主要代表的中国共产党人，团结带领全党全国各族人民，坚持党的基本理论、基本路线，加深了对什么是社会主义、怎样建设社会主义和建设什么样的党、怎样建设党的认识，积累了治党治国新的宝贵经验，形成了"三个代表"重要思想。在国内外形势十分复杂、世界社会主义出现严重曲折的严峻考验面前，捍卫了中国特色社会主义，确立了社会主义市场经济体制的改革目标和基本框架，确立了社会主义初级阶段的基本经济制度和分配制度，开创全面改革开放新局面，推进党的建设新的伟大工程，成功把中国特色社会主义推向21世纪。

党的十六大以后，以胡锦涛同志为主要代表的中国共产党人，团结带领全党全国各族人民,坚持以邓小平理论和"三个代表"重要思想为指导,根据新的发展要求,深刻认识和回答了新形势下实现什么样的发展、怎样发展等重大问题,形成了科学发展观,抓住重要战略机遇期,在全面建设小康社会进程中推进实践创新、理论创新、制度创新,强调坚持以人为本、全面协调可持续发展,形成中国特色社会主义事业总体布局,着力保障和改善民生,促进社会公平正义,推动建设和谐世界,推进党的执政能力建设和先进性建设,成功在新的历史起点上坚持和发展了中国特色社会主义。

党的十八大以来,党中央团结带领全党全国各族人民,全面审视国际国内新的形势,通过总结实践、展望未来,深刻回答了新时代坚持和发展什么样的中国特色社会主义、怎样坚持和发展中国特色社会主义这个重大时代课题,形成了新时代中国特色社会主义思想,坚持统筹推进"五位一体"总体布局、协调推进"四个全面"战略布局,坚持稳中求进工作总基调,对党和国家各方面工作提出一系列新理念新思想新战略,推动党和国家事业发生历史性变革、取得历史性成就,中国特色社会主义进入了新时代。我们以巨大的政治勇气和智慧,提出全面深化改革总目标是完善和发展中国特色社会主义制度,推进国家治理体系和治理能力现代化,着力增强改革系统性、整体性、协同性,着力抓好重大制度创新,着力提升人民群众获得感、幸福感、安全感,推出1 600多项改革方案,啃下了不少硬骨头,闯过了不少急流险滩,改革呈现全面发力、多点突破、蹄疾步稳、纵深推进的局面。

艰难困苦,玉汝于成。40年来,我们解放思想、实事求是,大胆地试、勇敢地改,干出了一片新天地。从实行家庭联产承包、乡镇企业异军突起、取消农业税牧业税和特产税到农村承包地"三权"分置、打赢脱贫攻坚战、实施乡村振兴战略,从兴办深圳等经济特区、沿海沿边沿江沿线和内陆中心城市对外开放到加入世界贸易组织、共建"一带一路"、设立自由贸易试验区、谋划中国特色自由贸易港、成功举办首届中国国际进口博览会,从"引进来"到"走出去",从搞好国营大中小企业、发展个体私营经济到深化国资国企改革、发展混合所有制经济,从单一公有制到公有制为主体、多种所有制经济共同发展和坚持"两个毫不动摇",从传统的计划经济体制到前无古人的社会主义市场经济体制再到使市场在资源配置中起决定性作用和更好发挥政府作用,从以经济体制改革为主到全面深化经济、政治、文化、社会、生态文明体制和党的建设制度改革,党和国家机构改革、行政管理体制改革、依法治国体制改革、司法体制改革、外事体制改革、社会治理体制改革、生态环境督察体制改革、国家安全体制改革、国防和军队改革、党的领导和党的建设制度改革、纪检监察制度改革等一系列重大改革扎实推进,各项便民、惠民、利民举措持续实施,使改革开放成为当代中国最显著的特征、最壮丽的气象。

——习近平:《在庆祝改革开放40周年大会上的讲话》(2018年12月18日),http://www.xinhuanet.com/2018-12/18/c_1123872025.htm

(二)

一九八四年我来过广东。当时,农村改革搞了几年,城市改革刚开始,经济特区才起步。八年过去了,这次来看,深圳、珠海特区和其他一些地方,发展得这么快,我没有想到。看了以后,信心增加了。

革命是解放生产力,改革也是解放生产力。推翻帝国主义、封建主义、官僚资本主义的反动统治,使中国人民的生产力获得解放,这是革命,所以革命是解放生产力。社会主义基本制度确立以后,还要从根本上改变束缚生产力发展的经济体制,建立起充满生机和活力的社会主义经济体制,促进生产力的发展,这是改革,所以改革也是解放生产力。过去,只讲在社会主义条件下发展生产力,没有讲还要通过改革解放生产力,不完全。应该把解放生产力和发展生产力两个讲全了。

要坚持党的十一届三中全会以来的路线、方针、政策,关键是坚持"一个中心、两个基本点"。不坚持社会主义,不改革开放,不发展经济,不改善人民生活,只能是死路一条。基本路线要管一百年,动摇不得。只有坚持这条路线,人民才会相信你,拥护你。谁要改变三中全会以来的路线、方针、政策,老百姓不答应,谁就会被打倒。……所以,军队、国家政权,都要维护这条道路、这个制度、这些政策。

在这短短的十几年内,我们国家发展得这么快,使人民高兴,世界瞩目,这就足以证明三中全会以来路线、方针、政策的正确性,谁想变也变不了。说过去说过来,就是一句话,坚持这个路线、方针、政策不变。改革开放以来,我们立的章程并不少,而且是全方位的。经济、政治、科技、教育、文化、军事、外交等各个方面都有明确的方针和政策,而且有准确的表述语言。这次十三届八中全会开得好,肯定农村家庭联产承包责任制不变。一变就人心不安,人们就会说中央的政策变了。农村改革初期,安徽出了个"傻子瓜子"问题。当时许多人不舒服,说他赚了一百万,主张动他。我说不能动,一动人们就会说政策变了,得不偿失。像这一类的问题还有不少,如果处理不当,就很容易动摇我们的方针,影响改革的全局。城乡改革的基本政策,一定要长期保持稳定。当然,随着实践的发展,该完善的完善,该修补的修补,但总的要坚定不移。即使没有新的主意也可以,就是不要变,不要使人们感到政策变了。有了这一条,中国就大有希望。

——邓小平:《在武昌、深圳、珠海、上海等地的谈话要点》(1992年1月18日—2月22日),http://cpc.people.com.cn/GB/69112/69113/69684/69696/4950062.html

(三)

解放思想,开动脑筋,实事求是,团结一致向前看,首先是解放思想。只有思想解放了,我们才能正确地以马列主义、毛泽东思想为指导,解决过去遗留的问题,解决新出现的一系列问题,正确地改革同生产力迅速发展不相适应的生产关系和上层建筑,根据我国的实际情况,确定实现四个现代化的具体道路、方针、方法和措施。

在我们的干部特别是领导干部中间,解放思想这个问题并没有完全解决。不少同志的思想还很不解放,脑筋还没有开动起来,也可以说,还处在僵化或半僵化的状态。这并不是因为他们不是好同志。这种状态是在一定历史条件下形成的。

一是因为十多年来,林彪、"四人帮"大搞禁区、禁令,制造迷信,把人们的思想封闭在他们假马克思主义的禁锢圈内,不准越雷池一步。否则,就要追查,就要扣帽子、打棍子。在这种情况下,一些人就只好不去开动脑筋,不去想问题了。

二是因为民主集中制受到破坏,党内确实存在权力过分集中的官僚主义。这种官僚主义常常以"党的领导""党的指示""党的利益""党的纪律"的面貌出现,这是真正的管、卡、压。许多重大问题往往是一两个人说了算,别人只能奉命行事。这样,大家就什么问题都用不着思考了。

三是因为是非功过不清,赏罚不明,干和不干一个样,甚至干得好的反而受打击,什么事不干的,四平八稳的,却成了"不倒翁"。在这种不成文法底下,人们就不愿意去动脑筋了。

四是因为小生产的习惯势力还在影响着人们。这习惯势力的一个显著特点,就是因循守旧,安于现状,不求发展,不求进步,不愿接受新事物。

思想不解放,思想僵化,很多的怪现象就产生了。

思想一僵化,条条、框框就多起来了。比如说,加强党的领导,变成了党去包办一切、干预一切;实行一元化领导,变成了党政不分、以党代政;坚持中央的统一领导,变成了"一切统一口径"。违反中央政策根本原则的"土政策"要反对,但是也有的"土政策"确是从实际出发的,是得到群众拥护的。这些正确政策现在往往也受到指责,因为它"不合统一口径"。

思想一僵化,随风倒的现象就多起来了。不讲党性,不讲原则,说话做事看来头、看风向，满以为这样不会犯错误。其实随风倒本身就是一个违反共产党员党性的大错误。独立思考，敢想、敢说、敢做，固然也难免犯错误，但那是错在明处，容易纠正。

思想一僵化，不从实际出发的本本主义也就严重起来了。书上没有的，文件上没有的，领导人没有讲过的，就不敢多说一句话，多做一件事，一切照抄照搬照转。把对上级负责和对人民负责对立起来。

不打破思想僵化，不大大解放干部和群众的思想，四个现代化就没有希望。

目前进行的关于实践是检验真理的唯一标准问题的讨论，实际上也是要不要解放思想的争论。大家认为进行这个争论很有必要，意义很大。从争论的情况来看，越看越重要。一个党，一个国家，一个民族，如果一切从本本出发，思想僵化，迷信盛行，那它就不能前进，它的生机就停止了，就要亡党亡国。这是毛泽东同志在整风运动中反复讲过的。只有解放思想，坚持实事求是，一切从实际出发，理论联系实际，我们的社会主义现代化建设才能顺利进行，我们党的马列主义、毛泽东思想的理论也才能顺利发展。从这个意义上说，关于真理标准问题的争论，的确是个思想路线问题，是个政治问题，是个关系到党和国家的前途和命运的问题。

实事求是，是无产阶级世界观的基础，是马克思主义的思想基础。过去我们搞革命所取得的一切胜利，是靠实事求是；现在我们要实现四个现代化，同样要靠实事求是。不但中央、省委、地委、县委、公社党委，就是一个工厂、一个机关、一个学校、一个商店、一个生产队，也都要实事求是，都要解放思想，开动脑筋想问题、办事情。

在党内和人民群众中，肯动脑筋、肯想问题的人愈多，对我们的事业就愈有利。干革命、搞建设，都要有一批勇于思考、勇于探索、勇于创新的闯将。没有这样一大批闯将，我们就无法摆脱贫穷落后的状况，就无法赶上更谈不到超过国际先进水平。我们希望各级党委和每个党支部，都来鼓励、支持党员和群众勇于思考、勇于探索、勇于创新，都来做促进群众解放思想、开动脑筋的工作。

——邓小平：《解放思想，实事求是，团结一致向前看》，http://cpc.people.com.cn/GB/69112/69113/69684/69695/4949676.html

第十一章
中国特色社会主义进入新时代

学 习 提 要

本章共有三节,主要论述了党的十八大以来中国特色社会主义事业所取得的历史性成就、面临的新情况和新变化,以及中国特色社会主义进入新时代的重大政治论断。通过本章学习,让学生了解和掌握全面建成小康社会的目标,掌握"五位一体"总体布局和"四个全面"战略布局,了解新时代中国与世界关系的历史性变化,把握中国特色社会主义进入新时代的内涵和要求。

习 题 训 练

(一) 单项选择题

1. 中共十八大明确指出,中国特色社会主义的总依据是(　　)。
   A. 马克思主义指导思想　　　　B. "三步走"发展战略
   C. 中国共产党领导　　　　　　D. 社会主义初级阶段
2. 明确提出中国特色社会主义事业"五位一体"总体布局的是(　　)。
   A. 中共十五大　　　　　　　　B. 中共十六大
   C. 中共十七大　　　　　　　　D. 中共十八大
3. 中共十八大提出,我国到2020年的奋斗目标是(　　)。
   A. 全面建设小康社会　　　　　B. 全面建成小康社会
   C. 实现"四个现代化"　　　　　D. 基本实现现代化

4. 十二届全国人大常委会第七次会议确定的中国人民抗日战争胜利纪念日是（　　）。
  A. 7月7日　　　　　　　　　　B. 8月15日
  C. 9月3日　　　　　　　　　　D. 9月18日

5. 审议通过《中共中央关于全面深化改革若干重大问题的决定》的会议是（　　）。
  A. 中共十八届一中全会　　　　B. 中共十八届二中全会
  C. 中共十八届三中全会　　　　D. 中共十八届四中全会

6. 《中共中央关于全面深化改革若干重大问题的决定》明确指出，全面深化改革的重点是（　　）。
  A. 经济体制改革　　　　　　　B. 政治体制改革
  C. 教育体制改革　　　　　　　D. 文化体制改革

7. 审议通过了《中共中央关于全面推进依法治国若干重大问题的决定》的会议是（　　）。
  A. 中共十八届一中全会　　　　B. 中共十八届二中全会
  C. 中共十八届三中全会　　　　D. 中共十八届四中全会

8. 十二届全国人大常委会第十一次会议决定设立的国家宪法日是（　　）。
  A. 9月3日　　B. 9月30日　　C. 12月4日　　D. 12月20日

9. 中共十八大以来中国的经济建设稳步发展，目前对世界经济增长贡献率是（　　）。
  A. 超过10%　　B. 超过20%　　C. 超过30%　　D. 超过40%

10. 中共十八大以来的五年间，全国人大常委会制定修订法律（　　）。
  A. 80部　　　B. 95部　　　C. 180部　　　D. 195部

11. 中共十八大以来我国脱贫攻坚战取得决定性进展，贫困人口减少（　　）。
  A. 820多万人　　　　　　　　B. 1 300多万人
  C. 6 800多万人　　　　　　　D. 8 300多万人

12. 中共十八大以来我国生态文明建设取得了进步，沙化土地面积年均缩减（　　）。
  A. 近2 000平方公里　　　　　B. 近2 500平方公里
  C. 近2 600平方公里　　　　　D. 近2 800平方公里

13. 2017年，在全面建成小康社会决胜阶段召开的重要会议是（　　）。
  A. 中共十六大　　　　　　　　B. 中共十七大
  C. 中共十八大　　　　　　　　D. 中共十九大

14. 习近平新时代中国特色社会主义思想的核心要义是（　　）。

A. 坚持和发展中国特色社会主义
B. 坚持"四个全面"的战略布局
C. 坚持和实现中国中华民族伟大复兴
D. 坚持"五位一体"总布局

15. 中共十九大指出,中国特色社会主义最本质的特征是(   )。
    A. 中国共产党领导   B. 人民民主专政
    C. 马克思主义指导   D. 共同富裕

16. 中共十九大指出,我国发展新的历史方位是(   )。
    A. 中国进入全面深化改革的新阶段
    B. 中国特色社会主义进入了新时代
    C. 进入全面建设小康社会的新时期
    D. 进入决胜全面建成小康社会的新时刻

17. 在中共十九大会提出的推进中国特色社会主义"四个伟大"中,起决定性作用的是(   )。
    A. 进行伟大斗争   B. 推进党的建设新的伟大工程
    C. 推进伟大事业   D. 实现伟大梦想

18. 中共中央提出"四个全面"的战略布局是在(   )。
    A. 中共十五大以来   B. 中共十五大以来
    C. 中共十七大以来   D. 中共十八大以来

19. 十八大以来,中国经济发展的一个重大变化是进入新常态,即从高速增长转为(   )。
    A. 中高速增长   B. 中低速增长
    C. 中速增长   D. 低速增长

20. 十九大指出,综合分析国际国内形势和我国发展条件,从2020年到2023年,在全面建成小康社会的基础上,再奋斗15年,基本实现(   )。
    A. 社会主义工业化   B. 社会主义现代化
    C. 社会主义工业化强国   D. 社会主义现代化强国

(二)多项选择题

1. 习近平明确指出,实现中华民族伟大复兴的中国梦就是要实现(   )。
    A. 国家富强   B. 民族振兴
    C. 世界和平   D. 人民幸福

2. 习近平明确指出,实现中华民族伟大复兴的中国梦必须(   )。

A. 严守中国传统 B. 走中国道路
C. 弘扬中国精神 D. 凝聚中国力量

3. 中国经济发展进入新常态的主要特征是（　　）。
   A. 从高速增长转为中高速增长
   B. 从外向型发展转为内向型发展
   C. 经济结构不断优化升级
   D. 从要素驱动、投资驱动转向创新驱动

4. 2017年12月召开的中央经济工作会议确定,今后三年要重点抓好的三大攻坚战是（　　）。
   A. 保持高速增长 B. 防范化解重大风险
   C. 精准脱贫 D. 污染防治

5. 中共十八大以来,中国特色社会主义形成的战略布局是（　　）。
   A. 全面建成小康社会 B. 全面深化改革
   C. 全面依法治国 D. 全面从严治党

6. 2013年5月,中共中央决定开展党的群众路线教育实践活动着力解决的是（　　）。
   A. 形式主义问题 B. 官僚主义问题
   C. 享乐主义问题 D. 奢靡之风问题

7. 2016年10月,中共十八届六中全会号召全党同志牢固树立（　　）。
   A. 政治意识 B. 大局意识
   C. 核心意识 D. 看齐意识

8. 中共十八大以来,我国成功举办的重大主场外交活动有（　　）。
   A. 首届"一带一路"国际合作高峰论坛 B. 二十国集团领导人杭州峰会
   C. 亚太经合组织领导人非正式会议 D. 金砖国家领导人厦门会晤

9. 中共十九大指出,坚持和发展中国特色社会主义的总任务是（　　）。
   A. 坚持深化改革 B. 扩大对外开放
   C. 实现社会主义现代化 D. 实现中华民族伟大复兴

10. 中共十九大指出,在我国社会主要矛盾发生变化时依然没变的是（　　）。
    A. 社会主义初级阶段的基本国情 B. 世界最大发展中国家的国际地位
    C. 我国发展的历史方位 D. 我国与世界的相互关系

11. 中共十九大指出,我们要更加自觉地增强对中国特色社会主义的（　　）。
    A. 道路自信 B. 理论自信
    C. 制度自信 D. 文化自信

12. 经十三届全国人大一次会议决议通过,写入宪法作为国家指导思想的是(　　)。
    A. 邓小平理论
    B. "三个代表"重要思想
    C. 科学发展观
    D. 习近平新时代中国特色社会主义思想
13. 党的十八大对中国特色社会主义作出了"五位一体"的总体布局,这一布局除经济建设、文化建设外,还包含(　　)。
    A. 政治建设　　　B. 法治建设　　　C. 社会建设　　　D. 生态文明建设
14. 十八大以来,以习近平同志为核心的党中央提出的具有鲜明中国特色的全球治理观有(　　)。
    A. 和平共处五项基本原则　　　　B. 合作共赢理念
    C. 新型大国关系　　　　　　　　D. 正确义利观
15. 2017年10月中国共产党第十九次代表大会在北京召开,大会的主题是(　　)。
    A. 不忘初心,牢记使命
    B. 高举中国特色社会主义伟大旗帜,决胜全面建成小康社会
    C. 夺取新时代中国特色社会主义伟大胜利
    D. 为实现中华民族伟大复兴的中国梦不懈奋斗

(三) 辨析题

1. 实现中华民族伟大复兴的中国梦必须走中国特色社会主义道路。
2. 中国特色社会主义进入新时代,中国的国际地位发生了历史性的变化。
3. 随着社会主要矛盾的变化,我国社会主义所处历史阶段也发生了变化。

(四) 简答题

1. 中共十八大后,中共中央提出的"四个全面"的战略布局。
2. 中共十九大提出的新时代中国特色社会主义发展的战略安排。
3. 新时代推进中国特色社会主义的"四个伟大"。

(五) 论述题

1. "中国梦"的提出及其思想内涵。
2. 中共十九大提出的新时代坚持和发展中国特色社会主义的基本方略及其意义。

参 考 答 案

（一）单项选择题

1. D 2. D 3. B 4. C 5. C 6. A 7. D 8. C 9. C 10. B 11. C 12. A 13. D 14. A 15. A 16. B 17. B 18. D 19. A 20. B

（二）多项选择题

1. ABD 2. BCD 3. ACD 4. BCD 5. ABCD 6. ABCD 7. ABCD 8. ABCD 9. CD 10. AB 11. ABCD 12. CD 13. ACD 14. BCD 15. ABCD

（三）辨析题

1. 正确。中国特色社会主义道路，是在改革开放几十年的伟大实践中走出来的，是从中华人民共和国成立以来的持续探索中走出来的，是在对近代以来 170 多年中华民族发展历程的深刻总结中走出来的，是在对中华民族 5 000 多年悠久文明的传承中走出来的，具有深厚的历史渊源和广泛的现实基础。

2. 正确。五年来，中国发挥负责任大国作用，积极推动构建人类命运共同体，做世界和平的建设者、全球发展的贡献者、国际秩序的维护者，不断为人类作出更大贡献。今天，中国与世界的关系正站在新的历史起点上，中国同国际社会的互联互动变得空前紧密，中国对世界的依靠、对国际事务的参与在不断加深，世界对中国的依靠、对中国的影响也在不断加深。中国越来越离不开世界，世界也越来越离不开中国。

3. 错误。中国特色社会主义进入新时代，我国社会主要矛盾已经转化为人民日益增长的美好生活需要和不平衡不充分的发展之间的矛盾。我国社会主要矛盾的变化是关系全局的历史性变化，对党和国家工作提出了许多新要求。但是我国社会主要矛盾的变化，没有改变我们对我国社会主义所处历史阶段的判断，我国仍处于并将长期处于社会主义初级阶段的基本国情没有变，我国是世界最大发展中国家的国际地位没有变。

（四）简答题

1. 中共十八大以来，中共中央从坚持和发展中国特色社会主义全局出发，提出并形成了全面建成小康社会、全面深化改革、全面依法治国、全面从严治党的战略布局。这个战略布局既有战略目标，也有战略举措，每一个"全面"都具有重大战略意义，是实现中华民族伟大复兴中国梦的重要保障。经过党的十八届三中、四中、五中、六中全会，中共中央对"四个全面"战略布局作出了整体设计。这是对党治国理政经验的科学总结和丰富发展,集中体现了时代和实践发展对党和国家工作的新要求。

2. 从十九大到二十大,是"两个一百年"奋斗目标的历史交汇期。我们既要全面建成小康社会、实现第一个百年奋斗目标,又要乘势而上开启全面建设社会主义现代化国家新征程,向第二个百年奋斗目标进军。综合分析国际国内形势和我国发展条件,从 2020 年到 21 世纪中叶可以分两个阶段来安排:第一个阶段,从 2020 年到 2035 年,在全面建成小康社会的基础上,再奋斗 15 年,基本实现社会主义现代化。第二个阶段,从 2035 年到 21 世纪中叶,在基本实现现代化的基础上,再奋斗 15 年,把我国建成富强民主文明和谐美丽的社会主义现代化强国。

3. 实现伟大梦想,必须进行伟大斗争;要充分认识这场伟大斗争的长期性、复杂性、艰巨性,发扬斗争精神,提高斗争本领,不断夺取伟大斗争新胜利。实现伟大梦想,必须建设伟大工程,这个伟大工程就是我们党正在深入推进的党的建设新的伟大工程。实现伟大梦想,必须推进伟大事业。中国特色社会主义是改革开放以来党的全部理论和实践的主题,是党和人民历尽千辛万苦、付出巨大代价取得的根本成就;要更加自觉地增强道路自信、理论自信、制度自信、文化自信,既不走封闭僵化的老路,也不走改旗易帜的邪路,保持政治定力,坚持实干兴邦,始终坚持和发展中国特色社会主义。伟大斗争,伟大工程,伟大事业,伟大梦想,紧密联系、相互贯通、相互作用,其中起决定性作用的是党的建设新的伟大工程。

(五)论述题

1. 中共十八大结束不久,习近平明确指出:实现中华民族伟大复兴,是中华民族近代以来最伟大的梦想。中国梦的本质是国家富强、民族振兴、人民幸福。它凝聚了几代中国人的夙愿,体现了中华民族和中国人的整体利益,是每一个中华儿女的共同期盼。实现中国梦必须走中国道路。中国特色社会主义道路,是在改革开放 30 多年的伟大实践中走出来的,是在中华人民共和国成立 60 多年的持续探索中走出来的,是在对近代以来 170 多年中华民族发展历程的深刻总结中走出来的,是在对中华民族 5 000 多年悠久文明的传承中走出来的,具有深厚的历史渊源和广泛的现实基础。实现中国梦必须弘扬中国精神。中国精神是凝心聚力的兴国之魂、强国之魂。爱国主义始终是把中华民族坚强团结在一起的精神力量,改革创新始终是鞭策我们在改革开放中与时俱进的精神力量。实现中国梦必须凝聚中国力量。中国梦是民族的梦,也是每个中国人的梦。生活在我们伟大祖国和伟大时代的中国人民,共同享有人生出彩的机会,共同享有梦想成真的机会,共同享有同祖国和时代一起成长与进步的机会。全国各族人民一定要牢记使命,心往一处想,劲往一处使,用 13 亿人的智慧和力量汇集起不可战胜的磅礴力量。

2. 中共十九大明确提出,坚持和发展中国特色社会主义,是习近平新时代中国特色社会主义思想的核心要义。而在新时代坚持和发展中国特色社会主义的基本方略就是:坚持党对一切工作的领导、坚持以人民为中心、坚持全面深化改革、坚持新发展理念、坚持人民当家作主、坚持全面依法治国、坚持社会主义核心价值体系、坚持在发展中保障和改善民生、坚持人与自然和谐共生、坚持总体国家安全观、坚持党对人民军队的绝对领导、坚持"一国两制"和推进祖国统一、坚持推动构建人类命运共同体、坚持全面从严治党。这"十四个坚持",是对党的治国理政重大方针、原则的最新概括,体现了理论与实践相统一、战略与战术相结合,是实现"两个一百年"奋斗目标、实现中华民族伟大复兴中国梦的"路线图"和"方法论"。这"十四个坚持",既是习近平新时代中国特色社会主义思想的重要组成部分,也是落实习近平新时代中国特色社会主义思想的实践要求。

延 伸 阅 读

（一）

新中国成立以来特别是改革开放以来,中国走过了一段很不平凡的历程,我们这一代中国人对此有着切身的体会。

上世纪60年代末,我才十几岁,就从北京到中国陕西省延安市一个叫梁家河的小村庄插队当农民,在那儿度过了七年时光。那时候,我和乡亲们都住在土窑里,睡在土炕上,乡亲们生活十分贫困,经常是几个月吃不到一块肉。我了解乡亲们最需要什么！后来,我当了这个村子的党支部书记,带领乡亲们发展生产。我了解老百姓需要什么。我很期盼的一件事,就是让乡亲们饱餐一顿肉,并且经常吃上肉。但是,这个心愿在当时是很难实现的。

今年春节,我回到这个小村子。梁家河修起了柏油路,乡亲们住上了砖瓦房,用上了互联网,老人们享有基本养老,村民们有医疗保险,孩子们可以接受良好教育,当然吃肉已经不成问题。这使我更加深刻地认识到,中国梦是人民的梦,必须同中国人民对美好生活的向往结合起来才能取得成功。

梁家河这个小村庄的变化,是改革开放以来中国社会发展进步的一个缩影。我们用了三十多年时间,使中国经济总量跃居世界第二,十三亿多人摆脱了物质短缺,总体达到小康水平,享有前所未有的尊严和权利。这不仅是中国人民生活的巨大变化,也是人类文明的巨大进步,更是中国对世界和平与发展事业的重要贡献。

同时,我们也清醒认识到,中国仍然是世界上最大的发展中国家。中国的人均国内生产总值仅相当于全球平均水平的三分之二、美国的七分之一,排在世界八十位左右。按照我们自己的标准,中国还有七千多万贫困人口。如果按照世界银行的标准,中国则还有两亿多人生活在贫困线以下。中国城乡有七千多万低保人口,还有八千五百多万残疾人。这两年,我去了中国很多贫困地区,看望了很多贫困家庭,他们渴望幸福生活的眼神深深印在我的脑海里。

这些情况表明,中国人民要过上美好生活,还要继续付出艰苦努力。发展依然是当代中国的第一要务,中国执政者的首要使命就是集中力量提高人民生活水平,逐步实现共同富裕。为此,我们提出了"两个一百年"奋斗目标,就是到二〇二〇年实现国内生产总值和城乡居民人均收入比二〇一〇年翻一番,全面建成小康社会;到本世纪中叶建成富强民主文明和谐的社会主义现代化国家,实现中华民族伟大复兴。我们现在所做的一切,都是为了实现这个既定目标。实现全面建成小康社会,必须全面深化改革、全面依法治国、全面从严治党。这就是我们提出的"四个全面"战略布局。

——习近平:《在华盛顿州当地政府和美国友好团体联合欢迎宴会上的演讲》(2015年9月22日),中共中央文献研究室:《十八大以来重要文献选编》(中),中央文献出版社2016年版,第683—684页

(二)

建立中国共产党、成立中华人民共和国、推进改革开放和中国特色社会主义事业,是五四运动以来我国发生的三大历史性事件,是近代以来实现中华民族伟大复兴的三大里程碑。

以毛泽东同志为主要代表的中国共产党人,把马克思列宁主义基本原理同中国革命具体实践结合起来,创立了毛泽东思想,团结带领全党全国各族人民,经过长期浴血奋斗,完成了新民主主义革命,建立了中华人民共和国,确立了社会主义基本制度,成功实现了中国历史上最深刻最伟大的社会变革,为当代中国一切发展进步奠定了根本政治前提和制度基础。在探索过程中,虽然经历了严重曲折,但党在社会主义革命和建设中取得的独创性理论成果和巨大成就,为在新的历史时期开创中国特色社会主义提供了宝贵经验、理论准备、物质基础。

党的十一届三中全会以后,以邓小平同志为主要代表的中国共产党人,团结带领全党全国各族人民,深刻总结我国社会主义建设正反两方面经验,借鉴世界社会主义历史经验,创立了邓小平理论,作出把党和国家工作中心转移到经济建设上来、实行改革开放的历史性决策,深刻揭示社会主义本质,确立社会主义初级阶段基本路线,明确提出走自己的路、建设中国特色社会主义,科学回答了建设中国特色社会主义的一系列基本问题,制定了到21世纪中叶分三步走、基本实现社会主义现代化的发展战略,成功开创了中国特色社会主义。

党的十三届四中全会以后，以江泽民同志为主要代表的中国共产党人，团结带领全党全国各族人民，坚持党的基本理论、基本路线，加深了对什么是社会主义、怎样建设社会主义和建设什么样的党、怎样建设党的认识，积累了治党治国新的宝贵经验，形成了"三个代表"重要思想。在国内外形势十分复杂、世界社会主义出现严重曲折的严峻考验面前，捍卫了中国特色社会主义，确立了社会主义市场经济体制的改革目标和基本框架，确立了社会主义初级阶段的基本经济制度和分配制度，开创全面改革开放新局面，推进党的建设新的伟大工程，成功把中国特色社会主义推向21世纪。

党的十六大以后，以胡锦涛同志为主要代表的中国共产党人，团结带领全党全国各族人民，坚持以邓小平理论和"三个代表"重要思想为指导，根据新的发展要求，深刻认识和回答了新形势下实现什么样的发展、怎样发展等重大问题，形成了科学发展观，抓住重要战略机遇期，在全面建设小康社会进程中推进实践创新、理论创新、制度创新，强调坚持以人为本、全面协调可持续发展，形成中国特色社会主义事业总体布局，着力保障和改善民生，促进社会公平正义，推动建设和谐世界，推进党的执政能力建设和先进性建设，成功在新的历史起点上坚持和发展了中国特色社会主义。

党的十八大以来，党中央团结带领全党全国各族人民，全面审视国际国内新的形势，通过总结实践、展望未来，深刻回答了新时代坚持和发展什么样的中国特色社会主义、怎样坚持和发展中国特色社会主义这个重大时代课题，形成了新时代中国特色社会主义思想，坚持统筹推进"五位一体"总体布局、协调推进"四个全面"战略布局，坚持稳中求进工作总基调，对党和国家各方面工作提出一系列新理念新思想新战略，推动党和国家事业发生历史性变革、取得历史性成就，中国特色社会主义进入了新时代。我们以巨大的政治勇气和智慧，提出全面深化改革总目标是完善和发展中国特色社会主义制度、推进国家治理体系和治理能力现代化，着力增强改革系统性、整体性、协同性，着力抓好重大制度创新，着力提升人民群众获得感、幸福感、安全感，推出1600多项改革方案，啃下了不少硬骨头，闯过了不少急流险滩，改革呈现全面发力、多点突破、蹄疾步稳、纵深推进的局面。

艰难困苦，玉汝于成。40年来，我们解放思想、实事求是，大胆地试、勇敢地改，干出了一片新天地。从实行家庭联产承包、乡镇企业异军突起、取消农业税牧业税和特产税到农村承包地"三权"分置、打赢脱贫攻坚战、实施乡村振兴战略，从兴办深圳等经济特区、沿海沿边沿江沿线和内陆中心城市对外开放到加入世界贸易组织、共建"一带一路"、设立自由贸易试验区、谋划中国特色自由贸易港、成功举办首届中国国际进口博览会,从"引进来"到"走出去",从搞好国营大中小企业、发展个体私营经济到深化国资国企改革、发展混合所有制经济,从单一公有制到公有制为主体、多种所有制经济共同发展和坚持"两个毫不动摇",从传统的计划经济体制到前无古人的社会主义市场经济体制再到使市场在资源配置中起决定性作用和更好发挥政府作用,从以经济体制改革为主到全面深化经济、政治、文化、社会、生态文明体制和党的建设制度改革,党和国家机构改革、行政管理体制改革、依法治国体制改革、司法体制改革、外事体制改革、社会治理体制改革、生态环境督察体制改革、国家安全体制改革、国防和军队改革、党的领导和党的建设制度改革、纪检监察制度改革等一系列重大改革扎实推进,各项便民、惠民、利民举措持续实施,使改革开放成为当代中国最显著的特征、最壮丽的气象。

——习近平:《在庆祝改革开放40周年大会上的讲话》(2018年12月18日),http://www.xinhuanet.com/2018-12/18/c_1123872025.htm

(三)

中国特色社会主义进入新时代,这一重大政治判断有其充分的根据。

第一个根据,是我国改革开放和社会主义现代化建设取得了重大历史性成就:一是两个"前所未有"。即我国的国际地位实现前所未有的提升,党的面貌、国家的面貌、人民的面貌、军队的面貌、中华民族的面貌发生了前所未有的变化;二是"极不平凡的五年"。党的十八大以来的五年,我们解决了许多长期想解决而没有解决的难题,办成了许多过去想办而没有办成的大事。解决"难题"和办成"大事",就是党的十九大报告概括总结的"十个方面"成就。这些历史性成就是全方位的、开创性的,为实现强起来奠定了坚实的历史基础,使中国特色社会主义发展站在了一个新的历史起点上。

第二个根据,是党和国家事业发生了历史性变革。党的十八大以来,以习近平同志为核心的党中央团结带领全党全国各族人民进行具有许多新的历史特点的伟大斗争,推动党和国家事业发生了深层次的、根本性的历史性变革,这种变革从唯物史观来讲,是从生产力到生产关系、从经济基础到上层建筑、从国内到国际全方位地展开了。在生产力方面,主要是由要素驱动、投资规模驱动转向更加注重创新驱动;在生产关系方面,主要是由让一部分人先富起来转向更加注重共同富裕、使全体人民共享发展成果;在政治上层建筑方面,主要是由国家主导体制走向在中国共产党领导下更加注重推进国家治理现代化;在社会发展方式方面,主要是由注重重点突破非均衡发展转向更加注重全面协调发展;在国际战略方面，主要是由回应国际外交挑战走向更加注重积极参与全球治理、构建"人类命运共同体"和实施共建"一带一路"倡议。在本质上，这些历史性变革就是各个领域的整体转型升级，使中国特色社会主义发展站在了新的历史起点上，进入了新发展的层级、水平和境界。

第三个根据，是我国社会主要矛盾发生了转化。历史性成就、历史性变革必然产生历史性影响，其最鲜明、最根本的影响，就是促进社会主要矛盾的转化。党的十九大报告指出："我国社会主要矛盾已经转化为人民日益增长的美好生活需要和不平衡不充分的发展之间的矛盾"。这是关于我国社会主要矛盾的重大政治判断，构成了中国特色社会主义进入新时代的主要根据。我们可从理论、历史和现实三个维度，全面理解和把握当今我国社会主要矛盾的转化。

从理论上看，根据恩格斯《在马克思墓前的讲话》的论述，唯物史观就是在研究人的"生活"与"生产"关系的内在矛盾运动基础上创立的。作为唯物史观诞生标志，《德意志意识形态》就是从研究有生命个人的肉体组织的"需要"开始的。这种需要就是人要吃喝穿住，即要生活。要满足人的生活需要，就必须进行物质生产劳动。所以，马克思说，人首先要生活，然后必须去从事物质生产劳动。这里"生活"是"需要方"，"生产"则是"供给方"。继而马克思进一步研究了物质生产劳动中的生产力和生产关系这两个根本方面及其内在矛盾运动，发现了人类社会历史发展的一般规律，从而创立了唯物史观。在一定意义上说，唯物史观就是研究人类活动的两个根本方面，即人的需要和供给的关系及其内在矛盾运动的理论。人类的一切活动，归根结底都可归结为"需要"和"供给"两个根本方面。需要和供给的矛盾，本质上就是社会的主要矛盾。换言之，在一定意义上，社会主要矛盾在本质上就是人的需要和社会供给之间的矛盾。社会主要矛盾中需要状况与供给状况的匹配程度，体现着社会发展的整体状况。要理解和把握一个社会发展的整体状况，就要理解和把握这个社会中人的需要和社会供给的总体状况。

从历史来看，历史方位的转变必然促进社会主要矛盾的转化。一般来说，社会基本矛盾的性质既决定社会主要矛盾的性质，也决定着社会性质，而社会主要矛盾决定着社会发展的历史方位；社会基本矛盾变了，社会主要矛盾的性质和社会的性质应该发生变化；社会主要矛盾变了，历史方位也要发生变化。今天的社会主要矛盾和以往的社会主要矛盾，分别是实现"强起来"之前不同历史方位中的矛盾。人民日益增长的物质文化需要同落后的社会生产之间的矛盾，实际上是我国所谓"欠发展"时期的历史方位中的社会主要矛盾，且在本质上都是"不发达"带来的矛盾；而人民日益增长的美好生活需要和不平衡不充分的发展之间的矛盾,则是我国所谓"发展起来使大国成为强国"这一历史方位及其历史进程中的社会主要矛盾,是在实现"强起来"的历史进程中需要着力解决的社会主要矛盾。"不发达"在不同历史阶段有不同表现。在中国特色社会主义建设的前半程,"不发达"表现为"落后的社会生产";在中国特色社会主义进入新时代或后半程,"不发达"表现为"不平衡不充分的发展"。因此,二者是内在统一的,当今社会的主要矛盾不是对以往社会主要矛盾的否定性超越,不是根本性质的变化,而是阶段性的变化,是部分质变,是之前社会主要矛盾基础上的"升级版"。因此,我国社会主要矛盾的变化"没有改变我们对我国社会主义所处历史阶段的判断,我国仍处于并将长期处于社会主义初级阶段的基本国情没有变,我国是世界最大发展中国家的国际地位没有变"。

从现实来看,当今我国社会主要矛盾的需求方和供给方都发生了部分质变。在人民的需求方面,"物质文化需要"升级为"美好生活需要"。今天,人民需要的外延拓展了,需要的内涵也升级了,人民不仅对物质文化生活提出更高要求,而且从人的全面发展和社会全面进步的角度提出对"美好生活"的更高要求:期待社会提供更好的教育、更稳定的工作、更满意的收入、更可靠的社会保障、更高水平的医疗卫生服务、更舒适的居住条件、更优美的环境、更丰富的精神文化生活;期待民生有保障、社会更和谐、人人受尊重、能力可发挥;期待社会更好地满足人们在民主、法治、公平、正义、安全、环境等方面的需要;期待整个国家的物质文明、政治文明、精神文明、社会文明、生态文明平衡发展、共同进步,满足人们在各个方面的需要。上述这些都可看作是人民对"美好生活"需要的基本内容。但在供给方面,"落后的社会生产"转变为"不平衡不充分的发展"。例如,在不平衡方面:地区发展不平衡,如东部和西部、南方和北方;城乡发展不平衡;领域发展不平衡,如经济发展与文化发展、社会发展、生态发展,等等。在不充分发展方面:国家经济总量较大,但人民人均收入较小;国家经济体量上去了,但发展质量和效益亟待提升;中低端中国制造较强大,但高端中国创造有待提升,等等。这就需要我们经过长期努力,破解不平衡不充分发展的问题,使之不再成为制约满足人民日益增长的美好生活需要的因素,不再成为制约实现"强起来"的主要因素。

——韩庆祥、陈曙光:《中国特色社会主义新时代的理论阐释》,《中国社会科学》2018年第1期,第5—16页

(四)

党的十九大报告提出,要全面推进有中国特色大国外交,新定位、新使命,中国的新外交航程满载着对人类命运与前途的美好愿景不断接近世界舞台的中

央。任何一国的外交都有自己的特色。中国外交特色的主要渊源离不开中国传统文化的影响，离不开中国发展道路的影响，离不开中国社会及根本政治制度的影响。具体说来，这一特色体现在以下三个方面。

第一，当代中国外交的核心原则是和平发展、合作共赢。第二，当代中国外交的路径选择是对话而不对抗，结伴而不结盟。第三，当代中国外交的两大目标，对内是服务于两个百年奋斗目标及中华民族伟大复兴的中国梦的实现，对外是推动构建新型国际关系及构建人类命运共同体。

20世纪50年代初提出的和平共处五项原则经历近70年风雨的洗礼，已成为指导中国外交实践活动的最核心原则，同时也成为国际社会处理国与国关系的最基本准则之一。习近平主席多次强调，中华民族是爱好和平的民族。消除战争，实现和平，是近代以后中国人民最迫切、最深厚的愿望。走和平发展道路，是中华民族优秀文化传统的传承和发展，也是中国人民从近代以后苦难遭遇中得出的必然结论。习近平主席还辩证地阐述了和平与发展的关系。他强调：没有和平，中国和世界都不可能顺利发展；没有发展，中国和世界也不可能有持久和平。

中国和平发展道路的实践也表明，发展不是封闭的发展，而是开放的发展；发展不是对抗的发展，而是合作的发展；发展不是零和的发展，而是共赢的发展。如何实现合作共赢的目标？最基本的路径选择就是对话而不对抗，结伴而不结盟。到目前为止，中国与全球90多个国家建立了不同形式的伙伴关系，中国的全球伙伴关系网络还将进一步扩展，中国在处理全球热点及周边分歧时首先的选择就是对话而不是对抗，充分依靠良好的伙伴关系网络来增进理解，解决分歧。

随着中国外交日益走向国际舞台的中央，怎么理解中国大国外交的定位也是一个非常重要的问题。

从客观的标准来衡量，中国在人口大国、面积大国基础上发展成为经济上的大国，进而追求政治上的影响与国际地位的提高，是国家成长的路径与必然逻辑。但无论是经济大国还是政治大国都不是传统意义上的超级大国或者霸权国家，相反，中国外交不断强调国际关系的民主化，强调相互尊重，国家无论大小、强弱一律平等。而且，作为崛起中的大国，中国明确宣告其防御性的国防政策，在党的十九大报告中强调，中国无论发展到什么程度，永远不称霸，永远不搞扩张。此外，中国外交定位为大国外交更多强调大国的责任、大国的义务与大国的担当，而不是强调自身的特殊地位，不是展示中国的强硬。相反，中国作为大国应通过自身的发展带动周边及发展中国家的共同发展，欢迎其他国家搭乘中国发展的顺风车。中国作为大国理应积极参与全球治理,共同应对全球热点问题,作出自己应有的贡献。

基于大国外交的定位,十九大报告提出了两大构建,一是构建新型国际关系,二是构建人类命运共同体,显示了在中国共产党的领导下当代中国外交的国际责任与使命所在。

——刘军:《新时代有中国特色大国外交的内涵与目标》,《国外社会科学》2018年第1期,第25—27页

后 记

作为全国高校思想政治理论课的一门主干课程,"中国近现代史纲要"课程内容丰富、理论性强。围绕近代以来中国历史发展的主题和主线——完成民族独立、人民解放和实现国家富强、人民富裕两大历史任务,"中国近现代史纲要"课程主要论述了中华民族为实现伟大的民族复兴而接续奋斗的艰辛历程。课程学习的主要目的是:认识近现代中国社会发展和革命、建设、改革的历史进程及其内在的规律性,了解国史、国情,深刻领会历史和人民是怎样选择了马克思主义、选择了中国共产党、选择了社会主义道路、选择了改革开放的。

为了引导学生有效地掌握好课程内容,我们根据最新全国统编教材,结合教学要求,编写了这本学习与辅导用书。各章分为"学习提示""试题训练""参考答案"和"延伸阅读"四个板块,希望学生可以全面准确地学习重点,并能拓展学习视野、提高思辨能力。衷心希望本书可以有效辅助学生参与课程学习,也可以成为学生考研复习的参考读物。

本书由上海大学马克思主义学院中国近现代史纲要教研部林自强、李坚、艾萍、丰箫、姜虹、刘雅君、李晨、许俊琳等诸位教师共同编写。本书在编写过程中参考、引用了国内出版的相关教材、专著和论文,本书的出版得到了上海大学出版社的大力支持,在此一并表示衷心的感谢!

本书编者

2019 年 3 月